ANTON RAUSCHER (Hrsg.)

Zukunftsfähige Gesellschaft

Soziale Orientierung

**Veröffentlichungen der Wissenschaftlichen Kommission
bei der Katholischen Sozialwissenschaftlichen Zentralstelle
Mönchengladbach**

In Verbindung mit

Karl Forster † · Hans Maier · Rudolf Morsey

herausgegeben von

Anton Rauscher

Band 12

Zukunftsfähige Gesellschaft

Beiträge zu Grundfragen der Wirtschafts- und Sozialpolitik

Herausgegeben von

Anton Rauscher

Vincit Veritas D&H

Duncker & Humblot · Berlin

Die Deutsche Bibliothek – CIP-Einheitsaufnahme

Zukunftsfähige Gesellschaft : Beiträge zu Grundfragen der Wirtschafts- und Sozialpolitik / hrsg. von Anton Rauscher. – Berlin : Duncker und Humblot, 1998
(Soziale Orientierung ; Bd. 12)
ISBN 3-428-09294-5

Fremddatenübernahme und Druck:
Berliner Buchdruckerei Union GmbH, Berlin
Printed in Germany

ISSN 0720-6917
ISBN 3-428-09294-5

Gedruckt auf alterungsbeständigem (säurefreiem) Papier
entsprechend ISO 9706 ♾

Vorwort

Im Februar 1997 erreichte die Zahl der Arbeitslosen in der Bundesrepublik Deutschland ihren bisher höchsten Stand: 4,65 Millionen Menschen sind ohne Erwerbsarbeit. Man hatte zwar mit einem weiteren Anstieg der Arbeitslosenzahlen in den Wintermonaten gerechnet, aber nicht damit, daß die Zahlen regelrecht explodierten. Die Meldung wirkte wie ein Schock bei den politischen Parteien, der Koalition ebenso wie der Opposition, bei den Sozialpartnern, auch bei den Gewerkschaften, bei der breiten Öffentlichkeit. Würde diese Zuspitzung der Lage die Barrieren niederreißen, die bisher einen wirksamen Abbau der Arbeitslosigkeit blokkiert hatten? Anfangs schien es so, als ob die allgemeine Stimmung „Wir können nicht so weitermachen wie bisher" einen Durchbruch bewirken könnte.

Auch das gemeinsame Wort der evangelischen und katholischen Kirche „Für eine Zukunft in Solidarität und Gerechtigkeit", das nach langer Vorbereitung am 22. Februar der Öffentlichkeit vorgestellt wurde, rief zur „notwendigen Neuorientierung der Gesellschaft und Erneuerung der Sozialen Marktwirtschaft" auf. „Die Arbeitslosigkeit in Deutschland", heißt es im Vorwort des Vorsitzenden des Rates der Evangelischen Kirche, Klaus Engelhardt, und des Vorsitzenden der Deutschen Bischofskonferenz, Karl Lehmann, „hat einen Höchststand nach dem Zweiten Weltkrieg erreicht. Der Sozialstaat ist an Belastungs- und Finanzierungsgrenzen gestoßen. Die traditionelle Sozialkultur befindet sich im Zuge der Individualisierung und Urbanisierung in einem starken Wandel und hat sich an vielen Stellen aufgelöst. Anspruchsdenken und Egoismus nehmen zu und gefährden den solidarischen Zusammenhalt in der Gesellschaft." Leider konnten es auch die Kirchen nicht verhindern, daß schon bald die alte „Normalität" einkehrte.

Die aufsehenerregende Rede, die Bundespräsident Roman Herzog am 26. April in Berlin hielt, hatte diese Situation vor Augen: „Unser eigentliches Problem ist also ein mentales: Es ist ja nicht so, als ob wir nicht wüßten, daß wir Wirtschaft und Gesellschaft dringend modernisieren müssen. Trotzdem geht es nur mit quälender Langsamkeit voran. Uns fehlt der Schwung zur Erneuerung, die Bereitschaft, Risiken einzugehen, eingefahrene Wege zu verlassen, Neues zu wagen... Alle politischen Parteien und alle gesellschaftlichen Kräfte beklagen übereinstimmend das große Problem der hohen Arbeitslosigkeit. Wenn sie wirklich meinen, was sie sagen, erwarte ich, daß sie jetzt schnell und entschieden handeln! Ich rufe auf zu mehr Entschlossenheit! Eine Selbstblockade der politischen Institutionen können wir uns nicht leisten." Dennoch verhallte auch diese Mahnung: „Durch Deutschland muß ein Ruck gehen" ohne größere Resonanz.

Die politischen Parteien tun sich offenbar schwer, ihre festgezurrten Positionen zu verlassen und im Sinne des Gemeinwohls und der Gemeinsamkeit der Demokraten eine Wende herbeizuführen, die die Massenarbeitslosigkeit abzubauen in der Lage ist. Auch die Tarifparteien bewegen sich kaum und gefallen sich darin, der Gegenseite die Schuld an der gegenwärtigen Misere zuzuschieben. Die Bevölkerung muß den Eindruck gewinnen, die etablierten Mächte würden versagen und seien nicht fähig, die Reformen anzugehen, die nicht mehr aufgeschoben werden dürfen.

In dieser Situation machen sich viele Menschen in Deutschland Gedanken über die Zukunftsfähigkeit unserer Gesellschaft. Jetzt müssen die Weichen gestellt werden, damit wir nicht ins Schlepptau der Entwicklung im zusammenwachsenden Europa und in der Welt geraten, sondern auch in Zukunft diese Entwicklung aktiv mitgestalten, und zwar auf der Grundlage jener Wertorientierungen, die die Soziale Marktwirtschaft für viele Menschen und Völker so anziehend und nachahmenswert gemacht haben.

Die 11 Beiträge zu Grundfragen der Wirtschafts- und Sozialpolitik knüpfen an die Überlegungen an, die die Autoren schon bisher zu den wirtschaftlichen und sozialen Reformbemühungen beigesteuert haben. Sie melden sich erneut zu Wort und wollen ihre Sachkompetenz und ihre wissenschaftliche Verantwortung für die Reform von Wirtschaft und Gesellschaft im Sinne der Grundwerte Freiheit, Gerechtigkeit und Solidarität einbringen. Die Autoren hoffen, zusammen mit all jenen, die ebenfalls die Selbstblockaden durchbrechen und den notwendigen Entscheidungsprozeß beschleunigen wollen, die Wege zu einer zukunftsfähigen Gesellschaft freizulegen.

Mönchengladbach, im September 1997 *Anton Rauscher*

Inhaltsverzeichnis

Grundwertorientierungen in der gegenwärtigen Situation

Von Anton Rauscher

Die Bundesrepublik Deutschland bietet zur Zeit ein eher zwiespältiges Gesicht. Auf der einen Seite ist der Wohlstand im ganzen Land mit Händen zu greifen: die flächendeckende Versorgung der Bevölkerung mit Gütern und Diensten, auch des gehobenen Bedarfs bis hin zum Luxus, die vielen Neubauten und die neuen Wohnhäuser in den Randgürteln der Großstädte und in ländlichen Siedlungen, die glitzernde Autoflut in den Städten und auf den Autobahnen, die voll ausgebaute und funktionierende Infrastruktur, ein gegliedertes und weithin anerkanntes Schul- und Bildungswesen, die ungebrochene Reiselust, die sogar in Krisenzeiten noch zugenommen hat. All dies und nicht zuletzt der erneut boomende Export lassen Rückschlüsse zu auf die enorme Leistungskraft der Wirtschaft. Hinzu kommen die ärztliche und medizinische Versorgung der Kranken, die sich auf hohem Stand befindet, das dichte soziale Netz, das trotz einer Reihe von Korrekturen und Einsparungen das Ansehen Deutschlands als Sozialstaat begründet und für viele Menschen begehrenswert ist.

Auf der anderen Seite steht Deutschland vor gewaltigen Problemen, die sich seit der historischen Wende von 1989/90 noch zugespitzt haben: die Massenarbeitslosigkeit, die mit 4,65 Millionen im Februar 1997 ein früher nicht vorstellbares Ausmaß erreicht hat, die riesigen Löcher in den öffentlichen Kassen bei Bund, Ländern und Gemeinden und der Anstieg der Staatsverschuldung – vor allem infolge der Transferleistungen in die ostdeutschen Bundesländer –, die Sorgen um die Sicherheit der Renten angesichts der demographischen Entwicklung, das Ringen um die Erhaltung eines leistungsfähigen und noch bezahlbaren Gesundheitswesens, die Zunahme von Armut mitten im Wohlfahrtsstaat. Die Zeiten des sogenannten Wirtschaftswunders sind vorbei. Wird die Soziale Marktwirtschaft auch in Zukunft die Quelle des Wohlstandes und der sozialen Sicherheit sein?

I. Reformstau und Selbstblockade

In den Massenmedien ist viel von Reformstau und Selbstblockade die Rede. Diesen Eindruck haben in der Tat viele Bürger gewonnen, seitdem das „Bündnis für Arbeit", das die Bundesregierung mit den Gewerkschaften und den Wirtschaftsverbänden zum Abbau der Massenarbeitslosigkeit schmieden wollte, schon nach wenigen Monaten im Frühjahr 1996 gescheitert war. Dann folgte ein monatelanges Tauziehen um die große Steuerreform. Viele hatten der Bundesregierung gar nicht mehr zugetraut, ein Reformwerk zustande zu bringen, das diesen Namen verdient hätte und das zur Belebung der Wirtschaft und zur Schaffung neuer Arbeitsplätze beitragen könnte. Als das Reformkonzept endlich vorgelegt wurde und eigentlich von allen Seiten recht gute Noten bekam, setzte jenes Trauerspiel ein, das die Menschen nicht mehr verstehen können. Obwohl maßgebliche Oppositionspolitiker in wichtigen Punkten ganz ähnlich gedacht hatten und sich für die Änderung des Steuertarifs, auch des Spitzensteuersatzes, und für die Abschaffung der zahllosen Steuerschlupflöcher, die die gut Verdienenden immer perfekter zu nutzen wissen, ausgesprochen hatten, will die SPD-Führung jetzt die Steuerreform, selbst einen für beide Seiten noch tragfähigen Kompromiß, im Bundesrat scheitern lassen, auch wenn das letzte Wort noch nicht gesprochen ist.

Dabei geraten die öffentlichen Kassen immer stärker unter Druck. Die Zuschüsse, die der Bund zur Deckung der Ausgaben für Arbeitslose an die Bundesanstalt für Arbeit überweisen muß, sind gewaltig angestiegen. Die Arbeitslosenversicherung allein kann die Milliarden nicht mehr aufbringen. Auch die Belastungen der Kommunen, die für diejenigen Arbeitslosen zu sorgen haben, die auf die Sozialhilfe angewiesen sind, haben zugenommen. Zugleich sind die Steuereinnahmen von Bund, Ländern und Gemeinden trotz der erstarkten Wirtschaftstätigkeit zurückgefallen. Die Kunst, Steuern zu vermeiden, ist inzwischen so ausgeprägt, daß man geradezu von einer Schwindsucht reden könnte, die die Körperschaftsteuern und die veranlagten Einkommensteuern befallen hat.

Das Deutsche Institut für Wirtschaftsforschung in Berlin gelangte kürzlich bei der Untersuchung der Entwicklung der öffentlichen Finanzen seit dem Jahre 1993 zu dem Ergebnis, daß die gegenwärtige Finanzkrise allenfalls zu 40 Prozent auf die mit der deutschen Einheit verbundenen Transferleistungen zurückzuführen sei, wohingegen für 60 Prozent der Steuerausfälle des Staates die Wachstums- und Beschäftigungskrise verantwortlich zeichne. Die Regierung habe es unterlassen, die Weichen für den von ihr mit hoher Priorität versehenen Rückgang der Staatsquote zu stellen; die Opposition habe sich aus wahl- und parteitaktischen Gründen so gut wie allen Reformplänen widersetzt; die Tarifparteien schließlich hätten es nicht fertiggebracht, ihren Beitrag zu einer wirksamen Bekämpfung der Arbeitslosigkeit zu leisten.[1]

Ähnlich liegen die Dinge im Sozialbereich. Die Massenarbeitslosigkeit, aber auch die geringen Lohn- und Gehaltssteigerungen der letzten Jahre haben bewirkt, daß die Beitragseinnahmen bei den sozialen Sicherungssystemen stagnieren und es immer schwieriger wird, die gesetzlichen Verpflichtungen einzulösen. Dies trifft besonders die gesetzliche Rentenversicherung, zumal die Menschen immer älter werden, ohne daß dieser Tatbestand bei der Einführung der dynamischen Rente bedacht worden ist. Auch die Pensionslasten für Beamte in den öffentlichen Haushal-

1 Vgl. Maier-Mannhart, 1997, S. 25.

ten von Bund und Ländern steigen ebenfalls weiter an. Desgleichen wächst im Gesundheitsbereich die Kluft zwischen den Beitragseinnahmen der gesetzlichen Krankenkassen und den Ausgaben für Gesundheitsleistungen. Hier wirken sich die Fortschritte der Medizin ebenso kostensteigernd aus wie der hohe Bedarf an ärztlicher und medizinischer Versorgung der älteren Bürger. Die Bundesregierung versucht, diese Entwicklungen durch größere und kleinere Korrekturen im Rentenbereich und durch Kostendämpfung und Selbstbeteiligung der Patienten in den Griff zu bekommen. Leider machen es sich die Oppositionsparteien zu leicht, wenn sie das unangenehme Geschäft des Sparens den Regierungsparteien überlassen möchten und, statt eigene Vorschläge zu entwickeln, alle Reformgesetze im Sozialbereich im Bundesrat ablehnen, ja sogar noch weitere ausgabenträchtige Forderungen einbringen.

Die Enttäuschung in der Bevölkerung über die Unfähigkeit der Politik zu durchgreifenden Reformen ist groß. Umfragen zeigen, daß etwa zwei Drittel der Bürger davon überzeugt sind, daß nur einschneidende Reformen uns aus der gegenwärtigen Situation wieder herausbringen werden. Sie sind auch persönlich bereit, erhebliche Opfer auf sich zu nehmen, wenn insgesamt die Belastungen gerecht auf alle Schichten verteilt werden. Ein Drittel allerdings lehnt Sparmaßnahmen und Reformen ab, die ihre Einkommenslage und ihren Lebenszuschnitt schmälern würden.

Die skizzierte politische Großwetterlage hat dazu geführt, daß die bisherigen Bemühungen um die Belebung der Wirtschaft und zur Stärkung des Arbeitsmarktes in der Öffentlichkeit kaum noch wahrgenommen werden und auch in den Medien eine untergeordnete Rolle spielen. So kann die Bundesregierung darauf verweisen, daß zahlreiche Ziele ihres 50-Punkte-Programms zur Stärkung der Wirtschaft vom Frühjahr 1996 inzwischen verwirklicht wurden oder auf gutem Wege sind. Hier sind zu nennen: die beschlossene Abschaffung der Gewerbekapitalsteuer – eine wirklich unmoralische Steuer, die die Unternehmen auch dann bezahlen müssen, wenn sie keine entsprechenden Erträge und Gewinne, sondern Verluste machen und die deshalb kontraproduktiv bei der Bekämpfung der Arbeitslosigkeit wirkt; die Rücknahme des Kündigungsschutzes für kleinere Betriebe, die auch bei Bedarf keine Arbeitslosen mehr einstellen wollten, weil sie selbst dann, wenn die Aufträge ausblieben, sie nicht mehr entlassen konnten; die Lohnfortzahlung im Krankheitsfall, die gegen den erbitterten Widerstand der Gewerkschaften durchgesetzt wurde und inzwischen für viele nicht organisierte Arbeitnehmer in kleinen und mittleren Betrieben eingeführt wurde und die zur Kostenentlastung und zur Erhaltung der Arbeitsplätze beiträgt; die Abzugsfähigkeit der Ausgaben für Hausangestellte – eine Maßnahme, die allerdings nur einen kleinen Teil der in Haushalt und Familien Beschäftigten in den legalen Arbeitsmarkt zurückbrachte.

Viele dieser Maßnahmen sind gewiß nicht ohne Wirkung auf die Wirtschaft und auch auf den Arbeitsmarkt geblieben, zumindest in dem Sinne, daß eine weitere Zunahme der Arbeitslosigkeit, wenn man von dem Einbruch in der Bauwirtschaft absieht, verhindert werden konnte. Allerdings ist die erhoffte Wende auf dem Arbeitsmarkt nicht eingetreten. Mit größeren oder kleineren Korrekturen der genannten Art läßt sich die Massenarbeitslosigkeit bis zum Jahr 2000 wohl kaum halbieren. Dazu bedarf es wirklich einschneidender Reformen.

Der Begriff „Reform“ beinhaltet, daß ein System, das bisher in der Ordnung war und es den beteiligten Menschen ermöglichte, die damit verbundenen Zwecke und Zielsetzungen zu erreichen, seine Funktionsfähigkeit teilweise eingebüßt hat und gründlich erneuert werden muß. Die Soziale Marktwirtschaft hat deshalb die Zustimmung der Bevölkerung in ihrer großen Mehrheit gefunden, weil sie im Vergleich mit anderen Wirtschaftsordnungen sehr viel besser in der Lage war, die Menschen mit Gütern und Diensten zu versorgen, eine dynamische Wirtschaftsentwicklung und die Vollbeschäftigung zu sichern, eine als hinreichend gerecht empfundene Verteilung des wirtschaftlichen Ertrags und die soziale Sicherheit für alle zu gewährleisten.

Seit Mitte der siebziger Jahre wird das Ziel der Vollbeschäftigung nicht mehr erreicht. Daß dies für eine hochentwickelte Volkswirtschaft nicht zwangsläufig der Fall ist, zeigen die Beispiele aus den USA und Kanada, aber auch aus den Niederlanden, Großbritannien oder der Schweiz, wo die Arbeitslosigkeit weit erfolgreicher bekämpft worden ist als in Deutschland. Woran liegt es, daß es trotz der bisherigen Anstrengungen nicht gelungen ist, die Arbeitslosigkeit in großem Maße zurückzudrängen? Um diese Frage zu beantworten, sind nicht nur die Wirtschaftswissenschaften gefordert, die, bei allen unterschiedlichen Ansätzen und Bewertungen der Tatbestände im einzelnen, doch zu einer verhältnismäßig einheitlichen und überzeugenden Ursachenerklärung gelangt sind: Die Hauptursachen der Arbeitslosigkeit liegen in der mangelnden Flexibilität und in der Kostenbelastung des Faktors Arbeit.

Dies schwächt die Wettbewerbsfähigkeit der Unternehmen auf den Märkten in Europa und in der Welt. Die Tatsache, daß der Export deutscher Güter und Dienste ins Ausland wieder auf Hochtouren läuft, darf nicht darüber hinwegtäuschen, daß es nur wenige Branchen sind, die hervorragende Ergebnisse erzielen (Autos, Chemieerzeugnisse), daß aber die deutsche Wirtschaft insgesamt Anteile am stark wachsenden Weltmarkt verloren hat.

II. Freiheit und Gerechtigkeit in der Sozialen Marktwirtschaft

Die Massenarbeitslosigkeit und ihre Folgeerscheinungen werfen die Frage auf, ob die Grundwertorientierungen, auf denen die Soziale Marktwirtschaft beruht, noch stimmen. Sind die Massenarbeitslosigkeit, die Staatsverschuldung, die Schwierigkeiten bei der Finanzierung der Renten und der Ausgaben der gesetzlichen Krankenversicherung nicht unübersehbare Anzeichen dafür, daß im Bereich der Grundwertorientierungen, die das Fundament und den Kurs der Sozialen Marktwirtschaft bestimmen, Schieflagen und Verwerfungen eingetreten sind?

Im Unterschied zu den liberalen Konzeptionen im 19. Jahrhundert, die in der Wirtschaft vornehmlich ein Gütergeschehen erblickten, das von den Gesetzen des Marktes, nämlich von Angebot und Nachfrage bestimmt werde, vertrat der Architekt der Sozialen Marktwirtschaft, Alfred Müller-Armack, einen ganz anderen Ansatz. Einerseits konnte er auf die neoliberale Erkenntnis, wie sie Walter Eucken entwickelt hatte, zurückgreifen, wonach der Wettbewerb, wenn er sich nicht selbst aufheben und zur Herrschaft der Stärkeren führen sollte, einer vom Staat zu erstellenden und zu garantierenden Wettbewerbsordnung bedarf. Damit war die Vorstellung, der Wettbewerb sei das Ordnungsprinzip der Wirtschaft schlechthin, aufgegeben. In diesem Zusammenhang sei an die Sozialenzyklika Quadragesimo anno (1931) erinnert, die ganz ähnlich argumentiert hatte, daß der freie Wettbewerb, sich selbst überlassen, zur Vermachtung der Wirtschaft führen werde und deshalb nicht das regulative Prinzip der Wirtschaft sein könne[2].

Müller-Armack ging noch einen Schritt weiter. Die verhängnisvollen Entwicklungen des Laissez-faire-Kapitalismus, der für die katastrophale Weltwirtschaftskrise 1929 verantwortlich war, sowie der kollektivistisch-totalitären Systeme mit ihrer Kommandowirtschaft haben die Einsicht wachsen lassen, daß die sittlichen Grundwerte der Freiheit und der Gerechtigkeit die tragenden Fundamente der Wirtschaftsordnung ausmachen[3]. Damit tritt der Mensch in den Vordergrund des Interesses, der mit seinen Ideen, mit seinem Unternehmungsgeist und mit seiner Arbeit die Wirtschaft trägt und bestimmt. Sicherlich können die von der Sachenwelt her gegebenen Tatbestände, auch die Marktdaten von den Menschen nicht außer Kraft gesetzt oder ausgeschaltet werden, aber sie können auf diese Tatbestände Einfluß nehmen, sie durch ihre Ideen, Innovationen, Initiativen und durch ihre Arbeit gestalten, und zwar so, daß wichtige humane und soziale Ziele erreicht werden. Leider war in der Zeit, in der sich die industrielle Wirtschaftsweise durchsetzte, die überkommene Erkenntnis verblaßt, wonach die Wirtschaft nicht ein Sachgütergeschehen, sondern ein menschlich-gesellschaftlicher Lebensprozeß ist. Wenn Müller-Armack auf die sittlichen Grundwerte der Freiheit und der Gerechtigkeit setzt und darauf die Soziale Marktwirtschaft gründet, dann wird dies in neuer Weise der Rolle und dem Auftrag des Menschen gerecht, der auch in der modernen Wirtschaft die entscheidende Aktivgröße ist. Auf derselben Linie liegt die Betrachtungsweise der Sozialverkündigung der Kirche, wie sie zuletzt in der Sozialenzyklika Centesimus annus (1991)[4] und im gemeinsamen Wort der Kirchen in Deutschland (1997) ihren Niederschlag gefunden hat[5].

2 Pius XI., Sozialenzyklika Quadragesimo anno, 1931, Nr. 88.

3 Müller-Armack, A., 1981, S. 90. – Vgl. dazu Rauscher, A., 1988, S. 371 ff.

4 Johannes Paul II., Sozialenzyklika Centesimus annus, 1991. Darin werden die Grundlagen der Sozialen Marktwirtschaft, ohne diesen Begriff selbst aufzugreifen, aus christlich-sozialer Sicht bejaht.

5 Für eine Zukunft in Solidarität und Gerechtigkeit, 1997, besonders Nr. 91 - 125.

Mit dem Grundwert der Freiheit ist auch die Verantwortung angesprochen, die der Mensch für die Ordnung der wirtschaftlichen Verhältnisse trägt. Diese Verantwortung ist in vielfacher Weise gestuft. Es gibt Aufgaben mit einer Gesamtverantwortung, die zum Beispiel der Wirtschaftspolitik oder der Bundesbank zufallen. Die Leitungsaufgaben in den Unternehmen und Betrieben, aber auch bei den Sozialpartnern und in Wirtschaftsverbänden sind sehr vielfältig und verlangen ein hohes Maß an Verantwortung. Aber auch jeder Arbeitnehmer ist nicht etwa Befehlsempfänger, sondern Mitarbeiter; er hat Anspruch darauf, in seiner Freiheit und Verantwortung ernst genommen zu werden. In der Freiheit findet auch die gerade von der katholischen Soziallehre betonte Forderung, daß die Arbeitnehmer Miteigentümer und Teilhaber am Produktivkapital werden sollen, ihre Begründung. Das Verhältnis des Menschen zu seiner Arbeit und zu dem Unternehmen, in dem er beschäftigt ist, ändert sich, ob er nur einen Job, eine Funktion ausübt oder ob er mitdenkt und unternehmerisch tätig wird[6].

Mit der Besinnung auf die Freiheit und damit auf den Menschen als den Hauptakteur in der Wirtschaft wird der Blick frei auf den Bereich der Entwicklung, der Veränderung, auch der Anpassung der Wirtschaft an gewandelte Bedingungen. Die Soziale Marktwirtschaft hat sich, gerade weil sie auf dem Grundwert der Freiheit beruht, als außerordentlich flexibel und anpassungsfähig an äußere Verhältnisse, auch an Veränderungen erwiesen. In den Wiederaufbaujahren hat sich die Ressource der Freiheit bewährt. Die freie unternehmerische Nutzung der Möglichkeiten zusammen mit harter Arbeit haben das sogenannte Wirtschaftswunder zu Wege gebracht, wobei damals auch die Millionen Deutschen, die aus dem Osten vertrieben wurden, in Arbeit und Brot gebracht werden mußten. Die Soziale Marktwirtschaft hat auch die gewaltigen Strukturveränderungen gemeistert, die Ende der fünfziger und in den sechziger Jahren in den Zentren der Grundstoffindustrien von Kohle und Stahl, auch in der Landwirtschaft sich vollzogen. Hunderttausende von Arbeitnehmern verloren ihren Arbeitsplatz und mußten in anderen Industrien untergebracht werden mit allen dabei auftretenden Folgeproblemen. Offenbar waren die Flexibilität und Anpassungsfähigkeit stark genug, um keine größeren wirtschaftlichen und sozialen Verwerfungen auszulösen. Natürlich waren diese Herausforderungen mit einer kräftig wachsenden Wirtschaft leichter zu lösen; dennoch war die Umstrukturierung der Wirtschaft eine Bewährungsprobe sondergleichen. In anderen Ländern wie Italien, Frankreich oder Großbritannien waren diese Vorgänge häufig von Streiks begleitet. Ist die schwierige Situation, in die Deutschland jetzt geraten ist, auf Einschränkungen des Grundwertes der Freiheit, auf eine geringer gewordene Flexibilität und Anpassungsfähigkeit zurückzuführen?

Der zweite Grundwert der Sozialen Marktwirtschaft ist die Gerechtigkeit. Während die Freiheit den Einzelnen in den Blick nimmt, erstreckt sich die Gerechtigkeit wesentlich auf die Gemeinschaft, auf die Gesellschaft und alle ihre Lebensbereiche. Die Gerechtigkeit ist Bedingung und Grundlage für das Zusammenleben

---

6 Roos, L., 1995.

und -arbeiten der Menschen in der Verwirklichung der „existentiellen Lebenszwecke“, wie Johannes Messner sie bezeichnet hat. Der Begriff Soziale Marktwirtschaft besagt mehr als eine Marktwirtschaft mit sozialen Garnierungen. Vielmehr ist damit gemeint, daß der Mensch selbst eine soziale Dimension besitzt, nur inmitten der Gesellschaft seine Fähigkeiten und Kräfte entfalten und Kultur aufbauen kann. Und diese Gesellschaft kommt nur zustande, wenn sie „gerecht“ ist, von der Gerechtigkeit für alle bestimmt wird. Gerechtigkeit erschöpft sich nicht darin, daß jedem Einzelnen sein Recht zuteil wird, daß jeder den Lohn erhält, der seiner Leistung entspricht; Gerechtigkeit setzt zuallererst die Zugehörigkeit der Einzelnen zur gesellschaftlichen Einheit voraus, die die Verwirklichung der gemeinsamen Zwecke und Ziele erst ermöglicht. Und in diesem Bezugsrahmen stellt sich dann die Frage nach den Rechten und Pflichten, nach den Freiheitsgraden, auch nach den sozialen Bindungen.

Die Gerechtigkeit regelt somit nicht nur die Arbeits- und Lohnbedingungen aller am Wirtschaftsleben Beteiligten, sie umfaßt alle Lebensphasen und die sehr verschiedenen Lebensumstände der Menschen in der Gesellschaft: die Kranken und Invaliden, die Arbeitslosen, die Behinderten und Pflegebedürftigen, auch diejenigen, die aus eigenen Kräften mit den wirtschaftlichen, sozialen, kulturellen und politischen Gegebenheiten und Anforderungen nicht so recht mithalten können. Sie alle haben Anspruch darauf, ein menschenwürdiges Leben führen zu können. Nur inmitten der Gesellschaft sind sie gegen die existentiellen Risiken geschützt. Hier weitet sich die Gerechtigkeit zur „sozialen Gerechtigkeit“. Sie verlangt, das soziale Miteinander der Menschen, der Familien, der Gruppen, der Völker unter den Bedingungen der geschichtlichen Entwicklung und Veränderung immer neu zu gestalten, und zwar „gerecht“. Der Staat, dem die Sorge für das Gemeinwohl obliegt, wird zum Sozialstaat.

Die Grundwerte der Freiheit und der Gerechtigkeit spiegeln das Verhältnis zwischen Einzelmensch und Gesellschaft wider, das der Sozialen Marktwirtschaft zugrunde liegt. Die Freiheit des Einzelnen, der als menschliche Person Ursprung, Träger und Ziel allen gesellschaftlichen Lebens ist – wie eine aussagekräftige Formulierung der katholischen Soziallehre lautet[7] –, ist unvereinbar mit kollektivistischen Konstruktionen, wie sie in unserem Jahrhundert vom Nationalsozialismus und vom Kommunismus vertreten wurden. Die Zentralverwaltungswirtschaft beziehungsweise die zentral gelenkte Kommandowirtschaft bildete das Pendant zur totalitären Herrschaft. Die Soziale Marktwirtschaft braucht Strukturen, die die Freiheit des Menschen, auch seine wirtschaftliche Freiheit nicht ersticken oder nur so weit zulassen, als es dem Staat genehm erscheint. Ob die Menschen ihre Freiheit wirklich leben, ihre Ideen und Innovationen zur Geltung bringen, nach neuen Mitteln und Wegen Ausschau halten, dies hängt nicht zuletzt davon ab, ob der Mensch hinreichend gefordert ist, ob er schon im Elternhaus, in Schule und Ausbildung dazu erzogen wird, in seiner Arbeit sich selbst mit seiner Freiheit einzubringen.

---

7 Diese Formulierung wurde von Gustav Gundlach geprägt und ist über die Sozialverkündigung Pius’ XII. wirksam geworden.

Zu den Strukturen der Freiheit gehört unabdingbar das Privateigentum. Während der Neoliberalismus die Privateigentumsordnung zu den Voraussetzungen und Rahmenbedingungen der Marktwirtschaft zählt, hat die katholische Soziallehre im Recht auf Privateigentum und in der Privateigentumsinstitution immer die unverzichtbaren Grundlagen der Ordnung von Wirtschaft und Gesellschaft gesehen. Zusammen mit der Familie und dem Staat gehört das Privateigentum zu den Strukturen, ohne die das gesellschaftliche Zusammenleben der Menschen keinen Bestand hätte. Die Kirche war sich zwar immer bewußt, daß auch das Privateigentum zu einem bloßen Besitzstandsdenken verkommen kann, sie hat trotzdem durch die Jahrhunderte hindurch an dieser Grundwertorientierung, die die Freiheit der Menschen und ihren Entfaltungsraum real sichert, festgehalten und in der Moderne gegen die marxistische Ideologie verteidigt. Daran ändert auch nichts die Tatsache, daß das Privateigentum in christlicher Sicht sozial verpflichtet ist, so wie auch die Freiheit eine wesentlich soziale Dimension hat und sich im Dienst an den Mitmenschen entfaltet. Nur dann, wenn die Menschen Eigentümer sind und dieses Grundrecht jederzeit einklagen können, nur dann, wenn auch der Staat dieses Grundrecht achtet und sichert, ist der Manipulation des Menschen seitens der Mitmenschen, der gesellschaftlichen Gruppen oder auch des Staates der Boden entzogen.

Die Gerechtigkeit wiederum beinhaltet, daß die Menschen nicht ein falsches Bewußtsein entwickeln, als ob sie Individuen wären und die Gesellschaft nur dazu da wäre, ihrer individuellen Entfaltung zu dienen. Die Gerechtigkeit sagt etwas aus über die Einheit der vielen in der Gesellschaft, über vorgegebene Werte und Tugenden, über gemeinsame Strukturen, die der Einzelne nicht nur zu respektieren hat, die er vielmehr bejahen und befördern muß, wenn Gesellschaft mehr sein soll als eine vertragliche Bindung auf Gegenseitigkeit, nämlich eine Einheit, die es ermöglicht, die gemeinsamen Ziele zu verwirklichen. Gesellschaft ist mehr und qualitativ etwas anderes als eine Summe von Individuen, die ihrer Selbstverwirklichung nachgehen. Sie ist die soziale Einheit, in der die Freiheit der vielen zur Entfaltung gelangt und Kultur gedeiht.

III. Besinnung auf das Subsidiaritätsprinzip

In der Diskussion über die Massenarbeitslosigkeit, über die Staatsverschuldung und über die Schwierigkeiten der Finanzierung der sozialen Sicherungssysteme sowie der staatlichen Sozialleistungen wird nicht selten die Frage aufgeworfen, ob diese Herausforderungen nicht gerade mit der Ausweitung des Sozialstaates zusammenhängen. Die Frage spitzt sich darauf zu, ob nicht seit den siebziger Jahren ein Paradigmenwechsel stattgefunden habe, insofern der Grundwert der Freiheit nicht mehr gleichgewichtig mit dem Grundwert der Gerechtigkeit die wirtschaftlichen und gesellschaftlichen Verhältnisse bestimme, sondern eine Verlagerung von der Freiheit des Einzelnen hin zur Gerechtigkeit, von der Eigenverantwortung hin zur sozialen Sicherung eingetreten sei.

Auf der anderen Seite kann man auch die gegenteilige Argumentation hören, daß die Arbeitslosigkeit, die Ausbeutung der sozialen Sicherungssysteme, die wachsende Neigung, alle legalen Wege zu nutzen, um Steuern und soziale Belastungen zu vermeiden, Zeichen dafür sind, daß die Solidarität im Schwinden begriffen sei und wir immer stärker in eine Ellbogengesellschaft hineingeraten, in der nur noch das Selbstinteresse, der eigene Vorteil und Nutzen bestimmend sind und in der die Schwachen, die Armen und Notleidenden mehr und mehr an den Rand der Gesellschaft gedrängt werden.

Das, was heute not tut, ist eine Besinnung auf das Subsidiaritätsprinzip, das sowohl für die Gestaltung der Europäischen Union in den Maastricht-Vertrag eingegangen ist, das auch in der Diskussion um die Bekämpfung der Arbeitslosigkeit und um die Reform des Sozialstaates eine herausragende Rolle spielt[8]. Das Prinzip, in seiner Grundtendenz auch in früheren Zeiten schon wirksam, wurde in der Sozialenzyklika Quadragesimo anno (1931) formuliert[9]. Während das Solidaritätsprinzip die gesellschaftliche Verbundenheit der Menschen und ihre soziale Pflichtigkeit zum Ausdruck bringt, betont das Subsidiaritätsprinzip die Zuständigkeit und die Eigenverantwortung des Menschen, der Familie und der wirtschaftlichen, sozialen, kulturellen, politischen Lebenskreise für ihre Angelegenheiten und Aufgaben, die sie weder auf die größere Einheit und den Staat abwälzen sollen, die ihnen auch nicht abgenommen werden dürfen. Das Prinzip knüpft an die christliche Auffassung über den Menschen als Person an, der nicht Mittel zum Zweck, sondern Selbstzweck ist. Von dieser anthropologischen Grundlage her bestimmt das Subsidiaritätsprinzip alles gesellschaftliche Handeln als ein subsidiäres. Die gesellschaftlichen Lebenskreise und ebenso der Staat haben der Entfaltung der Personen zu dienen und nicht etwa umgekehrt.

1. Gegen bürokratische Erstarrung

Alle gesellschaftliche Wirklichkeit bedarf der Strukturen, die das soziale Handeln der Vielen auf die gemeinsamen Zwecke und Aufgaben hin kanalisieren. Beim Aufbau der Sozialen Marktwirtschaft nach dem Zweiten Weltkrieg wurde ein dichtes Netz wirtschaftlicher und sozialer Regelungen geschaffen. Der Bundestag und die Landtage beschließen jedes Jahr weitere Gesetze, und die Regierungen erlassen eine Vielzahl von Verordnungen und Verwaltungsvorschriften, die dem ständigen Wandel der äußeren Verhältnisse Rechnung tragen sollen. Immer freilich müssen die Strukturen und Regelungen Raum für die eigentlichen Akteure lassen, für die Menschen, die zwar in ihrer Tätigkeit und in ihrem Engagement auf derartige Regelungen angewiesen sind, die aber selber die wirtschaftlichen und sozialen Prozesse und Entwicklungen tragen und steuern. Wenn dies nicht mehr gelingt,

8 Lampert, H., 1997, S. 46 ff.

9 Nr. 79 f.

wenn die Ideen, Initiativen und das persönliche Handeln gleichsam an Wände stoßen und nicht mehr die notwendigen Freiräume gestalten können, dann wächst die Gefahr, daß das Regelungssystem mehr und mehr bürokratische Züge annimmt und erstarrt.

Der Behördenapparat, der in allen Bereichen des wirtschaftlichen und gesellschaftlichen Lebens entstanden ist und seit den siebziger Jahren stark zugenommen hat, wirkt sich zusehends als Belastung und Einschnürung der freien Initiative und des unternehmerischen Handelns aus. Bei internationalen Vergleichen, wie lange es zum Beispiel dauert, bis neue wirtschaftliche Ideen in die Praxis umgesetzt werden, schneidet Deutschland schlecht ab, weil die sprichwörtliche deutsche Regelungswut sich besonders nachteilig auswirkt. Überall kann man ein Lied davon singen, wie schwierig es geworden ist, eine Baugenehmigung durch die verschiedenen Instanzen durchzubekommen, eine chemische oder pharmazeutische Neuerung auf den Weg zu bringen, eine Staßenumgehung oder eine Schnellbahnstrecke zu bauen. Es ist geradezu unglaublich, wie sich Entscheidungsprozesse in die Länge ziehen können. Das, was in anderen Ländern Europas, die ebenfalls Rechtsstaaten sind, keine Schwierigkeiten bereitet, wird in Deutschland blockiert und auf die Spitze getrieben.

Dabei ist es gar nicht einfach, schwerfällig und bleiern gewordene Bürokratien auf ein sinnvolles Maß zurückzuführen und Verfahrensweisen, die eher der Verhinderung als der Entfaltung von Energien dienen, aufzubrechen. Mit der bloßen Berufung auf das Subsidiaritätsprinzip ist es nicht getan. Es fehlt auf den mittleren und den unteren Verwaltungsebenen nicht selten die Fähigkeit, neue Mittel und Wege zu suchen, um der Wirtschaftstätigkeit vor Ort kräftige Impulse zu geben und neue Arbeitsplätze zu schaffen. Wenn sich gar ideologisch-politische Widerstandsnester gegen die Reformpolitik gebildet haben, ist es fast unmöglich, ohne eine nur schwer vollziehbare Erneuerung im Personalbereich Fortschritte zu machen.

2. Die Stärkung der kleinen Einheiten

Das Subsidiaritätsprinzip setzt, wie gesagt, eine reich gegliederte Gesellschaft voraus. Für die Wirtschaft bedeutet dies, daß ähnlich wie bei einem großen Gebirge, wo aus den kleinen und hohen Bergen einige Dreitausender herausragen, viele kleine und mittlere Geschäfte, Handwerksbetriebe, soziale Einrichtungen, Unternehmen da sein müssen, wenn eine ausgeglichene Wirtschafts- und Sozialstruktur gegeben sein soll. Dann können auch Großunternehmen mit ihren Möglichkeiten zum Ganzen beitragen. Hier kann der Wettbewerb der Ideen und Kräfte gedeihen. Wenn hingegen ein Großunternehmen für eine ganze Region dominant wird und alle Aktivitäten von ihm abhängen, dann kann dies, wenn Managementfehler oder eine falsche Einschätzung der wirtschaftlichen Entwicklung gemacht werden, zu Massenentlassungen führen, unter der die ganze Region leidet. Kleine und mittlere

Unternehmen sind keinesfalls nur Lückenbüßer oder führen ein Nischendasein, sie haben hohe Freiheitsgrade für Unternehmungsgeist, Risikobereitschaft, Initiativen der Mitarbeiter, eine oft ausgeprägte solidarische Verantwortung. Sie können auf die sich ändernden Situationen rasch und unbürokratisch reagieren, mehr als Großunternehmen. Im Hinblick auf die Beschäftigung haben vor allem Großunternehmen in den letzten Jahren ihre Belegschaften stark verringert, wohingegen die kleinen und mittleren Betriebe und Unternehmen auch in schwierigen Zeiten insgesamt noch Arbeitsplätze geschaffen haben. Ähnliches gilt auch für die Ausbildungsplätze von Jugendlichen. Leider wird in den Medien viel zu einseitig auf die Großunternehmen abgestellt. Offenbar lassen sich hier positive oder negative Schlagzeilen erzielen, was etwa die erzielten Gewinne oder die Streichung von Arbeitsplätzen angeht. Gott sei Dank ist die Wirklichkeit differenzierter und auch anders gelagert.

Nun brauchen sicher die moderne Industriegesellschaft und die Weltmärkte Großunternehmen. Autos und die Erzeugnisse der Großchemie, Verkehrsflugzeuge und Kraftwerke können nur in großen Anlagen und Serien gefertigt werden, ebenso wie dies für die Unternehmen der Eisen- und Stahlindustrie oder der Kohle gilt. Auch verändert das zusammenwachsende Europa die Zuordnungen und die Größenverhältnisse. Aber die vielen Vorteile, die den Großunternehmen in allen Branchen wegen ihrer Marktmacht zufallen, stellen ein Problem dar nicht nur im Sinne der Erhaltung des Wettbewerbs, sondern zugleich im Interesse der Sicherung der Freiheitsgrade in der Wirtschaft. Die täglichen Meldungen über Zusammenschlüsse und Übernahmen von Unternehmen, Versicherungen und Banken, selbst wenn sie mit dem Hinweis der langfristigen Sicherung von Arbeitsplätzen versehen werden, müssen uns mit Sorge erfüllen. In aller Regel wächst dadurch auch der Druck auf die anderen Unternehmen, zumal die Großen oft genug ihren Zulieferern und Abnehmern die Bedingungen diktieren. Ein weiterer Vorteil sind die Subventionen, an die die Großen leichter herankommen; man denke nur an die Kohle-, an die Stahlunternehmen, an den Schiffbau. Zudem können die Großen ganze Abteilungen unterhalten, die formgerecht die erforderlichen Formulare ausfüllen, um sich der nationalen und europäischen Fördertöpfe zu bedienen, was den Kleinen weithin verwehrt ist. Die multinational operierenden Konzerne können Verluste und Gewinne besser ausgleichen, wenn sie darauf achten, daß die Verluste in denjenigen Ländern leichter zu tragen sind, in denen sie steuerlich am höchsten abgeschrieben werden können, und Gewinne dort entstehen, wo sie am wenigsten dem steuerlichen Zugriff des Staates ausgesetzt sind. Das Finanzgebaren der Großunternehmen muß gerade um der Sicherung des Wettbewerbs und einer auch künftig reich gegliederten Wirtschaftsstruktur willen neu geordnet werden.

Das Subsidiaritätsprinzip ist nicht grundsätzlich gegen Großunternehmen gerichtet, die technisch oder von ihrer wirtschaftlichen Organisation her wichtige Faktoren einer Volkswirtschaft sein können. Sehr wohl aber fordert dieses Prinzip vom Staat, von den Tarifparteien und von der Gesellschaft, dafür zu sorgen, daß die mittleren und kleineren Unternehmen, Betriebe und Geschäfte nicht mehr und mehr unter die Räder kommen. Die Sicherung des Grundwertes der Freiheit verlangt dringend durchgreifende Vorkehrungen und Maßnahmen:

- ein europäisches Wettbewerbsrecht, das ebenso unparteiisch und hart angewandt werden muß, wie dies noch in den sechziger und siebziger Jahren in der Bundesrepublik Deutschland der Fall war;
- den Abbau von Subventionen, die der Erhaltung von nicht mehr wettbewerbsfähigen Unternehmen und veralteten Produktionsstrukturen dienen;
- die Begrenzung der Fördertöpfe in Deutschland und in Europa, so daß die Fördermittel vornehmlich den kleinen und mittleren Unternehmen zufließen;
- die Stärkung der mittleren und kleinen Unternehmen, nicht in Form von Subventionen, aber so, daß die Marktvorteile der Großen diese Strukturen nicht erdrücken können;
- die gezielte Förderung der Selbständigkeit und der Gründung von Betrieben und Einrichtungen, was heute schwierig ist, allein schon im Hinblick auf das erforderliche Startkapital;
- die Unterbindung von Scheinselbständigkeitsformen, die sich leider auch bei kleineren Unternehmen stark vermehrt haben.

3. Neue Arbeitsplätze schaffen

Die politischen Parteien, die Gewerkschaften und die Arbeitgeberverbände, die Kirchen, die gesellschaftlichen Gruppierungen sind sich darin einig, daß die Bekämpfung der Massenarbeitslosigkeit oberste Priorität hat. Die Verantwortlichen sind in den letzten Jahren nicht untätig geblieben und haben eine Reihe von Maßnahmen ergriffen, um den Arbeitsmarkt zu stärken. Dennoch ist die Arbeitslosigkeit trotz wachsender Wirtschaftsleistung weiter angestiegen. Jüngsten Meldungen zufolge sind im Vergleich zum August 1996 weitere 540 000 (!) Arbeitsplätze verloren gegangen.

Im internationalen Vergleich gibt es eine Reihe von Ländern, die erheblich erfolgreicher in der Bekämpfung der Arbeitslosigkeit sind oder diese gar nicht erst hochkommen lassen[10]. Seit über 10 Jahren hält nun der Beschäftigungsboom in den USA an – und dies trotz der Zuwanderungsströme aus Mexiko und dem karibischen Raum. Was hierzulande in Unkenntnis der wirklichen Situation lange Zeit als McDonalds-Jobs abschätzig beurteilt wurde, erweist sich mehr und mehr als Stärke einer Volkswirtschaft, die nicht von tariflichen und sozialen Überregulierungen bestimmt wird. Gewiß: Auch in den USA ist nicht alles Gold, was glänzt. Aber aufs Ganze gesehen ist es besser, Arbeit zu haben und sein eigenes Brot zu verdienen, als auf Sozialleistungen angewiesen zu sein. Vor allem verhindern die

---

[10] Rolle, C. / Suntum, U. van, 1997.

Bereitschaft der Arbeitnehmer, den Arbeitsplatz zu wechseln, und die vielen Aufstiegschancen, daß sich schlechte Arbeitsplätze halten können.

Eine andere Reform begegnet uns in den Niederlanden, wo seit 1982 das Angebot von Teilzeitarbeitsplätzen vervielfacht wurde. Die Teilzeitarbeit hat vor allem in jenen Kreisen zugenommen, die ein Zusatzeinkommen für die Familie verdienen wollen, die aber sozialrechtlich durch Ihren Ehepartner abgesichert sind. In Deutschland hat man mit den 610 DM-Jobs einen anderen Weg beschritten und der weiteren Individualisierung des Arbeitsmarktes Vorschub geleistet. Viel besser wäre es, wir könnten die Teilzeitarbeitsplätze wie in den Niederlanden vermehren, ohne immer nur von Teilung der Arbeit zu reden. Dabei muß man sich bewußt bleiben, daß Teilzeitarbeit ein Baustein bei der Bekämpfung der Massenarbeitslosigkeit ist – mehr nicht.

Warum aber richtet sich das Interesse in Deutschland viel zu wenig auf die Schaffung neuer Arbeitsplätze und zu einseitig auf die Verteilung der (noch vorhandenen) Arbeit? Die Gewerkschaften liebäugeln nach wie vor mit der weiteren Verkürzung der Wochenarbeitszeit. Man fordert diese zwar nicht mehr „mit vollem Lohnausgleich", versucht aber wenigstens einen teilweisen Lohnausgleich durchzusetzen. Das heißt, die Kostenbelastung des Faktors Arbeit würde noch weiter steigen. Dabei greift man dann auf das Argument zurück, daß die Wirtschaft von der Nachfrage der Arbeitnehmer her gestützt werden müsse.

Bei den Oppositionsparteien wird ebenfalls das Argument ins Feld geführt, mit dem in den sechziger und siebziger Jahren Lohnerhöhungen gefordert wurden: Die Kaufkraft der Arbeitnehmer müsse gestärkt werden, damit die wachsende Produktion an Gütern und Diensten, vor allem des gehobenen Bedarfs, auch abgenommen würde. Sicherlich macht sich die Minderung des verfügbaren Einkommens bei den Arbeitslosen auf der Nachfrageseite bemerkbar. Es ist auch nicht von der Hand zu weisen, daß sich die Familien, und zwar diejenigen mit mehreren Kindern – leider ist ihre Zahl stark zurückgegangen – schwer tun, ihren Bedarf zu decken, weil der Familienleistungsausgleich nicht rechtzeitig und nicht in der erforderlichen Weise ausgebaut wurde[11]. Im Grunde aber verdeckt diese Argumentationslinie die Hauptursache für den fortschreitenden Arbeitsplatzabbau. Abgesehen von den kinderreichen Familien ist es nämlich nicht so sehr die mangelnde Kaufkraft derer, die einen Arbeitsplatz besitzen, sondern sind es die Arbeitskosten, die auf die Beschäftigung durchschlagen. Andernfalls wären die Ausgaben für Auslandsreisen selbst im Krisenjahr 1993 nicht so kräftig gewachsen, wobei die Arbeitsplätze in der Touristikbranche nur zu einem kleinen Teil hierzulande entstehen, der Löwenanteil aber im Ausland.

Was viele Arbeitsplätze, vor allem im Investitionsgüterbereich, verloren gehen läßt und bewirkt, daß zahlreiche Unternehmen, inzwischen auch mittlere und selbst kleinere, Teile ihrer Produktion ins Ausland verlagern und ausländische Unterneh-

---

11 Dazu Lampert, H., 1996.

men immer weniger in Deutschland investieren, das sind die Kosten, die auf dem Faktor Arbeit lasten. Dabei sind die Nettolöhne und -gehälter im internationalen Vergleich eher im mittleren Bereich angesiedelt. Die Lohnnebenkosten sind es, die von den Arbeitnehmern und den Unternehmen je zur Hälfte aufgebracht werden. Im Vergleich zu den übrigen Industrieländern in Europa, mit denen wir gerade im Produktionsgüterbereich im Wettbewerb stehen, sind sie außerordentlich hoch. In den Lohnnebenkosten sind auch jene versicherungsfremden Leistungen enthalten, die im Zusammenhang mit der Wiedervereinigung vor allem der gesetzlichen Rentenversicherung und der Arbeitslosenversicherung aufgebürdet wurden. Mit Recht wird ihre Verlagerung auf die Steuerzahler gefordert. Das brächte eine Entlastung bei den Lohnnebenkosten und würde sich günstig auf die Beschäftigung auswirken. Aber diese Maßnahme allein genügt keineswegs. Die Lohnnebenkosten in Deutschland dürfen nicht wesentlich über denen unserer Konkurrenten liegen, wenn ein Teil der verlorengegangenen Arbeitsplätze zurückgewonnen werden soll. Die Gewerkschaften sind leider bis heute nicht bereit, einschneidende Reformen mitzutragen; aber immer mehr Arbeitnehmer erkennen, daß eine Verringerung der Lohnnebenkosten die Chancen für neue Arbeitsplätze erhöht. Nicht umsonst sind die ausgehandelten Tarifverträge in den ostdeutschen Bundesländern bereits vielfach durchbrochen.

Auch auf einem anderen Feld müssen wir umdenken. Bisher ist es nicht gelungen, im gesamten Handwerksbereich und bei den vielen, die in Haushalt und Familie einer Erwerbsarbeit nachgehen, die grauen und schwarzen Arbeitsmärkte zu verringern. Experten schätzen die Zahl der Schwarzarbeiter auf über 3 Millionen. Statt die Lohnnebenkosten auf ein Maß zu senken, das auch diese Arbeiten wieder bezahlbar macht, denken manche darüber nach, wie man die 610 DM-Jobs in die Sozialversicherungen einbeziehen könnte. Es ist der falsche Weg, weil dadurch noch mehr Menschen in die Schwarzarbeit abgedrängt würden und den notleidenden Sozialsystemen nicht geholfen würde.

Die Kosten für die Arbeit senken heißt nicht, in den ausbeuterischen Kapitalismus von einst zurückzufallen. Gott sei Dank sind die Zeiten vorbei, in denen sich die Arbeiter ihrer Rechte nicht bewußt waren und diese auch nicht durchsetzen konnten. Es bedeutet auch nicht, die Löhne hier etwa denen in den Ländern Osteuropas anzupassen. Aber wir müssen uns fragen, ob die Kosten der Arbeit hier nicht einigermaßen im Verhältnis zu den Kosten in den übrigen Industrieländern stehen müssen. Der Abbau der Massenarbeitslosigkeit muß uns aus Solidarität mit den Arbeitslosen dies wert sein.

4. Mehr Eigenverantwortung für das Alter

Ein Problembereich eigener Art sind die Alterssicherungssysteme. Die dynamische Rente wurde 1957 eingeführt. Die Väter sprachen damals von der Drei-Generationen-Solidarität, die hier wirksam werden sollte: Die jeweils arbeitende Generation sollte einerseits für die aus dem Erwerbsleben Ausgeschiedenen aufkommen und andererseits für die nachwachsende Generation, die noch nicht erwerbsfähig ist. Die Rente sollte ein sorgenfreies Leben im Alter gewährleisten und 70 Prozent des zuletzt erarbeiteten Lohnes oder Gehaltes nach 45 Arbeitsjahren erreichen. Darüber hinaus sollten die älteren Menschen auch an den Fortschritten der wirtschaftlichen und sozialen Entwicklung beteiligt sein. Die Alterssicherungssysteme in Deutschland haben im großen und ganzen gehalten, was man sich davon versprochen hat. Allerdings blieb es bei der Zwei-Generationen-Solidarität, weil erst verspätet und unzureichend der Familienleistungsausgleich eingeführt wurde, so daß die Familien in der Sorge um die Kinder und Jugendlichen gestützt werden.

Seit 1976 wurden immer wieder Korrekturen am System der gesetzlichen Rentenversicherung vorgenommen. Wenn heute die Finanzierung der Rentenversicherung ohne weitere Reformen auf längere Sicht als nicht gesichert angesehen wird – Ähnliches gilt auch für die Pensionslasten für Beamte in Bund und Ländern –, so liegt dies bekanntlich an den Veränderungen im generativen Verhalten der Bevölkerung und am Anstieg der Lebenserwartung der Bürger. Immer weniger Kinder wachsen nach, wohingegen die Rentner immer älter werden[12]. Wenn nichts geschieht, wird schon in absehbarer Zeit ein Arbeitnehmer für einen Rentner aufkommen müssen. Die Belastungen für die Arbeitnehmer und die Unternehmen würden weiter steigen. Die Bundesregierung versucht, die Beitragseinnahmen und die Leistungsausgaben im Gleichgewicht zu halten und den Anteil der Beiträge zur Rentenversicherung an den Lohnnebenkosten bei etwa 20 Prozent zu begrenzen. Ob dies gelingen wird, ist fraglich, zumal nicht wenige Fachleute die Notwendigkeit weiterer Reformschritte prognostizieren.

In dieser Situation ist von verschiedener Seite, auch von den Kirchen, der Gedanke in die Diskussion eingebracht worden, die gesetzlichen Renten durch private Vorsorgeelemente zu ergänzen[13]. Bereits jetzt macht eine beträchtliche Zahl von Arbeitnehmern von den verschiedenen Möglichkeiten der Eigenvorsorge für das Alter Gebrauch. Die Bundesregierung hat diesen Gedanken im neuen Reformgesetz nicht aufgegriffen. Und auch die Oppositionsparteien und die Gewerkschaften befürchten, der Einbau privater Vorsorgeelemente würde längerfristig die gesetzliche Rente und den Grundgedanken der Generationensolidarität aushöhlen und womöglich zerstören.

Aber ist die Sorge für das Alter wirklich primär eine Angelegenheit der Gesellschaft und des Staates? Ohne Zweifel ist dies eine zentrale Frage, die jede Gesellschaftsauffassung, auch die christliche, überzeugend zu beantworten hat. Das christlich-soziale Denken geht davon aus, daß der Mensch als Person Ursprung, Träger und Ziel allen gesellschaftlichen Lebens ist. Dies beinhaltet auch die Verpflichtung, daß der Mensch, soweit er dazu in der Lage ist, Vorsorge treffen muß für die Risiken des Lebens. Natürlich ist der Mensch nicht nur Individuum, son-

12 Vgl. Schmähl, W., 1997.

13 Für eine Zukunft in Solidarität und Gerechtigkeit, 1997, Nr. 186.

dern immer eingebettet in soziale Verhältnisse. Insofern besitzt auch die Risikovorsorge eine soziale Dimension. In der alten Gesellschaft war es in der Regel die Großfamilie, in der die Alten sozial geborgen waren, die aber das Element der Eigenvorsorge nicht sozialisierte, sondern in vielfacher Weise zur Entfaltung brachte. Nicht nur für den Wohlstand, für die Kulturentwicklung war dies wichtig.

In der Industriegesellschaft hat sich im Zusammenhang mit der Urbanisierung die Kleinfamilie herausgebildet. Sie ist nicht in der Lage, die vielfältigen sozialen Dienste für die älteren Menschen zu übernehmen, wie sie die Großfamilie erbringen konnte. Diese Veränderung zwang dazu, die soziale Sicherheit in neuer Weise zu organisieren. Diejenigen, die eine freiberufliche Tätigkeit ausübten und ein gutes Einkommen hatten, sorgten selbst in verschiedener Weise für ihre Altersphase vor. Diese Gruppe der „Selbständigen" hatte lange Zeit eine beträchtliche Größe wegen der vielen kleinen Geschäftsleute und Handwerker, die – man kann sagen bis zum Zweiten Weltkrieg – die Gesellschaft mitprägten. Für die Arbeiter, die sehr niedrige Löhne erhielten, stellte sich das Problem anders. Sie konnten nicht selbst Rücklagen für die Altersphase bilden, hatten aber auch den früher bestehenden familiären Zusammenhalt nicht mehr. Hier mußte ein neues System geschaffen werden: die gesetzliche Rentenversicherung. Alle Arbeiter mit niedrigem Einkommen wurden Pflichtmitglieder. Sie beruhte auf einem Kapitaldeckungsverfahren, bei dem die Arbeiter und die sie beschäftigenden Unternehmen Beiträge entrichteten. Mit der Verbreiterung der Arbeitnehmerschaft und mit dem Ansteigen der Löhne nahmen auch die lohnbezogenen Beitragszahlungen zu. Entsprechend konnten die Rentenleistungen angehoben werden. Die dynamische Rente hat an dieser Grundstruktur nichts verändert, auch wenn jetzt das Umlageverfahren an die Stelle des Kapitaldeckungsverfahrens trat.

Wichtig für die Frage der künftigen Gestaltung der Alterssicherung sind zwei Veränderungen, die seit den siebziger Jahren immer größere Bedeutung erlangt haben. Auf der einen Seite ist die Zahl der „Selbständigen" kontinuierlich zurückgegangen. Ihnen wurde auch die Möglichkeit geboten, durch Beitritt und Nachzahlungen zur gesetzlichen Rentenversicherung ein Stück soziale Sicherheit für das Alter zu erwerben. Auf der anderen Seite haben sich bei vielen Arbeitnehmern, die rechtlich „unselbständig" sind, die Lohn- und Einkommensverhältnisse so günstig entwickelt, daß sie auch Eigenvorsorge für das Alter üben können, und zwar in wachsendem Maße. In diesem Zusammenhang sei auch daran erinnert, daß nicht wenige Arbeitnehmer eine Betriebsrente und Angestellte eine Zusatzrente erhalten, die bisher in den Statistiken zu wenig berücksichtigt wird[14].

Eigentlich hätte schon viel früher die Diskussion über diese Veränderungen und ihre Auswirkungen auf die künftige Struktur der Alterssicherung geführt werden müssen. Es kann nicht darum gehen, die soziale Sicherheit, die das gesetzliche Rentensystem – in Fortführung der Sicherheit in der früheren Großfamilie – bietet, zu privatisieren; ebenso problematisch wäre die Vorstellung, die Rente allein

14 Betriebsrente.

müsse das Alter sichern. Dies kann das System nicht leisten, zumal die Sozialabgaben insgesamt eine Höhe erreicht haben, die für die Generationensolidarität bedrohlich werden könnte. Sehr wohl aber sollte das, was die gesetzliche Rente nicht mehr abdecken kann, durch Eigenvorsorge ergänzt werden. Natürlich kann die neue Zuordnung von gesetzlicher Rente und Eigenvorsorge nicht von heute auf morgen geschehen. In einer längeren Zwischenphase könnte von vielen Arbeitnehmern eine Eigenvorsorge aufgebaut und dann die Rente etwas abgesenkt werden. Dies hat mit einem Versagen des Sozialstaats oder des Prinzips der Solidarität nichts zu tun; aber die Menschen müssen wieder mehr Eigenverantwortung übernehmen für die sozialen Aufgaben, auch für die Sicherung im Alter. Beide zusammen, die gesetzliche Rente und die Eigenvorsorge, sollten ausreichen, so daß sich niemand Sorgen machen muß, nach einem arbeitsreichen Leben im Alter den gewohnten Lebensstandard einzubüßen.

5. Dringlichkeit der Steuerreform

Das Steuersystem steht in einem besonderen Bezug zu den Grundwerten der Freiheit und der Gerechtigkeit. Vor allem kann es die Wirtschaftstätigkeit und damit auch die Beschäftigung begünstigen oder erschweren. Die Steuerreform, die von der Bundesregierung zunächst erst für das Jahr 1999 vorgesehen war, hat aus zwei Gründen inzwischen eine große Priorität erlangt. Der erste Grund ist die hohe Staatsquote in Deutschland: Steuern und Sozialabgaben sind auf über 52 Prozent des Bruttosozialprodukts gestiegen. Dies wirkt sich auf die Investitionsbereitschaft der Unternehmen aus. Nachdem das „Bündnis für Arbeit" und die damit verbundenen Hoffnungen auf eine spürbare Senkung der Lohnnebenkosten 1996 gescheitert waren, trat die Steuerreform in den Vordergrund des Interesses. Sie kann zwar die Senkung der Lohnnebenkosten nicht ersetzen, aber eine kräftige Minderung der Körperschaft- und der Einkommensteuer würde sich ohne Zweifel auf die Investitionen auswirken. Mit den Investitionen würden neue Arbeitsplätze entstehen.

Der zweite Grund hängt damit zusammen, daß in den letzten Jahren sowohl die Unternehmen als auch viele Unternehmer, Gewerbetreibende, Ärzte, Wissenschaftler, Politiker, aber auch viele gut verdienende Arbeitnehmer geradezu Experten auf dem Feld der Steuervermeidung geworden sind. Sie nutzen alle legalen Abschreibungsmöglichkeiten und Steuerschlupflöcher aus. Dies hat einen massiven Rückgang der Steuereinnahmen bei Bund und Ländern bewirkt, obwohl die Wirtschaftstätigkeit wieder in Gang gekommen ist und auf beachtliche Wachstumsraten zusteuert. Die Bundesregierung will dieser für das Gemeinwesen höchst problematischen Entwicklung Einhalt gebieten. Die vom Deutschen Bundestag bereits beschlossene Steuerreform will einerseits die Steuerlast der Bürger und der Unternehmen reduzieren, andererseits die Steuerschlupflöcher stopfen. Vermutlich werden die Oppositionsparteien die Steuerreform im Bundesrat blockieren, obwohl ihnen daran gelegen sein müßte, die Steuergerechtigkeit wiederherzustellen und den Tendenzen der Steuervermeidung einen Riegel vorzuschieben.

Aber kann man eine Steuerreform, die die Bürger und Unternehmen spürbar entlasten soll, verantworten in einer Zeit, in der die Staatsverschuldung einen Höchststand erreicht hat und Bund, Länder und Gemeinden trotz aller Einsparungen immer noch mehr Geld ausgeben als einnehmen? Zeitweise schien es, als ob sich Regierung und Opposition sozusagen auf den geringsten gemeinsamen Nenner einigen könnten: Die versicherungsfremden Leistungen sollten aus den Lohnnebenkosten auf die Steuerzahler verlagert und durch eine Erhöhung der Mehrwertsteuer finanziert werden. Eine Steuerreform wäre dies nicht. In dem Maße die Arbeitnehmer und Unternehmen entlastet würden, würden die Verbraucher belastet. Die positiven Auswirkungen auf die Beschäftigung hielten sich wohl in engen Grenzen.

Die Situation zwingt zur Entscheidung und duldet eigentlich keinen Aufschub mehr. Die Steuerreform – zusammen mit der Senkung der Lohnnebenkosten – ist das Gebot der Stunde. Die Massenarbeitslosigkeit verursacht einerseits immer höhere Aufwendungen für die von diesem Übel Betroffenen, sie mindert andererseits die Steuereinnahmen und gefährdet die Finanzierung der sozialen Sicherungssysteme. Man kann die Dinge drehen und wenden, wie man will: Wir kommen nicht darum herum, den selbst geschnürten gordischen Knoten zu durchschlagen. Wir können die Massenarbeitslosigkeit nur überwinden, wenn die Investitionen auf allen Gebieten kräftig zunehmen, neue Tätigkeitsfelder auch für weniger qualifizierte Arbeitskräfte erschlossen und die grauen und schwarzen Arbeitsmärkte ausgetrocknet werden, wenn zugleich der Staat, also Bund, Länder und Gemeinden nicht nachlassen, ihre konsumtiven Ausgaben weiter einzuschränken und die erheblich zurückgegangenen öffentlichen Investitionen wieder zu normalisieren. Die Experten rechnen damit, daß die Wirtschaftstätigkeit im Jahr 1998 stark zunehmen wird. Es wäre unverantwortlich, deshalb mit den eigenen Reformanstrengungen zuzuwarten.

6. Die beiden Seiten einer Medaille

Brauchen wir, um die Herausforderungen in der gegenwärtigen Situation zu bewältigen, mehr Solidarität oder mehr Subsidiarität? Bisweilen könnte man den Eindruck gewinnen, als ob diejenigen, die einem Mitte-Links-Kurs zuneigen, eher auf die Solidarität setzen, wohingegen jene, die einem Mitte-Rechts-Kurs das Wort reden, die Subsidiarität beschwören. Die einen sagen, wir befinden uns wieder in einer individualistischen Ellbogengesellschaft, in der die Schwachen, Armen, Benachteiligten an den Rand gedrängt werden. Die anderen weisen darauf hin, daß nach wie vor die sozialen Leistungen hier im Vergleich mit allen anderen Ländern sehr hoch sind; es gehe nicht um die Abschaffung des Sozialstaates, wohl aber um eine Konzentration auf die wesentlichen Aufgaben.

Die christliche Sozialwissenschaft in Deutschland hat immer betont, daß es sich bei den Prinzipien der Solidarität und der Subsidiarität um die beiden Seiten einer und derselben Medaille handelt. Wenn dies zutrifft, dann gehen die Probleme, vor denen wir stehen, nicht nur auf eine Vernachlässigung der Subsidiarität zurück, sondern auch auf eine problematische Interpretation der Solidarität. Solidarität ist nämlich nicht gleichzusetzen mit dem christlichen Prinzip der Nächstenliebe, die überall hilft, wo Menschen in Not geraten. Solidarität erschöpft sich auch nicht in einem Ausgleich zwischen „Reich“ und „Arm“, zwischen Leistungsstarken und Leistungsschwachen. Vielmehr verpflichtet die Solidarität alle Glieder einer Gesellschaft, das, was sie selber leisten können, zum Ganzen beizutragen. Eine Mentalität, die nur profitieren möchte, hat mit Solidarität wenig gemein. In der Tat ist die moderne Gesellschaft krank, weil zu viele von dieser Mentalität des Profitierens befallen sind. Das Wort des amerikanischen Präsidenten John F. Kennedy, wir sollten nicht fragen, was das Land für uns tue, sondern, was wir für das Land tun können, hat damals viele bewegt und kann heute noch vor allem junge Menschen begeistern. Vordringlich ist nicht nur eine Strukturreform, sondern ebenso eine Gesinnungsreform.

In dieser Perspektive wird deutlich, daß das Prinzip der Subsidiarität nicht etwa ein notwendiges Gegengewicht gegen die Solidarität bildet, sondern alles gesellschaftliche Handeln als eine „Hilfe zur Selbsthilfe“ bestimmt. Primär sind und bleiben die Menschen verantwortlich nicht nur für die „privaten“ Dinge des Lebens, sondern auch für die sozialen Aufgaben in ihrer ganzen Breite. Eigenvorsorge und Eigenverantwortung sind auch im Sozialstaat unverzichtbar.

Literaturverzeichnis

Für eine Zukunft in Solidarität und Gerechtigkeit. Wort des Rates der Evangelischen Kirche in Deutschland und der Deutschen Bischofskonferenz zur wirtschaftlichen und sozialen Lage in Deutschland, 1997, Hannover-Bonn

Betriebsrente: Das Plus im Alter, Grafik in: Süddeutsche Zeitung, Nr. 216, 19. September 1997, S. 23

Gundlach, G. (1964): Die Ordnung der menschlichen Gesellschaft, 2 Bde., Köln

Lampert, H. (1996): Priorität für die Familie, Berlin

– (1997): Krise und Reform des Sozialstaates, Frankfurt a. M.

Maier-Mannhart, H. (1997): Finanzkrise – überwiegend hausgemacht, in: Süddeutsche Zeitung, Nr. 204, 5. September 1997, S. 25

Müller-Armack, A., 2. Aufl. (1981): Vorschläge zur Verwirklichung der Sozialen Marktwirtschaft (1948), wieder abgedruckt in: ders., Genealogie der Sozialen Marktwirtschaft, Bern-Stuttgart

Rauscher, A. (1988): Katholische Soziallehre und liberale Wirtschaftsordnung, wieder abgedruckt in: ders., Kirche in der Welt, Bd. 2, Würzburg

– (1994): Arbeit für alle, in: Kirche und Gesellschaft, Nr. 207, Köln

– (1996): Die Arbeitsplätze sind der Schlüssel, in: Kirche und Gesellschaft, Nr. 226, Köln

Rolle, C. / *Suntum*, U. van (1997): Langzeitarbeitslosigkeit im Ländervergleich, Berlin

Roos, L. (1995): Vom Arbeitnehmer zum Wirtschaftsbürger, in: Kirche und Gesellschaft, Nr. 224, Köln

Schmähl, W. (1997): Alterssicherung – Quo vadis?, in: Sozialstaat Deutschland (Jb. für Nationalökonomie und Statistik, Bd. 216), 412 - 435, Stuttgart

Wie kann und soll eine Soziale Marktwirtschaft der Zukunft aussehen?

Von Alfred Schüller*

I. Einleitung

Wie jede Wirtschaftsordnung hat es auch die Soziale Marktwirtschaft mit dem Problem der Knappheitsminderung zu tun. Die Knappheit ist konstitutiv für menschliches Handeln. Sie zu mindern, erfordert geeignetes Wissen. Aber auch geeignetes Wissen ist knapp und muß erst entdeckt werden. Dieser Wissensmangel bestimmt wesentlich das menschliche Handeln. Die effektive Nutzung der materiellen Ressourcen hängt von dem Wissen über ihre Verwendungsmöglichkeiten ab. Nicht so sehr die materielle Ressourcenausstattung, sondern die Art und Weise, wie eine Gesellschaft mit dem Mangel an Wissen umgeht, bestimmt ihre Zukunftsfähigkeit[1]. Um so wichtiger ist die Frage nach den Methoden und Möglichkeiten, vorhandenes Wissen zu mobilisieren, neues Wissen zu kreieren und den Gesamtprozeß der Wissensnutzung knappheitsmindernd zu gestalten.

Fassen wir die Wirtschaftsordnung als Gesamtheit der gesetzten und gewachsenen Regeln des Rechts, des sittlich-kulturellen und politischen Verhaltens sowie der Traditionen und Konventionen auf, die den wirtschaftlichen Handlungs- und Entscheidungsspielraum der Menschen dauerhaft begrenzen, wird hiervon auch die Art und Weise geprägt, wie Wissen in einer Gesellschaft entsteht, wie es bewertet, koordiniert und verknüpft und für die Knappheitsminderung in Gegenwart und Zukunft genutzt wird. Der Gesamtprozeß der Wissensnutzung beruht auf einer von der jeweiligen Wirtschaftsordnung bestimmten Struktur von Handlungsrechten (Property Rights), von der wiederum die wirtschaftliche Anreiz- und Kontrollstruktur abhängt.

Die Handlungsrechtsstruktur einer Volkswirtschaft manifestiert sich in einem System von Verfügungs-, Nutzungs- und Haftungsrechten. Diese geben Aufschluß darüber, wem welche Rechte zustehen; davon werden die Anreize für die Verwendung von Wissen und materiellen Ressourcen bestimmt. Dies spielt insbesondere für den Anreiz und die Möglichkeit zur Entdeckung neuen Wissens – ein Prozeß,

---

* Für zahlreiche Anregungen und Mithilfe danke ich Frau Dipl.-Volkswirtin Rebecca Strätling.

1 Hayek 1976, S. 103 ff.; Streit 1996, S. 7.

der stets vom Risiko des Irrtums begleitet wird – eine wesentliche Rolle. Die Wirtschaftsordnung legt einen Rahmen für die möglichen Interaktionen der Eigentümer der Handlungsrechte fest und beeinflußt so die Schaffung und Nutzung von Wissen über die Verwendung materieller Ressourcen. Hieran wird das *soziale* Bezugsfeld der ökonomischen Güterwelt erkennbar. Dieses ist für das menschliche Verhalten im Umgang mit knappheitsrelevantem Wissen entscheidend.

Charakteristisch für die Handlungsrechtsstruktur der Sozialen Marktwirtschaft der Gegenwart sind erhebliche Verknappungserscheinungen, etwa hinsichtlich

- des Arbeits- und Ausbildungsplatzangebots,
- der Mittel für eine solide und sparsame Finanzierung der laufenden öffentlichen Haushalte und der Staatsschuld sowie der Systeme der sozialen Sicherung,
- der Möglichkeiten, auf das Phänomen der alternden Gesellschaft und die damit verbundenen Lasten angemessen zu reagieren und
- der Fähigkeit, im internationalen Wettbewerb um Arbeitsplätze mithalten zu können.

Im Hinblick auf diese und andere Knappheitsphänomene ist die Rede von einer wirtschaftlichen, sozialen und moralischen Krise der Sozialen Marktwirtschaft.

Wenn die Handlungsrechtsstruktur einer Wirtschaftsordnung der entscheidende Ansatzpunkt für die Beurteilung der Möglichkeiten, Grenzen und Ergebnisse menschlichen Handelns in der Wirtschaft ist, dann lassen die beklagten Knappheitserscheinungen auf erhebliche Barrieren im Ordnungsgefüge der bestehenden Ordnung schließen, welche die Schaffung und effiziente Nutzung von Wissen behindern.

Um die Frage zu beantworten, wie eine Soziale Marktwirtschaft der Zukunft aussehen *kann*, sollte erst geklärt werden, wie sich die Soziale Marktwirtschaft in den letzten 50 Jahren entwickelt hat und inwieweit die daraus entstandene gegenwärtige Ordnung im Hinblick auf die Beseitigung knappheitswidriger Wissens- und Handlungsbarrieren zukunftsfähig gemacht werden kann. Dies erfordert eine Auseinandersetzung mit den Wertgrundlagen dieser Ordnung (ihrem Menschenbild und Staatsverständnis) und ihrem Beharrungsvermögen. Diese Fragen sind Gegenstand des II. Kapitels. Im III. Kapitel werden im Hinblick auf die *Soll*-Frage des Themas die ordnungspolitischen Voraussetzungen einer Sozialen Marktwirtschaft aufgezeigt, die ein hinreichendes Evolutionspotential für eine dauerhafte Lösung der bedrängenden Probleme der Gegenwart erwarten lassen. Schließlich wird im IV. Kapitel im Anschluß an die im II. Kapitel aufgezeigten Beharrungsmomente nach den Faktoren gefragt, die die Entwicklung in Richtung einer Sozialen Marktwirtschaft, wie sie im III. Kapitel aufgezeigt wird, vorantreiben könnten.

II. Die Zukunft der Sozialen Marktwirtschaft im Widerschein ihrer Vergangenheit

1. Der Wandel der Sozialen Marktwirtschaft

Die Soziale Marktwirtschaft ist von ihren geistigen Vätern als evolutive Ordnung aufgefaßt worden. Neben dem Grundprinzip, daß sich alles im Rahmen einer freien Ordnung zu vollziehen hat, ist es nach Müller-Armack[2] „immer wieder nötig ..., neue Akzente zu setzen gemäß den Anforderungen einer sich wandelnden Welt". Tatsächlich hat diese Ordnung in den vergangenen Jahrzehnten einen gravierenden Wandel erfahren[3]. Das Ergebnis dieses Wandels kann grob an der Entwicklung der Staatsausgabenquote abgelesen werden. Als Maßstab für das Ausmaß der Staatseingriffe hat diese Größe gewiß ihre Schwächen, doch immerhin wird daran erkennbar, wie sich die staatlich gelenkten und kontrollierten Finanzströme verändern. Die Entwicklung der Staatsausgabenquote zeigt, daß der Wandel der Sozialen Marktwirtschaft von deutlichen Tendenzen einer verstärkten Abwendung vom Prinzip der Personalität (Individualprinzip) und der Hinwendung zum Prinzip der staatlich organisierten Solidarität (Kollektivprinzip) geprägt ist[4]. Das Prinzip der Personalität betont die Verantwortung des Einzelnen für die Sicherung seiner Existenz (und der seiner Familie) sowie seine Entscheidungsfreiheit in bezug auf wirtschaftliche Aktivitäten. Der Staat übernimmt im Sinne der Subsidiarität in erster Linie Verantwortung für die Gestaltung allgemeiner Regeln und die Absicherung im Falle nichtversicherbarer Risiken und Notlagen. Dagegen verweist das Kollektivprinzip auf die Verantwortung des Staates und seiner Einrichtungen für die direkte und indirekte Sicherung bestimmter wirtschaftlicher und sozialer Zustände:

(1) Zwischen 1950 und 1962 lag die nominelle Staatsausgabenquote in Westdeutschland unter 35%. In dieser Phase rangierten im politischen Prozeß – vereinfacht gesagt – die Ziele Freiheit und Wachstum vor Umverteilungsideen. Das Prinzip der Personalität dominierte.

(2) Ab 1961 wurden mit der „aktiven Lohnpolitik" der Gewerkschaften die Weichen in die entgegengesetzte Richtung gestellt. Entscheidend hierfür war ein sich veränderndes geistig-kulturelles und (wirtschafts-)politisches Klima, das bis heute in vielen staatlichen und gesellschaftlichen Einrichtungen nachwirkt. Zwar konnte die Wirtschaftspolitik von Erhard, die von Euckens Idee der „Wirtschaftsverfassung des Wettbewerbs" inspiriert war, ihre Leistungsfähigkeit bis weit in die 60er Jahre hinein eindrucksvoll belegen, doch die Vorteile wettbewerblicher Marktprozesse prägen nicht unausweichlich die „öffentliche Meinung" über die einer Gesellschaft zugrunde liegenden Werte und ethischen

2 Müller-Armack 1974, S. 10.

3 Schüller / Weber 1998b.

4 Schüller / Weber 1998a.

Zielsetzungen. Schon während Erhards Zeit als Bundesminister für Wirtschaft drangen im politischen Prozeß machtvolle Erwartungen und Bemühungen vor, die – im Widerspruch zur Idee der Politik der Wettbewerbsordnung als allgemeine Rahmenordnung der Wirtschaft – auf ganz bestimmte wirtschaftliche und soziale *Ergebnisse* gerichtet waren. Hierfür hat sich seit Mitte der 60er Jahre im politischen Raum ein günstiges Rezeptionsklima entwickelt.

(3) Besonders mit dem Stabilitäts- und Wachstumsgesetz, dem Arbeitsförderungsgesetz und einer Reihe anderer sozialpolitisch motivierter Einschränkungen der „Wirtschaftsverfassung des Wettbewerbs" (besonders auf dem Arbeitsmarkt) begünstigte die neue („aufgeklärte") Wirtschaftspolitik eine volkswirtschaftliche Handlungsrechtsstruktur mit weitreichenden Einbußen an individueller Bereitschaft, sich vorsorglich (präventiv) auf veränderte Knappheitsverhältnisse und Wettbewerbsbedingungen einzustellen. Bis Ende 1975 erhöhte sich die Staatsquote auf 49%. Damit wurde jener Wandel der Sozialen Marktwirtschaft vollzogen, für den Hoppmann[5] die Bezeichnung „Übergang von der Ordnungspolitik zum konstruktivistischen Interventionismus" geprägt hat. Die Stabilisierung der Staatsquote auf dem Niveau von 48 bis 50% zwischen 1976 und 1982 zeigt die Gewöhnung der Bevölkerung an den vergleichsweise hohen Staatseinfluß auf das Wirtschaftsgeschehen. Die hohen direkten und indirekten staatlichen Belastungen, die der Privatsektor zu tragen hatte, dürften den Gesamtprozeß der privatwirtschaftlichen Wissensnutzung nachhaltig beeinträchtigt haben. In dem Maße, wie der staatliche Einfluß auf die Verwendung produktiver Ressourcen in der Volkswirtschaft wuchs und die Einkommensverteilung unabhängig von individuellen Bemühungen und der Bereitschaft zur Übernahme von Risiken erfolgte, wurde die Entstehung und Nutzung von knappheitsrelevantem Wissen staatlich gelenkt und eingeengt.

(4) Freilich konnte die Staatsquote bis zum Jahre 1989 auf ca. 46% zurückgeführt werden. Ob jedoch im Regierungswechsel von 1982 eine neue Weichenstellung im Verhältnis von Individual- und Kollektivprinzip gesehen werden kann, ist umstritten. Immerhin zeigt der rasche Anstieg der Staatsaktivität nach 1989, daß vorausgegangene Ansätze zur Stärkung des Personalitätsprinzips wohl nicht mit einem *grundlegenden* Wandel des wirtschafts- und gesellschaftspolitischen Leitbildes einhergegangen sind. So war die Wirtschaftspolitik der Wiedervereinigung deutlich – in mancher Hinsicht gewiß auch unvermeidlich – vom Denkansatz der staatlich organisierten Solidarität geprägt[6].

Die Lösung des Einheitsproblems stand in den entscheidenden Bezugsfeldern der gesamtdeutschen Rechts-, Tausch-, Zahlungs- und Solidargemeinschaft vollständig im Magnetfeld eines Verständnisses von Sozialer Marktwirtschaft, das schon seit Ende der 60er Jahre stärker von einem sozialpolitisch motivierten Interventionismus als von marktwirtschaftlicher Ordnungspolitik bestimmt war. In die-

---

5 Hoppmann 1973, S. 27 ff.

6 Schüller 1996, S. 13 ff.

sem fortgeschrittenen punktuellen Interventionismus wurde gerade in der Situation des Umbruchs das geeignete Konzept gesehen. So ist der Einigungsvertrag „ganz überwiegend von dem Bestreben gekennzeichnet, sich von grundsätzlichen Erwägungen über die Gesamtordnung möglichst weit entfernt zu halten, während aus allen Ressorts eine Fülle teilweise absurder Einzelheiten mit Bienenfleiß zusammengetragen worden ist, um aus der Summe umfangreicher und umständlicher Detailregulierungen eine Gesamtordnung aufzuhäufen. So hat man dann lauter Teile in der Hand“[7]. Dieser Typ von Sozialer Marktwirtschaft sollte, obgleich er für diese wohl schwierigste wirtschaftspolitische Aufgabe der Nachkriegszeit unzulänglich verfaßt war, in Ostdeutschland – ähnlich wie in Westdeutschland nach 1948 – in ein paar Monaten den Prozeß des Wirtschaftswunders in Gang setzen.

Man mag einwenden, das Einigungsverfahren auf der Grundlage dieser Ordnung sei im politischen Prozeß erheblich erleichtert worden, weil die inzwischen stark vom Prinzip der staatlich organisierten Solidarität geprägte Soziale Marktwirtschaft dem in der DDR eingeübten Denken in „sozialistischen Errungenschaften“ entgegenkam. Die Vorstellung, die Konservierung „sozialer Errungenschaften“ zur Richtschnur der sozialen Ordnung zu machen, hatte ja auch in Westdeutschland eine beachtliche Tradition[8], die nach der Wiedervereinigung noch an Boden gewann und bis heute im politischen Geschehen darauf drängt, der Sozialen Marktwirtschaft der Zukunft ihren Stempel aufzudrücken.

Insgesamt erwiesen und erweisen sich die ordnenden Kräfte und Institutionen, die im Dienste der „sozialen Einheit“ tätig geworden sind, für die Entfaltung einer leistungsfähigen Produktionswirtschaft (also für die „wirtschaftliche Einheit“) und für die Verbesserung der Beschäftigungsbedingungen als extrem hinderlich. Wenn die ostdeutsche Wirtschaft die typischen Transformationsprobleme weitgehend überwunden hat, so wirken jetzt vor allem Strukturprobleme der westdeutschen Wirtschaft fort. Die Wirtschaftslage in Ostdeutschland spiegelt die Probleme Westdeutschlands wider und läßt die volkswirtschaftlichen Knappheitserscheinungen wie unter einem Brennglas noch schärfer hervortreten[9].

Für die These, daß die Zukunft der Sozialen Marktwirtschaft viel mit ihrer Vergangenheit zu tun hat, spricht vor allem das Beharrungsvermögen der Barrieren marktwirtschaftlicher Wissensnutzung. Das Denken in Kategorien des Kollektivprinzips scheint fest im Menschenbild maßgeblicher Vertreter des heutigen Typs der Sozialen Marktwirtschaft und im Selbstverständnis des Staates verankert zu sein. Man muß sich mit diesem Denken näher befassen, wenn man über die Zukunft der Sozialen Marktwirtschaft nicht bloß spekulieren will.

---

7 Willgerodt 1994, S. 37.

8 Kritisch hierzu Röpke 1953 / 1997; Erhard 1957 / 1988, S. 500.

9 Siehe im einzelnen Schüller / Weber 1998b.

2. Das Kollektivprinzip und die Zukunft der Sozialen Marktwirtschaft

Dem bisherigen Wandel und dem daraus entstandenen Niedergang der Sozialen Marktwirtschaft liegt der Trugschluß zugrunde, eine „Wirtschaftsverfassung des Wettbewerbs" mit großer Reichweite (siehe Kapitel III) könne den Anforderungen einer menschenwürdigen Ordnung nicht gerecht werden. Statt dessen wird ein betont *ergebnisorientiertes* Verständnis von sozialer Gerechtigkeit bevorzugt. Als Begründung dient die Annahme: Weil die Ausgangsvoraussetzungen menschlichen Handelns *real* unterschiedlich sind, ist es ein Gebot der Gerechtigkeit, bestehende Diskriminierungen auf Grund von Ungleichheiten abzubauen und gleichwertige Lebensbedingungen zu ermöglichen. Damit steht der Staat in der Pflicht, Einzelfallgerechtigkeit zu organisieren. Der Staat wird flächendeckend zur gewährenden, verteilenden, austeilenden und ausgleichenden Instanz. Mit diesen Lenkungsaufgaben erhält die staatlich organisierte Solidarität unausweichlich Vorrang. Im Mittelpunkt der Gesellschafts- und Wirtschaftspolitik stehen staatliche und gesellschaftliche Kollektive. So werden die Wirtschaft, die volkswirtschaftliche „Gesamtarbeit" als gegebene Größen, die Unternehmungen als Wesenseinheiten „an sich" betrachtet. Man denkt in Konfliktpaaren (Kapital und Arbeit; Starke und Schwache; Reiche und Arme) und in Polarisierungen („Die Wirtschaft hat den Menschen zu dienen, nicht umgekehrt"). Die Mitbestimmung, die Tarifautonomie, der Sozialstaat werden als Institutionen von eigenständigem moralischen Wert, als Verkörperung des „sozialen Friedens" und der „verantwortlichen Gesellschaft" aufgefaßt.

Dieser Wertorientierung entspricht ein staatliches Aufgabenverständnis, das darin besteht, das Handlungsvermögen der Kollektive, die für das Wohl der Menschen als besonders wichtig angesehen werden, zu sichern und hinsichtlich der Art der Wissensentstehung und -nutzung zu regulieren, notfalls auch zu finanzieren. Hierbei wird angenommen, daß das Prinzip der Personalität im Verständnis eines selbstverantwortlichen Lebens sowie der Fähigkeit und Bereitschaft zur freiwilligen Solidarität dem Einzelnen um so weniger zumutbar ist, je höher ein Bedürfnis und das zu seiner Befriedigung als geeignet und notwendig angesehene Gut in der gesellschaftlichen Bedürfnishierarchie eingestuft werden.

Aus dem Denken in „gesellschaftlichen Bedürfnissen" ergibt sich für den Staat die Aufgabe, bestimmte wirtschaftliche und soziale Versorgungszustände zu gewährleisten. Dem entspricht die Neigung, die kollektiven Einheiten bevorzugt unter Verteilungsgesichtspunkten zu beurteilen und zu organisieren.

Dieser Denkansatz legt die *staatlich organisierte* Beteiligung des Einzelnen an bestimmten gesellschaftlichen Ressourcen und Entscheidungsprozessen nahe. So wird ein Recht auf Arbeit als Anteil an der „gesellschaftlichen Gesamtarbeit", auf soziale Sicherheit, betriebliche Mitbestimmung, Gesundheitsversorgung, Wohnung, Freizeit, Beteiligung am kulturellen Leben usw. gefordert. Es entwickelt sich ein wirtschafts- und sozialpolitischer Punktualismus in dem Maße, wie die entsprechenden Nachfrage- und Angebotsbereiche vom allgemeinen Wissens- und Bewertungszusammenhang der marktwirtschaftlichen Ordnung abgesondert werden. Es entstehen nicht nur Zentren der Rechts- und Verwaltungsevolution eigener Art, sondern auch marktferne Finanzierungsansprüche in Form von staatlichen Subventionen und Transferzahlungen.

Besonders typisch für den hochentwickelten wirtschafts- und sozialpolitischen Interventionismus ist die deutsche Arbeitsmarktverfassung. Die Arbeitsverträge geraten mehr und mehr zu sozialpolitisch motivierten Umverteilungsinstrumenten, ohne daß den Bedürfnissen der Unternehmen mit ihren jeweiligen Herausforderungen im Wettbewerb hinreichend Rechnung getragen wird. Die weitgehende Anbindung der Kosten der sozialen Sicherungssysteme an die Arbeitsverhältnisse ist Ausdruck dieser Tendenz. Die kollektiven Mitverwaltungsrechte der Beschäftigten und andere Formen der Zwangsbeteiligung am Unternehmensvermögen über die Sozialbeiträge, die Anwartschaft auf Kündigungs- und Sozialplanabfindungen, aber auch der Mißbrauch der Tarifautonomie für Umverteilungszwecke – etwa über Sockellohnpolitik oder über die Praxis knappheitswidriger Einheitslöhne der Flächentarifpolitik – sowie die durch Richterrecht bedingte Umwandlung offener Arbeitsverträge in Dauerarbeitsverhältnisse sind Zeichen dieser einseitigen sozialpolitischen Instrumentalisierung der Beschäftigungsverhältnisse.

Kann sich im politischen Prozeß diese Einstellung gegenüber den Unternehmen weiterhin behaupten, so wird auch in Zukunft damit zu rechnen sein, daß diese versuchen werden, Arbeitsplätze bevorzugt dort zu schaffen, wo die Unternehmen nicht zwischen den wettbewerblichen Anforderungen der Produktmärkte und den sozialpolitischen Belastungen der Arbeitsmärkte zerrieben werden.

Diejenigen, die die Knappheit an Arbeitsplätzen primär auf als nicht beeinflußbar eingeschätzte Faktoren (Wachstumsverlangsamung, technischer Fortschritt, steigender internationaler Wettbewerbsdruck usw.) zurückführen, werden auf verstärkte Arbeitsplatzsubventionen drängen, sich jedenfalls nicht von der Erfolglosigkeit der bestehenden Tendenz zur Verstaatlichung der Arbeitsverhältnisse entmutigen lassen. Die Zukunft einer solchen Sozialen Marktwirtschaft wird von dem Versuch bestimmt sein, den gesamten öffentlichen Sektor im Hinblick auf das Beschäftigungsproblem zu organisieren: Schon jetzt läßt sich eine zunehmende Verstaatlichung der Arbeitsverhältnisse durch die Einrichtung und Finanzierung einer wachsenden Anzahl von Beschäftigungsgesellschaften, Lohnkostenzuschüssen, der massiven Förderung von sog. „Sozialen Betrieben" und Arbeitsbeschaffungsmaßnahmen sowie den Einsatz von „öffentlich geförderter Arbeit" in vielfältigen Formen und Bereichen absehen. Hierdurch wird sich dann auch der von kirchlicher Seite erhobene Wunsch erfüllen lassen, die „Dominanz der Erwerbsarbeit" zu überwinden und den „steigenden Bedarf an gesellschaftlich notwendiger Arbeit" zu befriedigen. Auf diesem Wege, auf dem wir schon weit fortgeschritten sind, werden sich die Ansprüche an das staatliche Transfersystem und die öffentlichen Subventionskassen weiter erhöhen.

Bleibt es beim Denken in den Kategorien des Kollektivprinzips, dann wird sich die zukünftige Handlungsrechtsstruktur der Sozialen Marktwirtschaft nicht wesentlich von der gegenwärtigen unterscheiden: Der Sozialisierungsgrad mit einer Staatsquote von 50% wird weiterhin – im Gegensatz zur globalen ordnungspolitischen Tendenz – auf hohem Niveau verharren. Es wird bei den eingangs genannten Knappheitserscheinungen bleiben.

Zwei Fragen drängen sich auf: 1. Wie müßte eine Soziale Marktwirtschaft aussehen, die aus der Perspektive derjenigen, die von der gegenwärtigen Ordnung besonders benachteiligt sind, leistungsfähiger und menschenwürdiger erscheint und unser Gesellschaftssystem zukunftsfähig machen kann? 2. Welche Faktoren können den Aufbruch in diese Richtung vorantreiben, welche können ihn verhindern?

III. Personalität als Grundlage einer zukunftsfähigen Sozialen Marktwirtschaft

1. Die Person als ordnungspolitischer Bezugspunkt

Deutschland wird wirtschaftlich, sozial und moralisch nur gesunden, wenn es gelingt, die in den neuen weltwirtschaftlichen Herausforderungen liegenden Chancen umfassender und wirkungsvoller als bisher zu nutzen. Hierbei ist folgendes zu beachten:

(1) Ein Großteil des menschlichen Wissens existiert nur als Wissen von *Personen*. Es ist also subjektiv gebunden und damit über die Gesellschaft verstreut[10].

(2) Es gibt kein wirkungsvolleres Verfahren, um neues Wissen zu erschließen und zusammen mit dem vorhandenen Wissen zu nutzen als den *Wettbewerb*. Er ermöglicht die Auswahl, Koordination und Verbreitung relevanten Wissens und motiviert zur Entdeckung neuen Wissens.

(3) Eine im Sinne der Knappheitsorientierung bessere Erschließung neuer und vorhandener Wissenspotentiale erfordert eine Gesamtentscheidung für eine Soziale Marktwirtschaft, in der prinzipiell alle Teilbereiche dem Umstand Rechnung tragen müssen, daß die Bedingungen der Einkommenserzielung in einem wettbewerblichen und preisgesteuerten Bewertungszusammenhang stehen, der direkt oder indirekt globale Dimensionen angenommen hat.

(4) Mit weltoffenen Marktbeziehungen und internationalen Unternehmensverflechtungen haben die Interdependenzen zwischen den nationalen Ordnungen und Wirtschaftsabläufen in einem Ausmaß zugenommen, daß Versuche, bestimmte Bereiche der Wirtschaftspolitik isoliert, autonom oder punktuell zu behandeln, nicht mehr realistisch sind. Prinzipiell müssen deshalb alle Gebiete der Wirtschaftspolitik als Teile *einer* Politik der Wirtschaftsverfassung des Wettbewerbs gesehen werden. Von diesem „Denken in Ordnungen" her läßt

---

10 Hayek 1976, S. 103 ff.

sich der entscheidende Ansatzpunkt für eine zukunftsfähige Neuorientierung der Sozialen Marktwirtschaft gewinnen[11]:

(5) Rückkehr zur Personalität der Gesellschaft. Darauf baut sich – gleichsam von unten nach oben – ein Verständnis von Subsidiarität und Solidarität auf, das dem Denken in den Kategorien des Kollektivprinzips entgegengerichtet ist. Eine zukunftsfähige Soziale Marktwirtschaft muß sich vom Vertrauen in die kreativen Fähigkeiten der menschlichen Person, ihrer Kraft und Bereitschaft zu einem selbstverantwortlichem Leben und zur *freiwilligen* Solidarität her verstehen. Hierzu ist dem mündigen Bürger Spielraum zur Entfaltung seines Wissens, für eigenverantwortliches Denken und Handeln – kurz für Such- und Entdeckungsprozesse, für Wahl- und Entscheidungsmöglichkeiten zu geben.

(6) Anerkennung der humanen und ethischen Triebkräfte des Marktes und der Bedeutung des Wettbewerbs als Entdeckungsverfahren, nicht nur als Instrument für mehr Effizienz und bessere Güterversorgung, sondern auch als unersetzliche Methode, um – im Dienste einer möglichst „privilegienfreien Zivilrechtsgesellschaft"[12] – Machtansammlung und Machtmißbrauch zu verhindern oder zu begrenzen.

(7) Anerkennung des besonderen „sozialen Gehalts" von Ordnungsbedingungen, die geeignet sind, eine leistungsfähige und beschäftigungsfreundliche Produktionswirtschaft zu ermöglichen und so die Entstehung sozialer Notlagen zu verhindern. Die Frage der Verhinderung und Überwindung der Arbeitslosigkeit ist – im Kontext der direkten und indirekten Folgekosten – nach wie vor eine, wenn nicht „die" Kernfrage der Sozialpolitik und der Sozialen Marktwirtschaft.

2. Erweiterung der Wettbewerbsfreiheit

Die staatliche Ordnungsaufgabe besteht in der Konstituierung und Sicherung eines rechtlichen Rahmens für eine freiheitliche Ordnung, in der sich ein menschenwürdiges und wirtschaftlich erfolgreiches Leben entwickeln kann[13]. Die im Grundgesetz der Bundesrepublik Deutschland enthaltenen Grundrechte bieten hierfür das Fundament. Dessen Tragfähigkeit im Sinne des Prinzips der Personalität beruht auf Vorkehrungen gegen den Mißbrauch der Freiheitsrechte zu Lasten anderer Menschen. Das Grundgesetz (GG) enthält in Art. 74 Abs. 16 einen Regelungsauftrag an den Gesetzgeber, den Mißbrauch wirtschaftlicher Macht zu verhindern. Ein verfassungsrechtliches Gebot für eine bestimmte Vorgehensweise und für bestimmte (Ausnahme-)Bereiche folgt daraus zwar nicht, doch ist jede Art von Wettbewerbspolitik von den verfassungsrechtlichen und -politischen Zielen her be-

11 Siehe auch: Lehmann 1996; Novak 1996 und Roos 1996, S. 417 ff.

12 Böhm 1980; Vanberg 1997.

13 Eucken 1952/1990, S. 14.

stimmt. So ist der Gesetzgeber nach der ständigen Rechtsprechung des Bundesverfassungsgerichts gehalten, die Freiheitsverbürgungen der Art. 2, 9, 12 und 14 GG zu schützen. Diese individuellen Handlungsrechte, die in einem engen Funktionszusammenhang stehen, können wirtschaftlich nur wirksam werden, wenn *Wahlmöglichkeiten* bestehen und diese für die eigenen, frei bestimmten Zwecke genutzt werden können. In einer zukunftsfähigen Sozialen Marktwirtschaft müßte sich eine Wirtschaftsverfassung des Wettbewerbs auf weitaus mehr Bereiche der Volkswirtschaft beziehen, als dies heute der Fall ist:

Das deutsche Wettbewerbsrecht (GWB) ist im wesentlichen nur gegen privatwirtschaftliche Wettbewerbsbeschränkungen im Produktmarktbereich gerichtet. Privatunternehmerische Versuche, den Wettbewerb zu beschränken, dürften aber auf globalisierten Märkten immer nur beschränkt erfolgreich sein. Freilich aber könnte der Zugang von ausländischen Anbietern erschwert werden – etwa durch Preisabsprachen, Quotenkartelle, Im- und Exportkartelle, verschlossene Vertriebswege wie das japanische Keiretsu-System, nationale Marktauflagen mit Hilfe wettbewerbsbeschränkend eingesetzter gewerblicher Schutzrechte usw. In der Tat können Marktabschließungen und Marktaufteilungen von Unternehmen die handelsbeschränkenden Wirkungen auslösen, die gegen die Regeln der Welthandelsordnung verstoßen[14]. Allerdings sind die totalen Ausnahmebereiche (Land- und Forstwirtschaft, die Kreditanstalt für Wiederaufbau, Unternehmen der Montanindustrie) und vielfältigen hoheitlich sanktionierten Wettbewerbsbeschränkungen und monopolistischen Sonderstellungen von staatlichen und staatlich regulierten Unternehmen im Sinne partieller Ausnahmebereiche vom GWB volkswirtschaftlich sehr viel hartnäckiger und wahrscheinlich schädlicher. Die davon „begünstigten" Betriebe sind dem Wissens- und Bewertungszusammenhang des internationalen Marktgeschehens mehr oder weniger weitgehend entzogen.

Bisher beschränkt sich die Praxis der Politik der Marktöffnung in Deutschland vielfach auf eine (meist zögerliche) Anpassung an Vorgaben der Europäischen Union (EU) und an ausländische Vorbilder. In diesem wichtigen Bereich marktwirtschaftlicher Ordnungspolitik müßte Deutschland in Anpassung an die international auf allen wirtschaftlichen Gebieten spürbare Tendenz, den Marktkräften mehr Spielraum zu geben, versuchen, nicht nur aufzuholen, sondern eine Vorreiterrolle zu übernehmen. Tatsächlich jedoch drängen die deutschen Verbände immer dann darauf, die deutschen Wettbewerbsvorschriften an die EU-Vorgaben anzupassen, wenn diese weniger scharf sind als die deutschen, während man auf deutschen Regeln besteht, wenn diese laxer sind als das EU-Recht.

Eine umfassende und beschleunigte Marktöffnung durch Privatisierung und Deregulierung ist dringend angesagt – vor allem im Post- und Fernmeldewesen, im Kreditgewerbe (Sparkassen usw.), im Personen- und Güterverkehr, in der „Versorgungswirtschaft" (vor allem dem Energiesektor) und im Gesundheitswesen sowie

---

14 Fikentscher und Immenga (1995) treten deshalb dafür ein, eine „Internationale Antitrustbehörde" als Institution des GATT bzw. der WTO zu schaffen.

im Baurecht und in der Wohnungswirtschaft. Nicht nur in der Wohnungswirtschaft, sondern auch in vielen anderen Bereichen verfügen öffentliche Hände über ein beträchtliches Betätigungsfeld, das von der privaten Wirtschaft effizienter genutzt werden könnte. Gleichzeitig könnte der Staat steuersparend von überflüssigen Ausgaben entlastet werden. Hier wie auch sonst geht es nicht nur darum, die Staatsquote wieder am Niveau von 32 - 37% der Jahre 1949 - 60 zu orientieren, sondern auch den wettbewerblichen und preisgesteuerten Prozeß der Wissensfindung und -nutzung auf Gebiete auszudehnen, die bisher völlig oder weitgehend der internationalen Wissensteilung entzogen waren.

Auf der Ebene der EU besteht jedoch die Gefahr, daß unter der Fahne der „Gemeinsamen Industriepolitik“ eine interventionistische, konkurrenzscheue Industrieunion mit sektorspezifischen Sonderaufgaben und -behörden entsteht. Über diesen integrationspolitischen Punktualismus drohen der Sozialen Marktwirtschaft neue Formen der Verzerrung des Wettbewerbs, der Verschwendung knapper Ressourcen, des Protektionismus und der Konservierung bestehender Wirtschaftsstrukturen.

3. Vertragsfreiheit und Unternehmertum

Selbständigkeit am Markt, als besonderer Ausdruck von Freiheit und Selbstverantwortung, bietet einer Gesellschaft die Chance, das Wirtschaften im Familienverband zu stärken, der Vermassung und dem Extremismus vorzubeugen. Abgesehen von dieser gesellschaftspolitischen Dimension sind selbständige Unternehmen Auslöser evolutorischer Marktprozesse, Ausgangspunkt für die Entstehung, Nutzung und Vermittlung von knappheitsminderndem Wissen – durch Vorstöße in ökonomisches Neuland, Vermeidung und Überwindung nicht marktgerechter Angebotsstrukturen. Selbständige Unternehmer spielen eine wesentliche Rolle in der Ausbildung junger Menschen. Der Beitrag der Unternehmen zur Humanvermögensbildung ist ebenso wenig selbstverständlich wie die Existenz von Unternehmen „an sich“ gegeben ist. Die Knappheit an Ausbildungsplätzen wird heute vorschnell auf ein Versagen, ja auf eine moralische Pflichtverletzung der Unternehmen zurückgeführt. Doch die Überwindung dieser Knappheit wird nachhaltig nur gelingen, wenn die marktorientierten Ausbildungsanreize für Unternehmen erhöht werden – etwa durch eine knappheitsgerechte Ausbildungsvergütung und eine erhöhte Präsenz der Lehrlinge in den Betrieben. Unternehmer, vor allem auch in der kleinbetrieblichen-mittelständischen Ausprägung, sind als Nährboden kreativer Wissensentfaltung ein entscheidender Faktor für die Zukunftsfähigkeit unserer Gesellschaft. In dieser Hinsicht ist ein Umdenken in der Gesellschaft geboten. Gewerbefleiß, Unternehmertum, Gewinnorientierung und Wettbewerbsgeist bedürfen der Anerkennung in der Öffentlichkeit, vom Unterricht in der Grundschule angefangen. Folgendes ist hierbei zu vermitteln:

(1) Unternehmungen, damit auch unternehmensgebundene Beschäftigungsmöglichkeiten, sind aus ihren Entstehungsgründen und Entfaltungsbedingungen zu verstehen, und zwar als Teil der Wettbewerbsordnung, also innerhalb des Rahmens eines offenen preisgesteuerten Marktsystems. Die unternehmerische Tätigkeit entwickelt sich nicht aus dem Eigentum an den Produktionsmitteln, also aus „dem" Kapital, wie es die marxistische Lehre und andere Konflikttheorien der Unternehmung bis heute unterstellen, sondern aus der Privatrechtsautonomie. Diese gewährt dem Einzelnen das Recht, unternehmerisch initiativ zu werden, daß heißt sein Wissen einzusetzen, um selbst oder mit Hilfe anderer ein Unternehmen zu betreiben. Die Veranstalter der Unternehmung gehen mit den Arbeitnehmern, Kreditgebern, Lieferanten, Kunden usw. Tauschbeziehungen ein, die sich in einem Bündel unternehmensspezifischer Verträge manifestieren. Hierbei akzeptieren die Arbeitnehmer im Austausch gegen eine erhöhte Einkommenssicherheit das Weisungsrecht der Unternehmer. Diese geben mit ihrem Beschäftigungsangebot zu erkennen, daß sie glauben, über die Verwendungsmöglichkeiten der eingesetzten Faktoren mehr zu wissen, als deren Eigentümer. Das unternehmerische Risiko besteht darin, sich zu irren und für die vertraglichen Vereinbarungen auch dann einstehen zu müssen, wenn auf den Produktmärkten die erwarteten Erlöse ausbleiben. Das Risiko der Arbeitnehmer besteht in der Ungewißheit über die Dauer der Austauschbeziehung. Dies hängt von deren wirtschaftlicher und sozialer Attraktivität ab. In allen Fällen sind marktwirtschaftliche Unternehmen – und das wird häufig übersehen – Ausdruck einer *freiwilligen* Transformation von verschiedenen Risiken und gehen auf wählende und handelnde Personen, nicht auf gegebene Kollektive zurück. Hierbei muß stets der beiderseitig vorteilhafte Tausch im Vordergrund der Betrachtung stehen. Für den Arbeitnehmer ist es dabei besonders günstig, wenn er zwischen vielen Arbeitgebern wählen kann. Auch deshalb verdient die nachhaltige marktkonforme Überwindung der Arbeitsplatzknappheit höchste Priorität.

(2) Das unternehmerische Handeln setzt regelmäßig den Ankauf von Leistungen auf Kredit voraus. Der Nachweis von Eigenkapital in Form von Risiko- und Haftungskapital fördert die Kreditfähigkeit von Unternehmen, deren Erfolg am Produktmarkt ungewiß ist. Eigenkapital als Grundbedingung unternehmerischen Handelns motiviert dazu, umsichtig zu disponieren, um die Haftungsgrundlage nicht zu gefährden; zugleich wird die Aktiv- oder Vermögensseite der Unternehmen geschützt. Damit wird die Sicherheit des unternehmensspezifischen Geflechts von Verträgen erhöht, insbesondere auch die der Verträge mit den Arbeitnehmern, welche die direkten Marktrisiken auf den Produktmärkten scheuen. Die gesamtwirtschaftlichen Abläufe werden stabiler und berechenbarer, die Arbeitsplätze sicherer. Daraus folgt: Jede Diskriminierung der Risikokapitalbildung, etwa durch das Steuerrecht oder durch Erzwingung haftungsfreier Mitbestimmungsrechte, ist nicht nur beschäftigungsfeindlich, sondern steht – mangels Attraktivität solcher Anlagen im Vergleich zu anderen

Formen der Vermögensbildung – dem gesellschaftspolitischen Ziel einer breiten Beteiligung der Bevölkerung am Produktivvermögen entgegen[15].

(3) Beschäftigungsfeindlich sind auch zahlreiche staatliche Regulierungen des Marktgeschehens, die, entgegen ihrem erklärten Zweck, vor allem kleine und mittlere Unternehmen benachteiligen. Diese Firmen sind es jedoch, welche die Mehrzahl der privatwirtschaftlichen Arbeitsplätze in Deutschland bereitstellen und von denen am ehesten neue Arbeitsplätze geschaffen werden. Mittelständische Unternehmen können sich keine Spezialisten für die vorteilhafteste Auslegung von Gesetzen, Subventionsrichtlinien, Auflagen und Vorschriften leisten. Staatliche Regulierungen absorbieren häufig Wissenspotential für solche unproduktiven Zwecke und erhöhen regelmäßig die Markteintrittskosten für potentielle Unternehmer.

(4) Die steuerliche Last, die der überdimensionierte öffentliche Sektor verursacht, bremst den Leistungswillen und den Entfaltungsspielraum derjenigen, von denen besondere Anstrengungen erwartet werden können, den Selbständigen. Gleichzeitig wächst mit der Steuerbelastung die Schattenwirtschaft. Deshalb sind das Steuersystem zu vereinfachen, die ertragsunabhängigen Steuern zu beseitigen und die steuerrechtliche Diskriminierung der Eigenkapitalbildung aufzuheben. Dies alles stellt für kleine und mittlere Unternehmen die beste Gründungs- und Entwicklungshilfe dar. Weniger Steuerdruck ist in Verbindung mit knappheitsgerechten Lohnkosten die beste Ermutigung von Investitionen, Innovationen und Beschäftigung. Die heutige Praxis der Subventionierung eignet sich hierfür nicht.

(5) Das geltende Arbeits- und Tarifrecht ist eher auf die Belange von Großunternehmen zugeschnitten. Für kleine und mittlere Unternehmen ist es vielfach zu schematisch. Größere Unternehmen können den restriktiven Vorschriften eher durch Kapitalintensivierung, Rationalisierung und Verlagerung von Produktionsstätten ins Ausland ausweichen. Anstelle des Flächentarifvertrags, der immer noch überragende Bedeutung hat, sind Rahmenordnungen für wettbewerbliche Lohnaushandlungssysteme anzustreben[16].

4. „Recht auf Arbeit"

Je weiter die Wirtschaftsverfassung des Wettbewerbs greift, desto mehr wirtschaftliche Aspekte der Gesellschaft stehen in einem Funktions- und Bewertungszusammenhang. Deshalb ist die Orientierung der Rechtsverhältnisse auf den Arbeitsmärkten an den Anforderungen der Produktmärkte Grundbedingung dafür, daß der Strukturwandel eine Quelle des Wohlstands für alle bleibt, die auf Arbeit angewiesen sind, arbeiten wollen und können. Denn nur dann bleibt die Arbeit als

15 BKU 1996.

16 Siehe Dichmann 1997.

die „grundlegende Dimension menschlicher Existenz und Würde“ (Enzyklika Laborem exercens) bezahlbar.

Arbeitsrecht und Tarifrecht dürfen dem nicht länger entgegenstehen. Das „Recht auf Arbeit“ ist ein Freiheitsrecht. Es beruht ursprünglich und unverzichtbar auf individuellen Günstigkeitseinschätzungen. Wer arbeiten will, sollte daran auch nicht durch kollektive Streiks und durch ein *Günstigkeitsprinzip* gehindert werden, das auf betrieblicher Ebene nur Löhne und Arbeitszeiten zuläßt, die günstiger sind als die tarifvertraglichen Vereinbarungen. Dies wirkt zu Ungunsten der Arbeitslosen. Das Tarifrecht überschätzt die potentielle Gefahr der Ausbeutung der Arbeitnehmer, es unterschätzt, ja ignoriert „die reale Gefahr der Ausgrenzung Arbeitsuchender“[17], die durch das Tarifkartell am Arbeitsmarkt und die flankierenden Absicherungsmöglichkeiten entsteht. Wirtschaftliche Machtgruppen müssen in ihren Handlungsrechten begrenzt werden, die knappheitswidrige und damit beschäftigungsfeindliche Lohnstrukturen durchsetzen können, z. B. durch eine Friedenspflicht der Arbeitsmarktparteien in Tarifauseinandersetzungen oder durch den Grundsatz „Tarifverträge gelten nur dann, wenn nichts anderes vereinbart ist“ (Herbert Hax). Arbeitsrecht und Tarifrecht sollten nicht länger – im Widerspruch zum Personalitäts- und Subsidiaritätsprinzip – freiwilligen Vereinbarungen zwischen Arbeitnehmern und Arbeitgebern auf Betriebsebene im Wege stehen. Solche Vereinbarungen, wie auch erweiterte Spielräume im Individualarbeitsrecht, müssen als Konsequenz der Privatautonomie und des personalen Bezugs der Koalitionsfreiheit der Arbeitnehmer, als Ausdruck einer „unternehmerischen“ Kombination von Human- und Sachvermögen, wie sie heute international in großer Vielfalt und Flexibilität notwendig ist, zugelassen sein. Hierbei ist auch folgendes zu berücksichtigen:

In modernen Arbeitsverhältnissen gewinnen die impliziten (nicht einklagbaren) Leistungserwartungen neben den expliziten (einklagbaren) Leistungserwartungen immer mehr an Bedeutung. Dies ist überall dort der Fall, wo Unternehmen zur Erzielung und Sicherung von Wettbewerbsvorteilen neue flexible Wissensgrundlagen schaffen müssen. Das Arbeitsverhältnis ist unter diesen Bedingungen noch weniger als sonst von der Herrschaft des Arbeitgebers über die Person des Arbeitnehmers gekennzeichnet, sondern davon, daß sich die Beschäftigten „kreativ in Kooperation mit anderen an der Verwirklichung arbeitstechnischer Teilzwecke beteiligen, die ihrerseits zwar nach wie vor dem Unternehmen / Arbeitgeber dienen, jedoch von diesen nicht im Detail vorgeschrieben, sondern der gemeinsamen Suche der jeweils zuständigen Arbeitnehmer nach dem besten Weg anvertraut wird“[18].

Hierfür sind personengebundene, betriebsspezifische Formen des „Mitwissens, der Mitwirkung und der Mitbestimmung“ (Wilhelm Röpke) innerhalb eines zweckmäßigerweise vertraglich nicht bis in jede Einzelheit festgelegten Leistungsrahmens zu entwickeln. Die Aussicht auf entsprechende Kooperationsgewinne beruht beiderseits auf impliziten Leistungserwartungen. Nur wenn diese einigermaßen

[17] Reuter 1997.

[18] Reuter 1997.

gleichwertig und verläßlich sind, besteht wechselseitig ein hinreichender Anreiz, die darin liegenden Einkommenschancen zu entdecken, systematisch zu nutzen und in Möglichkeiten ihrer Verbesserung zu investieren.

Hier muß das oben angesprochene Vertrauen in die kreativen Fähigkeiten der Menschen zum Tragen kommen. Dies erfordert ein Arbeits- und Tarifrecht, das im Arbeitgeber-Arbeitnehmerverhältnis nicht eine Konflikt- und Ausbeutungsbeziehung sieht, sondern prinzipiell von der Fairneß und dem Gerechtigkeitsempfinden der Partner und der produktiven Kraft ihres Zusammenwirkens zum wechselseitigem Vorteil ausgeht.

Wer es mit der menschlichen Fähigkeit zu Freiheit und Verantwortung wirklich ernst meint, muß im Hinblick auf die veränderten Anforderungen der Unternehmen im Wettbewerb die erforderlichen Reformen des Arbeitsmarktes und des Sozialstaates anmahnen und nicht vorschnell Partei für die Freiheit machtvoller Verbände ergreifen, die über das bestehende Tarif-, Arbeits- und Mitbestimmungsrecht die Freiheit beschränken, die notwendig ist, um vorhandenes Wissen zu mobilisieren, neues Wissen zu kreieren und den Gesamtprozeß der Wissensnutzung knappheitsmindernd zu gestalten.

5. Personalität und Soziale Sicherheit

Die Lösung der wirtschaftlichen und sozialen Probleme unserer Gesellschaft liegt in einer stärkeren Knappheitsorientierung im Prozeß der Wissensbildung und -verwertung. Hierzu ist die Soziale Marktwirtschaft umfassender als heute – auch im Hinblick auf die Lösung von Verknappungserscheinungen im Umweltbereich und im Bildungssystem[19] – als Wettbewerbsordnung aufzufassen und zu gestalten. Personalität, Preissteuerung und Wettbewerb sind unverzichtbar, um Nachfrager und Anbieter zu einem kostenbewußtem Handeln anzuhalten und Neigungen zur Verschwendung von knappen Ressourcen entgegenzuwirken. Dies gilt auch für die Aufgabe, die Mangelwirtschaft, die verborgene Umverteilungspraxis, die Subventionsabhängigkeit und den hohen Monopolgrad unserer Systeme der Sozialen Sicherung zu überwinden. Mit den erdrückenden Beitragssätzen, den extremen versorgungsstaatlichen Ausmaßen der Aushöhlung des Versicherungsprinzips in der staatlichen Rentenversicherung[20] sowie mit den steigenden Bundeszuschüssen zur Sozialversicherung ist jene „Fundamentalkrise" eingetreten, die Hans Willgerodt prognostiziert hat[21]. Um diese zu überwinden, muß der Anteil der Erwerbseinkom-

19 Siehe Tuchtfeldt in diesem Band.

20 Glismann / Horn 1995, S. 309 ff.

21 „Angesichts der Bevölkerungsentwicklung wird die Alters- und Rentenlast stark anwachsen und von einer geringeren Erwerbsbevölkerung zu tragen sein. Je höher die Zusatzversprechungen sind, die künftigen Pensionären gemacht werden, desto mehr wird die Krise vorverlegt und verschärft. Mit jedem Rentenversprechen werden weitere Verbrauchsmöglichkeiten, aber auch weitere Abgabeerhöhungen angekündigt. Diese höheren Abgaben müssen

men gegenüber dem Anteil der Transfereinkommen wieder steigen. Dies setzt eine Soziale Marktwirtschaft voraus, in der es sich lohnt, länger zu arbeiten als heute, in der die ökonomischen Anreize zur legalen Einkommenserzielung so stark sind, daß damit *automatisch* – und nicht durch vergebliche Kriminalisierung und polizeiliche Kontrolle – die Expansion der Schattenwirtschaft gestoppt und umgekehrt wird. Die gesetzliche Zwangsversicherung – in enger Verflechtung mit der Politik und einer mächtigen Verbands- und Sozialbürokratie – ist an einem Punkt angekommen, an dem sich bestätigt hat, daß im Laufe der Zeit alle geschützten Monopole in einen Selbstlauf geraten und leistungsunfähig werden[22]. Daran läßt sich grundlegend nur etwas ändern, wenn die Sozialpolitik – soweit es sich nicht um Vorkehrungen für die Armen handelt[23] – in die „Wirtschaftsverfassung des Wettbewerbs" einbezogen wird. Der Staat hat sich demzufolge auch hier auf die Rahmensetzung zu beschränken, nicht aber – wie heute – Einrichtungen der sozialen Sicherung mit Hilfe einer riesigen punktualistisch denkenden Sozialbürokratie direkt zu lenken.

Eine „soziale" Ordnungspolitik betrachtet demgegenüber die Vorsorge für Krankheit, Invalidität, Arbeitslosigkeit und Alter *prinzipiell* als eine Angelegenheit eigenverantwortlichen Handelns. In dieser Hinsicht muß ein völlig neuer Pfad des „gemeinsamen Lernens" in Deutschland beschritten werden:

(1) Ein erster Schritt könnte darin bestehen, die Löhne und Gehälter der Arbeitnehmer um die Anteile der Arbeitgeber an den Beiträgen zur Sozialversicherung zu erhöhen. Die Beschäftigten müßten dann in Zukunft ihre Beiträge vollständig und eigenverantwortlich selbst abführen. Mit der Entstehung eines persönlichen Bezugs zur Versicherungseinrichtung und der erhöhten Spürbarkeit der Kosten der sozialen Sicherung könnte das Bewußtsein für das Verhältnis von Beitragshöhe und Leistungserwartung geschärft werden. Abweichungen zwischen Prämienhöhe und Erwartungswert der Versicherungsleistungen würden deutlicher registriert. Die Versicherten könnten einen Anreiz erhalten, sich über Alternativen zu informieren und sich mehr Wissen auf diesem Gebiet anzueignen. Schließlich würden sie sich fragen, warum sie sich nicht gegen die vorherrschende undurchsichtige Umverteilungspraxis der Sozialversicherungseinrichtungen zur Wehr setzen und günstigere Formen der Sicherung wählen können[24]. Allerdings steht dem heute ein gravierender Wissensmangel entgegen. Die Intransparenz der Sozialversicherungen ist sprichwörtlich.

---

die Sparfähigkeit und Kapitalbildung der erwerbsfähigen Generationen beeinträchtigen" (Willgerodt 1980, S. 44 f.).

22 Siehe Hayek 1971, S. 363.

23 Siehe Lehmann 1996, S. 10 - 17; Watrin 1996, S. 16 - 18.

24 So stellen Glismann / Horn (1997) fest, daß jeder sozialversicherungspflichtige Beschäftigte im System des Rentenreformgesetzes 1992 für seine Alterssicherung deutlich mehr zahlen muß, als in einem Kapitalstocksystem: Danach erwirbt z. B. ein zweiundvierzigjähriger Beschäftigter, der im System des Rentenreformgesetzes 1000 DM in die GRV einzahlt, mit dem fünfundsechzigsten Lebensjahr einen Anspruch, für den er auf dem Kapitalmarkt nur

(2) Deshalb müßte z. B. in der Rentenversicherung jeder Beitragszahler einen verbindlichen Anspruch auf eine genaue und aktuelle Jahresabrechnung mit dem Nachweis des erreichten Versicherungsanspruchs und der jährlichen Effektivrendite der Beitragszahlungen erhalten, „und zwar analog zu den Grundsätzen, die nach der Preisauszeichnungspflicht für alle privaten Geldinstitute gelten“[25].

(3) Der durchschnittliche sozialversicherungspflichtige Beschäftigte ist heute aufgrund seiner Vermögens- und Einkommenslage durchaus in der Lage, selbst für sein Alter, für Invalidität und Krankheit vorzusorgen. Der personale Bezug zu „seiner“ Sozialversicherungseinrichtung könnte erheblich gestärkt werden, wenn diese „in die Obhut einer echten – nicht bloß formalen – Selbstverwaltung“ durch die Versicherten entlassen und per Gesetz von der Politik unabhängig gemacht würde[26]. Die Politiker dürften also künftig nicht versuchen, die Beitragszahler durch Subventionen zu korrumpieren und damit das Prinzip der Selbstverantwortung aufzuweichen. Nur dann kann der Reformeinstieg, der am personalen Bezug der sozialen Sicherung ansetzt, die Anreiz- und Kontrollstrukturen in diesem Bereich knappheitsmindernd verändern.

(4) Bei echter materieller Selbstverwaltung wären die Sozialversicherungseinrichtungen im Interesse der Liquiditätssicherung stärker als bisher auf die Beachtung des Versicherungsprinzips angewiesen. Ordnungspolitisch wäre sicherzustellen, daß die heute in der gesetzlichen Krankenversicherung praktizierte Politik der Quersubventionierung ausgeschlossen würde. Entsprechend einer Bestimmung des geltenden Gesundheitsstrukturgesetzes haben die Krankenkassen mit einer vergleichsweise günstigen Versicherungsstruktur Ausgleichszahlungen an einen Fonds zu leisten. Kassen mit einer ungünstigeren Risikostruktur werden aus diesem Fonds bedacht. Mit diesem „Finanzausgleich“ wird der Wettbewerb um den Versicherten und um niedrige Prämien verfälscht, der Weg zur „Einheitskasse“[27], also zum Monopol im ökonomischen Sinne geebnet.

(5) Im Hinblick auf die wachsende Alterslast und den drohenden Zusammenbruch des heutigen Rentensystems ist eine substantielle Rentenreform notwendig. Die Reformmöglichkeiten lassen – im Hinblick auf die Kriterien „politische Einflußnahme“, „Minimierung von Abhängigkeiten“, „individuelle Rentabilität und Rechtssicherheit“ – deutliche Vorteile für einen Übergang vom Kollektivprinzip des umlagefinanzierten „Generationenvertrags“ zur Alterssicherung

---

337 DM hätte einzahlen müssen. Für den zwanzigjährigen Beitragszahler entsprechen die 1000 DM GRV-Einzahlung einer Kapitalmarktanlage von 178 DM.

25 Glismann / Horn 1997.

26 Watrin (1996, S. 20) knüpft an diesen Vorschlag die Frage an: „Warum ... sollte das, was für die Bundesbank – allerdings unvollständig – im Grundsatz gilt, ... nicht auch in verbesserter Form für die sozialen Sicherungssysteme gelten?“

27 Kannengießer 1996, S. 17.

nach dem Kapitalstockverfahren, also nach dem Individualprinzip, erkennen[28]. Das heutige System könnte den Charakter einer Grundsicherung annehmen. Hierzu müßten verfassungsrechtliche Vorkehrungen getroffen werden, die den Einfluß der Politik auf Ordnungsfragen begrenzen. Zusätzlich könnte eine gesetzliche Mindestversicherungspflicht für Alter, Krankheit, Invalidität und Arbeitslosigkeit vorgeschrieben werden. Hierbei liegen die Vorteile privater Versicherungen auf der Hand. Ordnungspolitisch wäre die Wettbewerbsfreiheit zu sichern, die Mündelsicherheit der Ansprüche zu gewährleisten, die Versicherungen wären einem Kontrahierungszwang gegenüber jedermann zu unterwerfen, damit die Diskriminierung von Versicherungsnehmern ausgeschlossen werden könnte[29].

(6) Maßnahmen der Umverteilung müßten auf die Gestaltung des Einkommensteuertarifs und auf direkte Zahlungen an bestimmte Personen und Institutionen (wie Familien) beschränkt werden, die unter gesellschafts- und sozialpolitischen Gesichtspunkten als besonders förderungswürdig angesehen werden. Sozialpolitik über die Wettbewerbspolitik hinaus wäre also auch als Instrument des Parteienwettbewerbs möglich, jedoch mit folgendem Unterschied:

- Aus der bisher verborgenen Umverteilungspraxis würde ein offenes Verfahren. Hierzu müßten die Politiker die Finanzierungsmöglichkeiten offenlegen.
- Durch die Betonung der Sozialpolitik als Wettbewerbspolitik, einschließlich der stärkeren Personalisierung und Marktorientierung der sozialen Sicherung, wären mehr Mittel verfügbar, einmal für die private Vermögensbildung, für eine Expansion der freiwilligen Solidarität, aber auch für öffentliche Fürsorge zugunsten der Menschen, die wirklich bedürftig sind und derer sich die Sozialpolitiker heute zuwenig annehmen können.

IV. Soziale Marktwirtschaft zwischen Beharrung und Aufbruch

Wird es möglich sein, der Sozialen Marktwirtschaft eine Handlungsrechtsstruktur mit einem größeren individuellen Entfaltungs- und Verantwortlichkeitspotential zu verleihen? Entscheidend wird sein, wie weit sich die Beharrungskräfte gegenüber den Kräften des Aufbruchs behaupten können.

Die Erhaltungskräfte bestehen aus Momenten der *Gruppenbeharrung*, aus *Trägheitsmomenten* und aus der beharrungsverstärkenden Wirkung bestimmter *Symbolbegriffe*. Die Gruppenbeharrung geht von *Politikern* aus, die ihre Dienste im Sinne des Kollektivprinzips anbieten und damit versuchen, ihre Position im Wettbewerb um Wählerstimmen zu verbessern. Sie arbeiten dabei eng mit *Verbänden* zusam-

---

[28] Siehe Glismann / Horn 1997.

[29] Hayek 1971, S. 361 ff.

men, die ihren Mitgliedern auf dem Weg des „politischen Tauschs" (James M. Buchanan) mit den Parteien einen marktunabhängigen Einkommensvorteil, eine leistungsunabhängige Rente, sichern wollen. In den entsprechenden Bereichen der Wirtschaft wird anstelle der wettbewerblichen Marktkontrolle das Prinzip der Staatskontrolle mit Hilfe des institutionellen Punktualismus praktiziert. Dies wird durch die Existenz spezifischer Branchen- und Fachministerien gefördert, die sich vom übergeordneten Leitbild der Wirtschaftspolitik – soweit vorhanden – mehr oder weniger weit entfernen, um Sonderinteressen dienen zu können. Innerhalb der Regierung versuchen die Fachministerien, sich dem Einfluß der übergeordneten Ressorts, vor allem dem Einfluß des Wirtschafts- und Finanzministeriums, zu entziehen und die eigenen Kompetenzen und Budgets zu vergrößern. Gelingt dies, weil den übergeordneten Ressorts ein Leitbild, etwa der Sinn für das Denken in Ordnungszusammenhängen, fehlt, dann geht vom Neben- und Gegeneinander der Eingriffe der Interventionsressorts – im Zusammenspiel mit den Verbänden – die Gefahr aus, daß sie sich zu eigenständigen politischen Machtkörpern, zu Regierungen in der Regierung, entwickeln.

Ein weiteres Element der Gruppenbeharrung bildet die *Bürokratie*, welche für den praktischen Vollzug einer vom Kollektivprinzip inspirierten Wirtschaftspolitik zentral erforderlich ist. Die Bediensteten sind mit ihrem Wissen und Können existentiell an die Interventionsaufgabe gebunden, ihr „sozial" gleichsam ausgeliefert und werden deshalb Beschneidungen von Interventionen ablehnen.

Ein weiteres Moment der Beharrung besteht in der *Gewöhnung* der *Bürger* an die staatlichen Wohltaten. In diesem Trägheitsprozeß des „gemeinsamen Lernens" verkümmern der Wille und die Fähigkeit zur Selbsthilfe und freiwilligen Solidarität. Wenn sich immer mehr Einkommen von der staatlich organisierten Solidarität ableiten, wird der Anreiz, für sich selbst zu sorgen, geschwächt. Die Erlangung von Wissen konzentriert sich darauf, Möglichkeiten zu entdecken, wie sich private Einkommenschancen durch staatliche Hilfe ersetzen lassen. Wird das in den Familien praktiziert, können auch die Kinder in solche Denkgewohnheiten verfallen. So kann sich die Anspruchshaltung fortpflanzen. Zunehmend werden dann Menschen begünstigt, die eigentlich nicht bedürftig sind. Auch von dieser Seite wird im politischen Prozeß Druck ausgeübt, um entsprechende Maßnahmen um jeden Preis zu erhalten. Gelingt es mit Hilfe der Medien und der Kirchen, entsprechende Institutionen des Wohlfahrtsstaats im öffentlichen Bewußtsein als Verkörperung von „sozialer Gerechtigkeit", des „sozialen Friedens" oder der „verantwortlichen Gesellschaft" zu verankern, dann kann es dazu kommen, daß die Begleiterscheinungen dieser Politik (hohe Dauerarbeitslosigkeit, krisenhafte Staatsverschuldung, institutionelle Erstarrung, hohe Korruptionsanfälligkeit) zwar als zu teuer empfunden werden, nicht aber die zugrundeliegenden geistigen und (ordnungs-)politischen Ursachen.

Das Zusammenspiel von Parteien, Verbänden und Bürokratien kann in Verbindung mit der Neigung der Begünstigten, sich an diese Wohltaten und ihre moralischen Rechtfertigungen zu gewöhnen, im politischen Alltag ein solches Eigengewicht und ein solches Beharrungsvermögen erhalten, daß der Kampf um Sonderinteressen und um die Macht im Staat zu einer Einheit verschmelzen[30]. Was vielfach als prägende Merkmale der wirtschaftlichen, sozialen und moralischen Krise und der Unregierbarkeit der Gesellschaft angesehen wird, erweist sich bei näherem Hinsehen als Konsequenz eines tief und breit verwurzelten Denkens und Handelns im Geiste des Kollektivprinzips und einer daraus entstehenden chaotischen Politik der sogenannten Sozialen Marktwirtschaft.

Die notwendige Kursänderung erfordert Politiker, die das zum Wahlprogramm erheben, was viele Menschen, wenn man sie unter vier Augen fragen könnte, einräumen würden: Die bisherige Praxis der Beschränkung des menschlichen Handlungspotentials muß aufgegeben werden. Dann werden auch die Unternehmen bevorzugt wieder in Deutschland investieren, und von den tüchtigen jungen Deutschen, die jetzt endgültig eine Karriere im Ausland anstreben, werden wieder viele hierbleiben oder zurückkommen wollen.

Der ordnungspolitische Kurswechsel mit eindeutiger Orientierung am Prinzip der Personalität müßte vor allem von den Befürwortern einer unverzüglichen Einführung einer europäischen Währungsunion angestrebt werden. Damit wird nämlich der bisherige Wechselkursschutz wegfallen. Bei den erheblichen Produktivitäts- und Einkommensunterschieden zwischen den EU-Ländern werden dann die nationalen Arbeitsmärkte über Nacht *direkten* Wettbewerbsbeziehungen unterworfen sein. Besonders Hochlohnländer wie Deutschland werden sich einem verstärkten Preiswettbewerb ausgesetzt sehen. Davon erwarten die Befürworter des EURO eine große Entlastung der Stabilitätspolitik[31]. Wenn es hierbei nicht zu einer weiteren Beschäftigungseinbuße und damit zur Verschärfung der bestehenden Probleme kommen soll, müßten schon jetzt deutliche Signale für den Kurswechsel gesetzt werden, damit noch in der verbleibenden Zeit bis zum Wegfall des Wechselkursschutzes die notwendige Verhaltensänderung der Verbände und Sozialpolitiker eintreten und beschäftigungswirksam werden kann.

Die Auffassung, man könne dem erhöhten Wettbewerbsdruck auf dem gemeinsamen Arbeitsmarkt durch Vereinheitlichung der Arbeits- und Sozialpolitik ausweichen, übersieht folgendes: Eine Orientierung an den Ländern mit den höchsten Sozialstandards (und eine andere Richtung der Anpassung käme wohl nicht in Frage), hätte tendenziell das zur Folge, was seit 1990 in Deutschland zu beobachten ist[32]. Vor diesem Weg in eine schreckliche integrationspolitische Sackgasse werden uns allerdings die EU-Länder zu bewahren wissen, die durch eine solche produktivitäts- und knappheitswidrige Harmonisierungspolitik an internationaler

---

30 Siehe Eucken 1932, S. 304.

31 Nicht zu übersehen ist jedoch, daß es schon jetzt starke Bemühungen seitens der organisierten Beharrungskräfte in Deutschland gibt, den Wettbewerbsdruck durch die Praxis der „Entsenderichtlinie" zu mildern.

32 Schüller 1996.

Wettbewerbsfähigkeit verlieren würden. Auch würden wir selbst auf den besonders dynamischen Märkten außerhalb der EU weiter an Boden verlieren.

Der ordnungspolitische Kurswechsel ist also unausweichlich. Die Frage ist: Wie könnten sich die Parteien im Wettbewerb um die Regierung von der Versuchung entlasten, den Eingriffswünschen der Interessenorganisationen wie bisher entgegenzukommen? Nach von Hayek[33] ist „die einzige Verteidigung, die ein Politiker gegen den Druck organisierter Interessen hat, in der Unausweichlichkeit zu sehen, auf ein bestehendes Prinzip zu verweisen, das ihm ein Nachgeben verwehrt, und das er nicht verändern kann". Die Erkenntnis, daß die Macht organisierter Interessen nur über die Beschränkung der Macht der Regierungen begrenzt werden kann, gibt Anlaß, über grundlegende gesetzgeberische Selbstbindungen nachzudenken[34]. Mit oder ohne Verfassungsänderung sind hierzu Politiker notwendig, die sich darin einig sind, daß damit auch Wahlen gewonnen werden können. Viel gewonnen wäre schon, wenn Einigkeit darüber erzielt werden könnte, daß die Subventionsmentalität, die in Deutschland im internationalen Vergleich stark verbreitet ist[35], gebrochen und umgekehrt werden muß. Für 1993 wurde ein Subventionsvolumen von 216 Mrd. DM errechnet. Das sind rund 10 Prozent des deutschen Volkseinkommens. Schon bei einer 20prozentigen Einsparung könnte die Steuerlastquote deutlich gesenkt werden. Von dieser Überlegung ausgehend, hat der VDMA[36] ein Gesetz für eine systematische Subventionsbegrenzung vorgeschlagen. Damit wird die Stoßrichtung aufgezeigt, die zur Entfesselung des nach wie vor hoch zu veranschlagenden deutschen Evolutionspotentials beitragen könnte. Die Folge wäre schon bald eine spürbare Minderung der aktuellen Knappheitserscheinungen. Diese Tendenzwende würde die öffentliche Meinungsbildung beeindrucken und auch in breiten Bevölkerungsschichten der Einsicht nicht nur in die Notwendigkeit, sondern in die Vorteilhaftigkeit einer grundlegenden Neuorientierung der Sozialen Marktwirtschaft zum Durchbruch verhelfen können.

Literaturverzeichnis

Böhm, F. (1980): Freiheit und Ordnung in der Marktwirtschaft, hg. von Mestmäcker, E.-J., Baden-Baden

Bund Katholischer Unternehmer (BKU) (1996): Beteiligung der Bürger am Produktivvermögen – Verpflichtendes Ziel der katholischen Soziallehre. Diskussionsbeiträge Nr. 21, Trier

33 Hayek 1979, S. 16 f.

34 Tietzel 1998.

35 Die durchschnittlichen jährlichen Subventionen je Erwerbstätigen betrugen 1990 - 1992 in Großbritannien DM 350,–, in der EU DM 1.300,–, in Deutschland dagegen DM 2.000,–. Deutschland nimmt damit einen Spitzenplatz in Europa ein. Siehe VDMA 1996, S. 7.

36 VDMA 1996.

Dichmann, W. (1997): Gewerkschaften und Tarifautonomie in ordnungspolitischer und evolutorischer Sicht, ORDO, Bd. 48

Erhard, L. (1957 / 1988): Der Arbeit einen Sinn geben, in: Hohmann, K. (Hg.), Ludwig Erhard. Gedanken aus fünf Jahrzehnten. Reden und Schriften. Düsseldorf, Wien, New York, 1988, S. 490 - 506

Eucken, W. (1932): Staatliche Strukturwandlungen und die Krisis des Kapitalismus II., Weltwirtschaftliches Archiv, Bd. 36

– (1952 / 1990): Grundsätze der Wirtschaftspolitik, 6. Aufl., Tübingen

Fikentscher, W. / *Immenga,* U. (Hg.) (1995): Draft International Antitrust Code. Kommentierter Entwurf eines internationalen Wettbewerbsrechts mit ergänzenden Beiträgen, Baden-Baden

Glismann, H. H. / *Horn,* E.-J. (1995): Die Krise des deutschen Systems der staatlichen Alterssicherung, ORDO, Bd. 46, S. 309 - 344

– 1997, Alterssicherung in Deutschland: Primat des Interventionismus? ORDO, Bd. 48

Hayek, F. A. von (1971): Die Verfassung der Freiheit, Tübingen

– (1976): Die Verwertung von Wissen in der Gesellschaft, in: Derselbe, Individualismus und wirtschaftliche Ordnung, 2. erw. Aufl., Salzburg, S. 103 - 121

– (1979): Law, Legislation and Liberty. Vol. 3: The Political Economy of a Free People, London-Henley

Hoppmann, E. (1973): Soziale Marktwirtschaft oder Konstruktivistischer Interventionismus? in: Tuchtfeldt, E. (Hg.), Soziale Marktwirtschaft im Wandel, Freiburg, S. 27 - 68

Kannengießer, W. (1996): Es droht die Einheitskasse, FAZ vom 4. 4. 1996, S. 17

Lehmann, K. (1996): Vergiß nie die Armen und die Kranken, die Heimatlosen und die Fremden. Über den eigenen Auftrag der Kirche zwischen Wohlstand und Armut angesichts der heutigen Sozialstruktur und veränderter Lebenslagen. Eröffnungsreferat des Vorsitzenden der Deutschen Bischofskonferenz bei der Herbst-Vollversammlung der Deutschen Bischofskonferenz am 23. September 1996. Pressemitteilungen der Deutschen Bischofskonferenz PRDD96G-0021, Anlage 1

Müller-Armack, A. (1974): Genealogie der Sozialen Marktwirtschaft, Stuttgart

Novak, M. (1996): Die katholische Ethik und der Geist des Kapitalismus, Trier

Reuter, D. (1997): Gegenwartsprobleme der Sozialen Marktwirtschaft mit ihren Konsequenzen für den Arbeitsmarkt, ORDO, Bd. 48

Roos, L. (1996): Von Michael Novak lernen, Die Neue Ordnung, 50. Jg., Nr. 6, S. 417 - 421

Röpke, W. (1945 / 1948): Die Deutsche Frage, 3. erw. Aufl., Erlenbach-Zürich

– (1953 / 1997): Kernfragen der Wirtschaftsordnung. Bisher unveröffentlichtes Manuskript aus dem Jahre 1953, mit einer Nachbetrachtung von H. Willgerodt, ORDO, Bd. 48

Schüller, A. (1996): Das wirtschaftliche Zusammenwachsen in Deutschland: Eine ordnungspolitische Zwischenbilanz, ORDO, Bd. 47, S. 13 - 32

Schüller, A. / *Weber,* R. L. (1998a): Das Beschäftigungsproblem im Konflikt zwischen konkurrierenden Wertorientierungen der Sozialen Marktwirtschaft, in: Utz, A. F. (Hg.), Die massive Arbeitslosigkeit und die Wirtschaftsordnung, Stiftung Humanum, in Vorbereitung

– (1998b): Deutsche Einheit: Wirtschaftspolitische Weichenstellungen zwischen politischer und wirtschaftlicher Rationalität, in: Cassel, D. (Hg.), 50 Jahre Soziale Marktwirtschaft: Ordnungstheoretische Grundlagen, Realisierungsprobleme und Zukunftsperspektiven einer wirtschaftspolitischen Konzeption, Stuttgart

Streit, M. E. (1996): Möglichkeiten des Wandels in der Wirtschaftspolitik, in: Akademie der Wissenschaften und der Literatur (Hg.), Strukturwandel in Politik und Wirtschaft. Abhandlungen der Geistes- und Sozialwissenschaftlichen Klasse, Jg. 1996, Nr. 9, Stuttgart, S. 5 - 17

Tietzel, M. (1998): Politischer Wettbewerb als Aufgabe, in: Cassel, D. (Hg.), 50 Jahre Soziale Marktwirtschaft: Ordnungstheoretische Grundlagen, Realisierungsprobleme und Zukunftsperspektiven einer wirtschaftspolitischen Konzeption, Stuttgart

Vanberg, V. (1997): Die normativen Grundlagen von Ordnungspolitik, ORDO, Bd. 48

VDMA (Verband Deutscher Maschinen- und Anlagenbau e.V.) (1996): Für ein Subventionsbegrenzungsgesetz, Frankfurt / Main

Watrin, Chr. (1996): Die Tradition freiheitlicher und sozialer Politik, in: Ludwig-Erhard-Stiftung e.V. (Hg.), Soziale Marktwirtschaft als historische Weichenstellung. Bewertungen und Ausblicke. Eine Festschrift zum hundertsten Geburtstag von Ludwig Erhard, Frankfurt / Main, S. 3 - 21

Willgerodt, H. (1980): Kapital- und Vermögensbildung – Ordnungspolitische Konsequenzen, in: Kannengießer, W. (Hg.), Vermögensbildung, Kapitalbildung, Krisenvorbeugung, Köln, S. 37. ff.

– (1994): Konkurrenz von politischer und ökonomischer Rationalität im Transformationsprozeß, in: Jäckel, H. (Hg.), Die neue Bundesrepublik, Baden-Baden, S. 33 - 52.

Bildungssystem und Soziale Marktwirtschaft

Von Egon Tuchtfeldt

I. Gestörte Interdependenz zwischen Bildungs- und Beschäftigungssystem

Das Bildungssystem stellt eine entscheidende Komponente für die Wettbewerbsfähigkeit und damit natürlich auch für die Zukunftsfähigkeit eines Landes dar. Man braucht hierzu nur die Analphabetenquote sowie die Anteile der im Bildungssystem befindlichen Menschen mit den verschiedenen Ranglisten der Wettbewerbsfähigkeit zu vergleichen. Bei aller Problematik der methodischen Vergleichbarkeit der genannten drei Größen sind die Tendenzen doch unverkennbar.

Wie steht es damit konkret in Deutschland? Die Wirtschaft klagt immer stärker über abnehmende Fähigkeiten in den Grundkenntnissen des Lesens, Rechnens und Schreibens, die doch erst die Basis der verschiedenen Fachqualifikationen darstellen. Das duale System der Berufsausbildung – in anderen Staaten oft als beneidenswertes Vorbild angesehen – ist heftiger Kritik ausgesetzt. Sind zwei Tage Berufsschule unbedingt notwendig? Oder würde bereits ein Tag genügen? Wie steht es mit der pädagogischen und fachlichen Qualifikation der Ausbilder in einer Zeit immer schnelleren Wandels der Berufswelt und ihrer Anforderungen? Oder gibt in dieser Diskussion – meist unausgesprochen – die Höhe der Ausbildungsvergütung den Ausschlag?

Im Schulwesen herrschen Zustände, die für die Älteren kaum noch vorstellbar sind. Schon unter Primarschülern regiert die Brutalität, sind Sachbeschädigungen an der Tagesordnung, Rauschgifthandel und Pornohefte eine „Normalität". Die Verhältnisse an den Universitäten sind „unregierbar" geworden. Die verantwortlichen Behörden suchen einen Ausweg in der Förderung der Fachhochschulen, an denen es noch einigermaßen geordnete Bildungsgänge und diszipliniertes Studium gibt. Der Drang zur Frühpensionierung bei den vom „burning-out-Syndrom" physisch und psychisch ruinierten Lehrern, die Abwanderung der Schüler von staatlichen zu privaten Schulen, der Drang zum Auslandsstudium sowie die immer geringere Neigung von Ausländern, Schulen und Universitäten in Deutschland zu besuchen, sind eindeutige Symptome eines katastrophalen Niedergangs des Bildungssystems. Über vier Millionen Arbeitslose, deren Qualifikationen für die Marktwirtschaft nicht mehr akzeptabel sind, bei gleichzeitigem Mangel hochqualifizierter Fachkräfte kennzeichnen die gestörte Interdependenz zwischen Bildungs-

und Beschäftigungssystem. Wo liegen die Probleme? Welches sind mögliche Lösungsansätze? Diese Fragen sollen in den folgenden Ausführungen skizziert werden.

II. Tendenzen im heutigen Bildungssystem

1. „Kopflastigkeit" des deutschen Bildungssystems

Vor dem Zweiten Weltkrieg machten etwa 5% jedes Altersjahrganges Abitur; 3% ergriffen ein Studium. Einen Akademikermangel gab es nicht. 1964 proklamierte dann *Georg Picht* „Die deutsche Bildungskatastrophe". Akademiker- und Studierendenquote wurden zum strategischen Argument, um die Wettbewerbsfähigkeit der deutschen Wirtschaft für die Zukunft zu sichern. Bildung, ein eminent qualitatives Problem, wurde so zum quantitativen Objekt der „Bildungsplaner". Als dann noch *Ralf Dahrendorf* 1965 „Bildung als Bürgerrecht" deklarierte, war der Weg frei, um das Bildungssystem vom Beschäftigungssystem abzukoppeln. Kostenlose Bildung für jedermann (und jedefrau) konnte nun den Art. 2 des Grundgesetzes realisieren. („Jeder hat das Recht auf die freie Entfaltung seiner Persönlichkeit").

Die Folgen dieser Entwicklung, die hier nur stichwortartig angedeutet werden konnten, waren verheerend. Die Basis jeder funktionierenden Volkswirtschaft – gut ausgebildete Gesellen und Meister aller Berufe – brach weg. Solange die wachsenden Zahlen von Hochschulabsolventen vom öffentlichen Dienst absorbiert werden konnten, wurde die tickende Zeitbombe kaum wahrgenommen. Als dieser Weg durch das „Diktat der leeren Kassen" versperrt wurde, war das Erschrecken groß.

Tabelle 1

Auszubildende und Studierende in Deutschland 1975 - 1995*

Jahre	Auszubildende	Studierende
1975	1.3	0.8
1980	1.7	1.0
1985	1.8	1.3
1990	1.5	1.7
1995	1.6	1.9

* 1975 - 1985 nur alte, ab 1990 alte und neue Bundesländer.

Quelle: Bundesanstalt für Arbeit

1990 überstieg erstmals die Zahl der Studierenden diejenige der Auszubildenden (Lehrlinge). 1995 gab es in Deutschland bereits 1.9 Mill. Studierende (aller Hochschulsparten) bei nur noch 1.6 Mill. Auszubildenden (davon rd. 700.000 im industriellen Bereich und rd. 615.000 im Handwerk). Wie rasch dieser Weg in die

„Überakademisierung" gegangen ist, zeigt die Statistik der beiden letzten Jahrzehnte:

In dieser Scherenbewegung manifestiert sich die zunehmende *"Kopflastigkeit" des deutschen Bildungssystems*. Zugleich wird damit ein ernstes Problem im Hinblick auf den Zusammenhang zum Beschäftigungssystem deutlich.

2. „Akademisches Proletariat"

Einmal sind hier die akademischen Arbeitslosen zu nennen („Akademisches Proletariat"). Bei einem funktionierenden Zusammenwirken zwischen Bildungs- und Beschäftigungssystem dürfte es sie eigentlich gar nicht geben. Ihre Gesamtzahl ist 1995 auf den bisherigen Höchststand von rd. 206.000 gestiegen. Ihre Zusammensetzung nach den hauptsächlichen Berufen sah folgendermaßen aus:

Tabelle 2

Akademische Arbeitslose 1995

Berufsgruppe	Anzahl	Veränderung gegenüber 1994
Ingenieure	39.156	+ 2.2
Lehrer	19.375	– 1.7
Naturwissenschaftler	18.197	+ 1.2
Wirtschaftswissenschaftler	12.244	– 1.1
Geisteswissenschaftler	11.143	+ 1.8
Ärzte und Apotheker	9.483	– 2.0
Sozialpflegeberufe	8.732	+ 2.4
Sozialwissenschaftler	7.843	+14.5
Gestalterische Berufe	6.010	+ 1.5
Juristen	5.525	+25.3
Forstwirtschaftliche Berufe	3.272	– 1.7
Publizistische Berufe	3.269	+ 1.0

Quelle: Bundesanstalt für Arbeit

Angesichts der Gesamtarbeitslosigkeit (rd. 4 Mill.) mögen diese Zahlen gering erscheinen. Dabei ist jedoch an die Kosten der akademischen Ausbildung zu denken. Sie betrugen bei einem Akademiker (Durchschnitt aller Fakultäten bei Annahme von 4 Jahren Grundschule, 9 Jahren Gymnasium und 6 Jahren Studium) 1990 bereits DM 272.000.–.

Interessant sind in Tab. 2 die unterschiedlichen Veränderungen innerhalb eines Jahres. Die relativ geringen Rückgänge bei Ärzten und Apothekern (– 2%), Lehrern und Forstwirten (beide – 1.7%) bilden Reaktionen auf fehlende Arbeitsplätze in diesen Berufen, die bereits längerfristig bestehen („Ärzteschwemme", „Lehrerschwemme") und von den Interessenten auch als solche wahrgenommen sind. Die relativ starken Veränderungen (+25.3 bei Juristen und + 14.5 bei Sozialwissenschaftlern) charakterisieren Überkapazitäten, die bei Beginn dieser Studiengänge noch nicht deutlich genug ausgeprägt waren, um vom betreffenden Studium abzuhalten.

Gleichwohl haben Arbeitsuchende mit akademischem Abschluß immer noch bessere Chancen als andere Bewerber. So lag die Arbeitslosenquote bei Akademikern 1995 noch unter 4% und damit nicht einmal halb so hoch wie die durchschnittliche Arbeitslosenquote insgesamt. Auch muß berücksichtigt werden, daß manche Absolventen eines Studiums einen anderen Beruf ergriffen haben, der keinen akademischen Abschluß erfordert. Eine solche Dequalifizierung stellt aber im Hinblick auf die Ausbildungskosten eine Verschwendung von Humankapital dar.

3. Verdrängung der Hauptschule

Der geschilderten Entwicklung entspricht auf der anderen Seite bei den Auszubildenden eine zunehmende Verdrängung der Hauptschüler durch Abiturienten (und teilweise sogar schon durch Akademiker). Wer nur einen Hauptschulabschluß hat (oder nicht einmal diesen), landet mit großer Wahrscheinlichkeit im großen Heer der Jugendarbeitslosen und später der Sozialhilfeempfänger.

Die hier offenbar werdende Krise des deutschen Bildungssystems, die sich seit einem Vierteljahrhundert immer mehr verstärkt hat, ist wiederum eine Folge verfehlter Bildungspolitik. Obwohl die empirische Bildungsforschung längst eine normale Häufigkeitsverteilung des Intelligenzpotentials ergeben hat, glaubte *Georg Picht*, die Zahl der Abiturienten müßte verdoppelt werden, diejenige der Akademiker erheblich steigen. Nur so könnte Deutschland in einer Welt ständig steigenden Wissens konkurrenzfähig bleiben. Die Folge war, daß eben diese Bildungskatastrophe eingetreten ist. Der Prozentsatz der Abiturienten je Altersjahrgang stieg wie folgt:

Tabelle 3

Abiturienten je Altersjahrgang in %

Jahr	Abiturientenquote
1870	ca.1
1900	ca.2
1960	8.8
1970	11.7
1975	18.3
1980	19.4
1985	26.9
1990	33.8

Heftige Kontroversen verschleiern den Ernst der Lage. „Bildungsreformer“ wollen bis zum Jahre 2000 die Abiturientenquote auf rd. 50% jedes Altersjahrganges anheben – ungeachtet der normalen Häufigkeitsverteilung des Intelligenzpotentials, die eine solche Entwicklung nur bei drastischer Niveausenkung möglich macht.

Mit der provozierenden Frage „Geht uns die Arbeit aus?“ erfolgt eine Schuldzuweisung an das Beschäftigungssystem. Die Situation liegt jedoch genau umgekehrt. Der Bedarf der Wirtschaft kann nicht mehr gedeckt werden, wenn es an hinreichend qualifizierten und motivierten Bewerbern fehlt. Diese hängen aber von zielführenden Investitionen in das Humankapital ab (und nicht von einer Erhöhung der Abiturienten- und Studierendenquote um jeden Preis).

4. Zum Begriff des Humankapitals

Was heißt nun zunächst Humankapital? Die Komplexität dieses Begriffes läßt sich schematisch wie folgt darstellen:

(1) Genetische Ausstattung (keinesfalls zu verwechseln mit rassischen Merkmalen)

(2) Soziales Umfeld der Heranwachsenden

---

(3) = Begabungspotential (1 + 2)

---

(4) Schulische Ausbildung (Pflichtschule)

(5) Fortbildung (Duales System in der Berufsbildung, Sekundarstufe im Schulwesen)

(6) Weiterbildung (Individuelle und institutionelle Formen beruflicher Weiterbildung sowie Hochschulausbildung)

(7) Berufserfahrung („learning-on-the-job“)

---

(8) effektives Humankapital (3 + 4 + 5 + 6 + 7)

---

(9) physische Erhaltung der Lernfähigkeit (durch Gesundheitsvorsorge, Ernährung, Sport usw.) minus Abschreibungen durch Alterungsprozeß

Humankapital kann somit verstanden werden als die *Summe des erworbenen und verfügbaren Wissens, das dem Individuum als Problemlösungskapazität im Produktionsprozeß zur Verfügung steht.*

Hauptursache für die mannigfachen Kontroversen über das Humankapital sind die unterschiedlichen Aspekte, unter denen das Bildungssystem gesehen wird. Mindestens drei Aspekte sind dabei hervorzuheben:

1. Bildung als ökonomische Kategorie,
2. Bildung als gesellschaftliche Kategorie,
3. Bildung als personale Kategorie.

Bildung als *ökonomische Kategorie* sieht das Humankapital unter wirtschaftlichen Gesichtspunkten. Das Beschäftigungssystem fragt Arbeitskräfte sehr verschiedener Qualifikationsstufen nach, die das Bildungssystem zur Verfügung stellen soll. Gemeint sind also Menschen als Arbeitskräfte im Produktionsprozeß. Dieser Aspekt läßt sich daher als *Qualifikationsfunktion* des Bildungssystems bezeichnen.

Bildung als *gesellschaftliche Kategorie* bedeutet, daß der Mensch immer im Kontext einer jeweiligen Gesellschaft zu sehen ist. Im Bildungssystem soll nach herrschender Auffassung eine Durchmischung der sozialen Schichten stattfinden, um den Sozialisationsprozeß des einzelnen Menschen zu fördern. Dahinter steht als politischer Standpunkt die Vorstellung von der Gleichheit der Menschen. In der Praxis wirkt sich diese *Sozialisationsfunktion* zu Gunsten der Minderbegabten und zu Lasten der Hochbegabten aus.

Bildung als *personale Kategorie* meint dagegen das Individuum in seiner stets einmaligen Art. Reformpädagogik und Reformschulen (in der Regel privater, kirchlicher oder anderer nichtstaatlicher Trägerschaft) wollen die Entfaltung des Menschen fördern, damit er sein Begabungspotential optimal entwickelt. Man kann daher von *Selbstverwirklichungsfunktion* sprechen (allerdings ist dieser Ausdruck durch mancherlei Auswüchse stark diskreditiert).

Wie leicht erkennbar, ist eine *Konvergenz dieser drei Funktionen im heutigen Bildungssystem nicht möglich*. Das Beschäftigungssystem braucht Mitarbeiter, die alle drei Funktionen erfüllen. Sie sollen optimal qualifiziert in ökonomischer Hinsicht sein, kooperativ, teamfähig und belastbar im Zusammenwirken mit anderen Mitarbeitern im Betrieb sowie kreativ und leistungsbereit als Persönlichkeit. Ein weitgehend staatlich monopolisiertes Bildungssystem mit allen seinen Lehrplänen und sonstigen Regulierungen und dem Schwergewicht auf der Förderung Minderbegabter vermag sie nicht bereitzustellen. Die Hochbegabtenförderung in weitgehend privaten Institutionen erfolgt daher in zunehmendem Maße durch privatwirtschaftliches Sponsoring oder durch Stiftungen.

III. Probleme des Bildungssystems

1. Finanzierungsprobleme

Die anhaltende Finanzkrise der öffentlichen Hände („Milliardenlöcher", „Sparpakete") trifft verständlicherweise auch das Bildungssystem. Die Ausgaben hierfür bleiben gleich oder werden gekürzt. Weniger Mittel stehen zur Verfügung. Überall wird gespart. Personalstellen werden vorübergehend nicht besetzt oder überhaupt gestrichen, Sachmittel gestreckt oder gestrichen usw. Wenn es nur darum ginge, temporäre Engpässe zu überwinden, wären zeitlich begrenzte Sparmaßnahmen vielleicht noch zu verantworten. Angesichts der „Kopflastigkeit" des deutschen Bildungssystems (vgl. Tab. 1), der zunehmenden Realisierung des europäischen Binnenmarktes und der fortschreitenden Globalisierung der Absatzmärkte sind sie aber sehr bedenklich.

Die finanzielle Auszehrung des deutschen Bildungssystems läßt sich anhand statistischer Zahlen deutlich erkennen. In Tab. 4 werden drei Jahre vor und drei Jahre nach der Wiedervereinigung miteinander verglichen.

Tabelle 4

Bildungsausgaben der Bundesrepublik Deutschland 1986 - 1988 (alte Bundesländer) und 1991 - 1993 (einschl. neuer Bundesländer) in Mrd. DM (gerundete Zahlen)

Ausgabenbereich	1986	1987	1988	1991	1992	1993
1. Schulen und vorschulische Bildung	52	53	53	63	89	97
davon:						
– Allgemeinbildende Schulen	39	40	40	47	57	64
– Berufliche Schulen	7	7	7	9	10	10
2. Hochschulen	24	26	27	34	43	46
3. Förderung des Bildungswesens	5	5	5	7	8	8
4. Sonstiges Bildungswesen	3	3	3	4	5	5
5. Wissenschaft, Forschung, Entwicklung außerhalb der Hochschulen	13	12	12	15	15	17

Quelle: Statistisches Jahrbuch für die Bundesrepublik Deutschland 1990 (S. 446), 1992 (S. 528) und 1996 (S. 498)

Angesichts dieser Zahlen, die für sich selbst sprechen, ist die Frage gerechtfertigt, ob das Bildungssystem noch zukunftsfähig ist. Gerade in einer marktwirtschaftlichen Ordnung bedarf es der Zukunftsperspektiven, um im globalen Wettbewerb mithalten zu können.

Aber auch im internationalen Vergleich weist die „Kopflastigkeit" des deutschen Bildungssystems bedenkliche Schwächen auf. Die zunehmende Verknappung der finanziellen Ressourcen hat Deutschland bereits an das Ende vergleichbarer Industrieländer gedrängt.

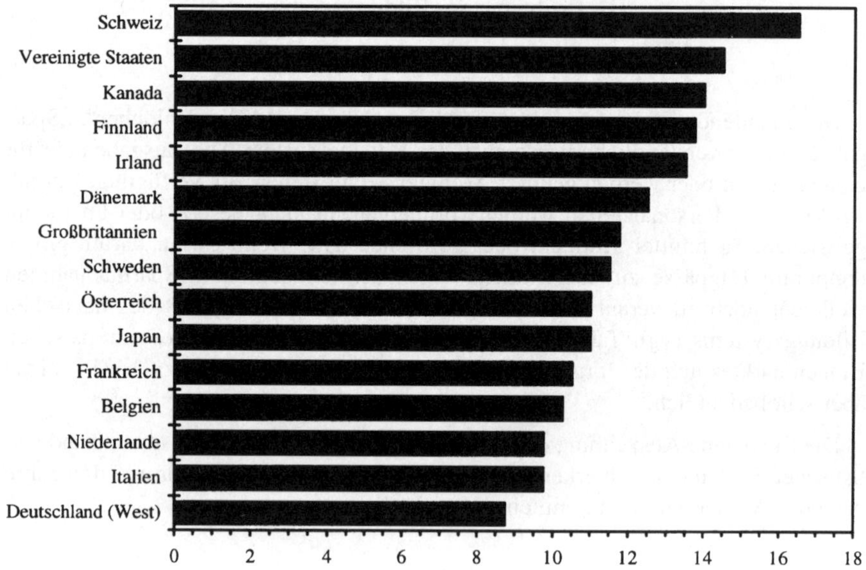

Öffentliche Bildungsausgaben in % der gesamten Staatsausgaben (1991 / 92)

Von 15 Industrieländern liegt Deutschland (alte Bundesländer) am Ende der Skala. Eine Reihe kleinerer Länder (Finnland, Irland, Dänemark, allen voran die Schweiz) geben für ihre Zukunft erheblich mehr aus.

2. Informationsdefizite

Beim Bildungs- wie beim Beschäftigungssystem haben wir es mit *unzureichender Markttransparenz* zu tun. Mit anderen Worten: Jugendliche und Erziehungsberechtigte verfügen nicht über das Wissen, das erforderlich ist, um die „richtige Schiene" im Bildungssystem zu wählen – richtig im Hinblick auf die angestrebte spätere Stellung im Beschäftigungssystem. *Jugendliche* wissen meist gar nicht, daß es viele Hunderte von möglichen Berufen gibt. Sie kennen selbst nur eine sehr begrenzte Auswahl aus ihrer subjektiven Primärerfahrung. Dazu kommen persönliche Neigungen. So entsteht das bekannte Phänomen der „Modeberufe". 1985 wollten beispielsweise rd. 66.000 Mädchen Friseurin werden, dem damals in den alten Bundesländern präferenzierten Modeberuf. 1994 war diese Zahl (einschließlich der neuen Bundesländer) auf 34.000 zurückgegangen. Dafür standen 1994 Arzthelferinnen an der Spitze der Berufswünsche (mit 51.000 Auszubildenden; dazu kamen noch rd. 42.000 Zahnarzthelferinnen). Auch hier läßt sich voraussehen, daß sehr viele diesen Beruf später nicht ausüben werden.

Ebenfalls sind die Wünsche und Vorstellungen der *Erziehungsberechtigten*, die indirekt oder direkt an die Jugendlichen herangetragen werden, von unzureichendem Informationsstand. Dabei spielt auch eine Rolle, wie lange die eigene Ausbildung schon zurückliegt. Im klein- und mittelbetrieblichen Bereich besteht ein immer größer werdendes Nachfolgeproblem, weil die Erben es bequemer haben möchten (statt wie die Eltern sich ein Leben lang „abzurackern"). Der Wertewandel hin zur „Freizeitgesellschaft" macht sich hier drastisch bemerkbar.

3. Mobilitätshemmnisse

Ein weiteres Problem, das die Beziehungen zwischen Bildungs- und Beschäftigungssystem belastet, sind die Mobilitätshemmnisse. Mobilität bedeutet im vorliegenden Zusammenhang *Beweglichkeit der Arbeitskräfte auf dem Arbeitsmarkt*. In theoretischen Überlegungen wird oft eine völlige Anpassungsflexibilität bei Strukturänderungen angenommen. In der Praxis kann man dagegen feststellen, daß bei den Arbeitskräften keineswegs eine solche Anpassungsflexibilität vorhanden ist. Mobilitätshemmungen verschiedener Art haben vielmehr zur Folge, daß sich das Arbeitskräfteangebot nur verzögert oder zum Teil gar nicht den Änderungen der Nachfragestruktur anpaßt. Erschwerend kommt hinzu, daß die Nachfrage nach Arbeitskräften immer eine abgeleitete Nachfrage ist. Mit anderen Worten: Der Arbeitsmarkt ist für die Unternehmungen ein Beschaffungsmarkt. Wieviele Arbeitskräfte nachgefragt werden, hängt nicht vom guten Willen der Arbeitgeber, sondern von der Entwicklung auf den Absatzmärkten ab. Starker technologischer Wandel, steigende Auslandskonkurrenz, Probleme mit der Konkurrenzfähigkeit usw. veranlassen die Unternehmungen zu entsprechenden Änderungen bei ihrer Nachfrage nach Arbeitskräften.

Bei den hier stattfindenden Mobilitätsprozessen lassen sich primär drei Formen unterscheiden, nämlich (1) Arbeitsplatz-, (2) Berufs- und (3) Wohnortwechsel. Die Mobilitätsbereitschaft stößt dabei auf mannigfache Hemmungen. *Individueller Natur* sind Einflüsse des persönlichen Lebenszyklus (Alter, Geschlecht, Familienstand und -größe), die bisherigen Investitionen in das Humankapital, Immobilienbesitz usw. *Betrieblicher Natur* sind die Dauer der Betriebszugehörigkeit, die betriebliche Sozialpolitik, aber auch arbeits- und sozialrechtliche Normen. Schließlich können *soziokulturelle Hemmungen* eine Rolle spielen. So wirkt die soziale Einbindung des Menschen in seinem Wohnquartier (Nachbarschaft), in Freizeitgruppen, Vereinen usw. in starkem Maße mobilitätshemmend. Unterschiedliche Schulsysteme oder konfessionelle Barrieren können hinzukommen.

Gemeinsam ist den erwähnten Mobilitätsprozessen und ihren Hemmungen die horizontale Bezugsebene. Arbeitskräfte wechseln den Arbeitsplatz, den Beruf, den Wohnort. Diese Vorgänge lassen sich als Ausdrucksform ökonomischer Anpassung im Beschäftigungssystem auffassen.

Ein nicht geringer Teil dieser horizontalen Mobilitätsprozesse enthält aber darüber hinaus noch eine vertikale Komponente im Sinne des *sozialen Auf- und Abstiegs* (Statusmobilität). Wer Arbeitsplatz, Beruf oder Wohnort wechselt, kann hierzu veranlaßt werden, weil er dadurch eine bessere berufliche Position und/oder ein höheres Einkommen zu realisieren vermag (sozialer Aufstieg). Der Wechsel kann aber auch dadurch bedingt sein, daß bei starkem Strukturwandel die vorhandene Berufsqualifikation nicht mehr ausreicht, die Fähigkeit (oder die Bereitschaft) zu berufsqualifizierender Fortbildung im Hinblick auf neue Technologien nicht mehr vorhanden ist, eine geringer entlohnte Stelle angenommen werden muß, längerdauernde Arbeitslosigkeit den Umzug in eine kleinere und billigere Wohnung erzwingt und dgl. mehr (sozialer Abstieg).

4. Reaktionsverzögerungen im Bildungssystem

Während das Beschäftigungssystem, soweit es nicht durch arbeits- und sozialrechtliche Normen behindert wird, auf Marktveränderungen durch Innovationen reagiert, weist das Bildungssystem ein beträchtliches Beharrungsvermögen auf. Die Reaktionsverzögerungen im Bildungssystem veranlassen das Beschäftigungssystem, firmeninterne Weiterbildungseinrichtungen zu schaffen oder als Sponsor für firmenexterne Institutionen aufzutreten.

Ursachen für die Immobilität des Bildungssystems liegen im *staatlichen Bildungsmonopol* mit seinen verkrusteten Strukturen. Bürokraten entwickeln Lehrpläne, die wiederum die Lehrkräfte auf spezialisierte Lehrinhalte fixieren. Auf Lebenszeit angestellte Lehrkräfte zeichnen sich auf allen Stufen des Bildungssystems durch ihr Beharrungsvermögen und ihren Drang zur Monopolisierung ihrer jeweiligen Lehrinhalte aus. Lehrkräfte für neue wirtschaftliche Entwicklungen müssen ihrerseits ausgebildet werden, was wiederum auf institutionelle und finanzielle Engpässe stößt.

Charakteristisch für diese Reaktionsverzögerungen ist die Zeitdauer der Anpassung alter Berufsbilder an neue Inhalte (bei gleichzeitiger Streichung obsolet gewordener Inhalte). Noch länger dauert die Schaffung neuer Berufsbilder. Als Beispiel seien nur die zahlreichen neuen Berufe der Informationsgesellschaft erwähnt, die nicht nur auf diversen heterogenen Grundlagen beruhen, sondern auch stetem Wandel unterworfen sind und neuen Gegebenheiten angepaßt werden müssen. Nicht umsonst wird den Industrie- und Handelskammern wie auch den Handwerkskammern vorgeworfen, warum die Ausbildungs- und Prüfungsordnungen nicht den vielen neuen Anforderungen angepaßt werden. Gewiß wird daran gearbeitet, doch gab es Ende 1996 noch rd. zwei Dutzend solcher Ordnungen, die aus der NS-Zeit stammten.

IV. Lösungsansätze

1. Finanzierungsalternativen

Wenn der Staat in einer Zeit strukturell leerer Kassen nicht genügend Geld für das vorhandene Bildungssystem zur Verfügung hat (oder meint, haben zu können), müssen Finanzierungsalternativen ernsthaft geprüft werden. Sie liegen seit langem vor, stoßen aber auf massive Widerstände. Beim Sachkapital ist jedem klar, daß es nicht ohne Geld zustandekommt. Beim Humankapital scheinen manche *Bildungsplaner* zu glauben, es lasse sich kostenlos erhalten (durch größere Klassen in den Schulen, durch mehr Unterrichtsstunden bei den Lehrern, durch stärkere Auslastung von Räumen usw.). Dahinter steht die Vorstellung, Chancengleichheit sei nur gewährleistet, wenn es Aus-, Fort- und Weiterbildung umsonst gibt. Die Bildung wird damit als öffentliches Gut deklariert, das die öffentlichen Hände aus Steuermitteln zur Verfügung zu stellen haben. Die gegenteilige Möglichkeit der Eigenfinanzierung, bei der Bildung ein privates Gut ist, wird mit dem Hinweis auf die Sozialisationsfunktion von vornherein verworfen, weil sie die sozial Bessergestellten begünstigt. Da diese ohnehin schon immer private Bildungseinrichtungen präferenziert haben und heute vermehrt bevorzugen, müssen die ordnungspolitischen Rahmenbedingungen gerade im Hinblick auf den Gutscharakter der Bildung bzw. die Finanzierungsalternativen gründlicher als bisher durchdacht werden.

Wie lassen sich die Finanzierungsprobleme lösen? Sechs Möglichkeiten stehen (theoretisch) zur Verfügung:

(1) *Eigenfinanzierung* (Sie scheidet in einer Sozialen Marktwirschaft aus den genannten Gründen aus. Allerdings stellt sich die Frage, ob und inwieweit eine Zweitlehre oder ein Zweitstudium ganz oder teilweise eigenfinanziert werden sollte; dabei wären auch die Möglichkeiten der Eltern zu berücksichtigen.).

(2) *Transferzahlungen* aus Steuermitteln an die Nachfrager (Typ Bafög).

(3) *Darlehen* an die Nachfrager (mit verschiedenen Rückzahlungsmöglichkeiten, z. B. abhängig von der Höhe des späteren Einkommens).

(4) *Stipendien* an näher definierte Nachfragergruppen (z. B. für den Besuch von Meisterschulen im Handwerk; auch die Studienstiftung des deutschen Volkes für Hochbegabte ist hier zu nennen, ebenso die Stiftungen von Kirchen, Parteien usw.).

(5) *Gebühren* (zur teilweisen oder ganzen Finanzierung der Ausbildung mit Staffelung nach der sozialen Situation).

(6) *Bildungsgutscheine* (mit freier Wahl der Bildungsrichtung; die Gutscheine werden aus öffentlichen Mitteln finanziert).

Die ersten vier genannten Möglichkeiten (wenn man von der Eigenfinanzierung einmal absieht) werden im deutschen Bildungssystem bereits praktiziert. Kontrovers sind dabei Höhe, Zeitdauer, Modalitäten der Anspruchsberechtigten und der eventuellen Rückzahlung. Stark umstritten ist die Anfang der siebziger Jahre abgeschaffte *Gebührenfinanzierung* (deren Fortfall damals als große soziale Errungenschaft gefeiert wurde, heute aber zur Entlastung der öffentlichen Haushalte notwendig ist). Die voraussichtlich Betroffenen wehren sich mit allen Mitteln dagegen. Dabei ist eine Verkürzung der Ausbildungsdauer bei Gebührenfinanzierung im internationalen Vergleich eindeutig. Voll- oder Teilgebühren (je nach Ausbildungskosten) sowie Kombinationen mit den vorher genannten Möglichkeiten werden diskutiert. Am meisten umstritten ist der Vorschlag der *Bildungsgutscheine*, der in zahlreichen Varianten vorliegt und den Wettbewerb zwischen den Institutionen fördern würde. Die Gegner fürchten vor allem für das Dogma von der Gleichwertigkeit aller Schulen und Hochschulen sowie ihrer Abschlüsse. Würde dieses Dogma doch bei freier Wahl der Bildungsinstitution ad absurdum geführt. Insbesondere in Agglomerationsräumen, in denen hinreichend Alternativen zur Verfügung stehen, würde sich ziemlich rasch eine Rangordnung von guten über mittlere bis zu schlechten Institutionen herausbilden. Die guten würden noch besser, weil sie sich immer mehr ihre Absolventen aussuchen könnten (mit dem Argument der vorhandenen Ausbildungskapazitäten). Die schlechten würden noch schlechter, weil sie die anderswo Abgewiesenen aufnehmen müßten. Wettbewerb zwischen den Bildungseinrichtungen würde zum Zuge kommen. Zeitliche Begrenzung der Gutscheinberechtigung würde die Ausbildungszeit verkürzen (und damit die Kosten des Bildungswesens senken). Insofern sind Bildungsgutscheine ein beinahe ideales Instrument im Rahmen einer Sozialen Marktwirtschaft (zumal sie auch das Gleichheitspostulat nicht tangieren).

2. Verringerung der Informationsdefizite und Mobilitätshemmnisse

Die Verringerung der Informationsdefizite ist besonders wichtig, um späterer Arbeitslosigkeit vorzubeugen (oder auch nur dem Wechsel in angelernte oder ungelernte Beschäftigungen, der eine Dequalifizierung bedeutet). Schon gegen Ende der Pflichtschule oder im Rahmen der weiterführenden Schulen müßten daher massive Anstrengungen unternommen werden, um die Markttransparenz zu erweitern. Gerade weil individuelle Berufswünsche vielfach auf enge subjektive Primärerfahrungen oder Einflüsse aus dem Freundes- oder Verwandtenkreis zurückzuführen sind, muß das *Wissen um die ungeheuer breite Palette an Berufsmöglichkeiten* systematisch vergrößert werden. Betriebsbesichtigungen für Schulklassen, Schnupperlehren in den Schulferien, Informationsveranstaltungen von Handwerks-, Industrie- und Handelskammern sowie von Vertretern einzelner akademischer Fächer über Aufbau und Aussichten ihrer jeweiligen Studiengänge sind hier zu nennen.

Besonderer Handlungsbedarf besteht bei der *individuellen Berufsberatung*. Ist die Berufswahl doch eine der folgenreichsten Entscheidungen im Leben eines Menschen. Hier werden die Weichen für seine Zukunft gestellt. Nicht umsonst findet sich auch in der Europäischen Sozial-Charta von 1961 die Formulierung „Jedermann hat das Recht auf geeignete Möglichkeiten der Berufsberatung, die ihm helfen sollen, einen Beruf zu wählen, der seiner persönlichen Eignung und seinen Interessen entspricht". Die Einrichtungen der Arbeitsverwaltung sind diesbezüglich noch völlig unzureichend. Jeder junge Mensch sollte sich im Hinblick auf seine persönlichen Fähigkeiten und die daraus resultierenden Berufschancen testen lassen können. Berufsberatung sollte daher nicht als Lückenbüßerfunktion für Unentschlossene gelten, sondern eine zentrale Rolle im Bildungssystem wahrnehmen. Es geht darum, individuelle Interessen und persönliche Eignungen mit den Möglichkeiten der Arbeitsmärkte in Einklang zu bringen. Traumberufe erweisen sich nur allzu oft als Illusion. Körperliche und seelische Belastbarkeit werden von Jugendlichen nicht selten überschätzt. Hier liegen Chancen, Bildungs- und Beschäftigungssystem durch gründliche Beratung wieder näher zu bringen, die heute kaum beachtet oder aus finanziellen Gründen nicht angeboten werden.

Schwieriger als die Verringerung der Informationsdefizite ist zweifellos der *Abbau der Mobilitätshemmnisse*. Dies gilt vor allem für den Wohnortwechsel, der wegen der verschiedenen sozialen Einbindungen oft auch die Bereitschaft zu weiterem beruflichen Aufstieg hemmt (so besonders vom mittleren zum oberen Management). Befriedigende Lösungsansätze sind hier kaum erkennbar. Internationale Konzerne versuchen in zunehmendem Umfang, die Mobilitätshemmnisse bei Führungskräften durch Erleichterungen aller Art zu verringern (insbesondere im sozialen Bereich, um die Assimilation zu fördern).

3. Zusatzqualifikationen

Die hohe Arbeitslosigkeit (vor allem die gesamtgesellschaftlich besonders gefährliche Jugendarbeitslosigkeit) trifft bei den Arbeitgebern mit hohem Rationalisierungsdruck zusammen (Computerisierung, Roboterisierung usw.). Die Firmen können sich daher jene Absolventen des Bildungssystemes aussuchen, die ihnen am besten qualifiziert erscheinen.

Je länger je mehr spielen dabei Prüfungsnoten und Titel nicht jene ausschlaggebende Rolle, die ihnen früher zugeschrieben wurde. Stattdessen sind Zusatzqualifikationen immer wichtiger geworden. Oft wird dabei nur an *Fremdsprachen* gedacht, deren Bedeutung im europäischen Binnenmarkt und im globalen Wettbewerb verständlicherweise zunimmt. Nicht minder wichtig ist die *Kenntnis fremder Kulturen*.

Daneben schieben sich aber andere Zusatzqualifikationen immer mehr in den Vordergrund. Man bezeichnet sie als individuelle und soziale Kompetenz. Zur *individuellen Kompetenz* gehören Eigenschaften, die das „Selbst-Marketing" des Menschen darstellen (Sicherheit im Auftreten, Argumentations- und Überzeugungskraft, Belastbarkeit usw.). *Soziale Kompetenz* meint das Sprechen vor kleineren und größeren Gruppen, Teamfähigkeit, Motivations- und Führungsstärke und dgl. Hinsichtlich dieser Zusatzqualifikationen bestehen im Bildungssystem noch erhebliche Lücken.

Telekommunikationstechniken und *Fernstudiengänge* können im Bildungssystem neue Lehrmethoden oder Lerninhalte inaugurieren und zugleich die Ausbildungskosten für zusätzliches Wissen senken. Die Nachteile der traditionellen Organisation des Bildungssystems (Massenbetrieb, Überreglementierung) mit ihren hohen Abbrecher- und Durchfallquoten werden so durch eine zeitgemäße Individualisierung der zukünftigen Arbeitswelt angepaßt. Je besser die Ausbildung, auch und gerade im Hinblick auf Zusatzqualifikationen, um so größer sind die Berufschancen (und um so geringer die Gefahr der Arbeitslosigkeit). Ein Bündel von Zusatzqualifikationen verschiedener Art kann das Tor für eine befriedigende individuelle Zukunft öffnen. *Die Anreize, mehr zu lernen als nötig, werden oft schon im familiären Umfeld gelegt.*

4. Weiterbildung

Die technische Entwicklung hat eine immer geringere Halbwertszeit des Wissens zur Folge. Auch die Abschlüsse auf der primären, sekundären und tertiären Bildungsstufe stellen nur noch Ausgangspositionen dar. Während früher die wachsende Berufserfahrung („learning-on-the-job") das im Bildungssystem erworbene Wissen verbreiterte und vertiefte, ist heute ein „lebenslanges Lernen" erforderlich („éducation permanente"), um das Wissen auf der Höhe der Zeit zu halten. Immer neue Technologien erfordern ständig bessere Qualifikationsstrukturen.

Die berufliche Weiterbildung erfolgt einmal durch die Firmen, die hierfür *firmeneigene Bildungsstätten* unterhalten. Zum anderen sind die *firmenexternen Institutionen* der Fachverbände und Kammern zu nennen, die auf allen Stufen kürzere und längere Kurse anbieten. Allerdings ist der individuelle Drang zur ständigen Weiterbildung bisher nicht überall so ausgeprägt, wie er es im Hinblick auf die Konkurrenz und Zukunftsfähigkeit sein sollte.

Eine besondere Rolle spielt der *Bildungsurlaub*. Der Ausdruck selbst ist sprachlich unzweckmäßig. Handelt es sich doch nicht um Urlaub, der weitgehend beliebig genutzt werden kann und sozusagen nebenbei noch zur Weiterbildung verwendet wird, sondern um eine zweckgebundene Freistellung von der laufenden Tätigkeit, um neues Wissen, neue Fähigkeiten und neue Techniken zu lernen. Der Erwerb diesbezüglicher Abschlußzertifikate, die eine höhere Gehaltsstufe und / oder einen beruflichen Aufstieg ermöglichen, kann die Motivation der jeweiligen Teilnehmer / innen wesentlich steigern.

Die genannten Lösungsansätze (Bildungsgutscheine, Berufsberatung, Zusatzqualifikationen, laufende Weiterbildung) bieten Chancen, um die Probleme der Bildungspolitik in der Marktwirtschaft zu verringern oder zu entschärfen. Den Telekommunikationstechniken und Fernstudiengängen sollte dabei besondere Aufmerksamkeit gewidmet werden.

V. Humankapital – knappste Ressource der Zukunft

In seiner jährlichen Rede zur Lage der Nation Anfang Februar 1997 stellte der US-Präsident *Clinton* das Thema Bildung in den Mittelpunkt. Zwar konnte er darauf verweisen, daß in den vier Jahren seiner ersten Amtsperiode elf Millionen Arbeitsplätze geschaffen wurden, doch rd. 40% der Achtjährigen nicht lesen können. Er rief zu einem „nationalen Bildungskreuzzug" auf. Um die internationale Wettbewerbsfähigkeit und die äußere Sicherheit des Landes zu festigen, sollen bis zum Jahre 2000 Lesen und Mathematik intensiv gefördert, 5 Mrd. Dollar zur Sanierung baufälliger Schulen bereitgestellt und für jedes Klassenzimmer ein Internet-Anschluß geschaffen werden. Zum Vergleich: In Deutschland gibt es bisher nur in etwa 2% der Klassen einen solchen Anschluß (wobei es sich dabei auch meist um Privatschulen handelt).

Ein Gemeinwesen, dessen Politiker glauben, bei der Bildung sparen zu können, bringt sich selbst um seine Wettbewerbs- und damit um seine Zukunftsfähigkeit. Humankapital wird ohnehin immer mehr zur knappsten Ressource der Zukunft. Jede Milliarde, die heute für die Erhaltung von Schrumpfungsbranchen ausgegeben wird, fehlt als Investition im Bildungssystem, das ohnehin längst zum Sanierungsfall geworden ist.

Literaturverzeichnis

Biskup, R. (Hg.) (1996): Globalisierung und Wettbewerb, 2. Aufl., Bern-Stuttgart-Wien

Blaug, M. (1987): The Economics of Education and the Education of an Economist, New York

Bodenhöfer, H.-J. (Hg.) (1988): Bildung, Beruf, Arbeitsmarkt, Berlin

Clement, W. (Hg.) (1981): Konzept und Kritik des Humankapitalansatzes, Berlin

Cohn, E. (1979): The Economics of Education, Cambridge (Mass.)

Geissler, H. (1992): Neue Qualitäten betrieblichen Lernens, Frankfurt a.M.

Giger, H. (Hg.) (1991): Bildungspolitik im Umbruch, Zürich

Lamszus, H. / *Sanmann,* H. (Hg.) (1987): Neue Technologien, Arbeitsmarkt und Berufsqualifikation, Berlin-Stuttgart

Lith, U. van (1985): Der Markt als Ordnungsprinzip des Bildungswesens, München

Machlup, F. (1980): Knowledge and Knowledge Production, Princeton

Maier, H. (1994): Bildungsökonomie. Die Interdependenz zwischen Bildungs- und Beschäftigungssystem, Stuttgart

McKenzie, R. B. (1979): The Political Economy of the Educational Process, Boston-The Hague-London

Schily, K. (1993): Der staatlich bewirtschaftete Geist. Wege aus der Bildungskrise, Düsseldorf

Straubhaar, T. / *Winz,* M. (1992): Reform des Bildungswesens, Bern-Stuttgart-Wien

Zöller, M. (Hg.) (1983): Bildung als öffentliches Gut, Stuttgart

Die Herausforderung der Globalisierung: Chancen und Notwendigkeiten

Von Christian Watrin

I. Globalisierung – die neue Form der internationalen Arbeitsteilung

Der Internationale Währungsfonds beschreibt in seinem „World Economic Outlook" von Mai 1997 das Phänomen der Globalisierung treffend einerseits als zunehmende internationale Integration der Güter-, Dienstleistungs- und Kapitalmärkte und andererseits als Wiederaufnahme von Entwicklungen in der Weltwirtschaft, die seit weit über hundert Jahren beobachtbar sind. Gleichzeitig unterteilt er die jüngere Geschichte des internationalen Wirtschaftsverkehrs in drei Phasen. Die erste erstreckt sich über das neunzehnte Jahrhundert bis 1914. Damals nahm der internationale Handel in Folge des Aufkommens neuer Transporttechniken schnell zu. Gleichzeitig bedeutete die intensivere Besiedlung Amerikas und Australiens, daß angesichts sinkender Transportkosten traditionelle Produktionen, vor allem landwirtschaftliche Produkte, in zunehmendem Umfang von Europa nach Übersee abwanderten. Allerdings waren an der sich entfaltenden Weltwirtschaft keineswegs alle Regionen der Welt in gleicher Weise beteiligt. Das Zentrum des internationalen Handels lag in dem zum Westen[1] gehörenden Ländern. Große Teile der Erde waren nicht oder nur unvollkommen in das Netz der internationalen marktwirtschaftlichen Beziehungen eingebunden. Begleitet wurde das Entstehen der damaligen Weltwirtschaft von erheblichen privaten Kapitalströmen – vor allem aus Großbritannien, aber auch aus Kontinentaleuropa – hin zu den neuentstehenden Nationalwirtschaften, wo mit den aufgenommenen Krediten große Teile der Infrastruktur finanziert wurden.

Die Entfaltung der internationalen Arbeitsteilung wurde jäh durch den ersten Weltkrieg unterbrochen. Dieser hatte zur Folge, daß die beiden zentralen Institutionen der damaligen Weltwirtschaft, die Goldwährung und der auf dem Meistbegünstigungsprinzip beruhende multilaterale freie Handel, außer Kraft gesetzt wurden[2].

---

1 Der Begriff „Westen" umfaßt hier nicht nur Europa, sondern auch die überseeischen europäischen Besiedlungen wie die beiden Amerikas, Australien, Neuseeland und andere Regionen.

2 Die Goldwährung war zunächst ein rein nationales Währungssystem. Ihr wesentliches Kennzeichen war die „goldene Bremse an der Geldmaschine" (Schumpeter), d. h. die enge

In der zweiten Phase der internationalen Wirtschaftsbeziehungen – sie umfaßt die beiden Weltkriege und die Zwischenkriegszeit einschließlich der Weltwirtschaftskrise 1929 – kam es im Zuge schwerer sozialer Erschütterungen, zahlreicher sozialistischer Experimente und der Einführung einer Zentralverwaltungswirtschaft in der Sowjetunion vor allem in Deutschland im Zuge der nationalsozialistischen Wirtschaftslenkung zur Devisenbewirtschaftung und zum Bilateralismus. Es kam zu direktem Tauschhandel und Versuchen, das Autarkieideal zu praktizieren. Die Folgen waren ein dramatischer Rückgang des internationalen Handels, die kostentreibende Ersetzung von Gütern und Dienstleistungen, die vorteilhafter aus dem Ausland bezogen werden konnten, durch heimische Eigenproduktionen und schwerwiegende Verzerrungen des volkswirtschaftlichen Produktionsapparates. Der Rückgang des Lebensstandards war beträchtlich. In einigen Ländern verband sich die Renationalisierung des internationalen Handels mit einer aggressiven Großraumwirtschaftsideologie (teils auch Kolonialreichsautarkie), die – angesichts der Schwierigkeiten beim Bezug von im Inland nicht verfügbaren Rohstoffen und Vorprodukten – auch vor dem Einsatz militärischer Gewalt nicht zurückschreckte.

Nach dem Ende der Kriegshandlungen begann – zunächst zaghaft – die dritte Phase, die Wiederherstellung der internationalen Arbeitsteilung zunächst auf Grundlage der Beschlüsse der Konferenz von Bretton Woods (1944). Allerdings dachte in dieser Periode, in die sich auch die Globalisierung einreiht, kein Land mehr daran, seine Währung wieder nach den alten Regeln an das Gold zu binden, noch wurde die Meistbegünstigungsklausel in der alten Form wieder eingeführt. Es wurde vielmehr für nötig erachtet, an die Stelle des stillschweigenden Konsenses über die Regeln der Weltwirtschaftsordnung internationale Organisationen zu setzen, denen die Überwachung der Abkommen anvertraut wurde. Deren Regeln wurden oft geändert. Am deutlichsten wird dies bei der Währungsordnung, wo das ursprüngliche Prinzip der festen Wechselkurse im Frühjahr 1973 durch flexible

Verknüpfung der nationalen Geldmenge mit den vorhandenen Goldbeständen. Über die sog. Goldparität entstand – ohne internationale Verträge und Weltwirtschaftsorganisationen – gleichzeitig eine internationale Währungsordnung; denn die Austauschverhältnisse zwischen den einzelnen Währungen (z. B. Reichsmark, Franken, englische Pfunde, etc.) bestimmten sich nach dem relativen Goldgehalt des jeweiligen nationalen Geldes. Auf diese Weise waren alle nationalen Goldwährungen auf der Basis ihres Goldgehaltes miteinander verknüpft. Es bestand – abgesehen von wenigen Ausnahmen – stillschweigend Einigkeit zwischen den Partnern, daß die Spielregeln des Goldmechanismus, vor allem die Ausrichtung der Wirtschaftspolitik an der Wechselkursstabilität, von allen eingehalten wurden. So gesehen war die Goldwährung und das durch sie bereitgestellte internationale Geld das Produkt einer spontanen Ordnung, nicht hingegen, einer internationalen Planung (Watrin, in Vorber.). – Nicht sehr viel anders verhielt es sich bei der internationalen Handelsordnung. Sie entstand dadurch, daß sich die wichtigsten Welthandelsnationen bereitfanden, die Meistbegünstigungsklausel in ihre bilateralen Handelsverträge aufzunehmen. Sie besagt, daß die Partner eines internationalen Handelsvertrages übereinkommen, sich wechselseitig die gleichen Bedingungen einzuräumen, die sie mit einem dritten Land vereinbaren. Die andernfalls mögliche Diskriminierung eines Vertragspartners war also ausgeschlossen. Allgemein angewendet führte das Meistbegünstigungsprinzip zum Freihandel (Einzelheiten siehe Haberler, 1936, S. 372 ff.).

Wechselkurse abgelöst wurde. Heute existiert weltweit kein verbindliches Wechselkursregime mehr; vielmehr ist jedem Mitgliedsland des Internationalen Währungsfonds die Wahl des Wechselkursregimes freigestellt. Entsprechend zahlreich sind die Ausgestaltungen. Sie reichen vom freien Floaten, über Currency Boards und regionale Wechselkursverbünde wie das Europäische Währungssystem bis hin zu gespaltenen Wechselkursen. Auf der Handelsseite ist das GATT, welches vor allem den Abbau von Zöllen und quantitativen Handelsbeschränkungen in der Nachkriegszeit betrieb, 1994 von der neugeschaffenen Welthandelsorganisation (WTO) abgelöst worden, die sich besonders um den Abbau der zahlreichen nichttarifären Handelshemmnisse bemüht.

In diesen institutionellen Rahmen ist die Globalisierung einzuordnen. Sie kann teilweise als Fortsetzung bzw. Wiederaufnahme der Entwicklung vor dem ersten Weltkrieg angesehen werden, enthält jedoch gleichzeitig qualitativ neue Elemente. Zu ihnen zählen die Informations- und Kommunikationstechnologie und die neuen Möglichkeiten des Transports, die schnelle Übertragung technischen Wissens in Entwicklungsländer, das Einholen der alten Industriestaaten durch Schwellenländer, die neuen Wege, Produktionen weltweit zu organisieren und Firmen auf transnationaler Ebene zu betreiben und das Entstehen internationaler Finanzmärkte.

Dies alles hat zur Folge, daß sich in Teilen der Öffentlichkeit die Vorstellung festsetzt, gegenwärtig ergreife ein Wirbelsturm die internationalen Wirtschaftsbeziehungen, der in seinen Auswirkungen durchaus der in der Mitte des achtzehnten Jahrhunderts zunächst in Großbritannien einsetzenden „industriellen Revolution" vergleichbar sei, und der – wie damals – das Gesicht der Erde von Grund auf verändern könne[3]. So wird behauptet, daß die Globalisierung die Marktkräfte „staatenlos" werden lasse, zur Vorherrschaft der Wirtschaft über die Politik führe, die Ökonomisierung aller Lebensbezüge hervorrufe und einen globalen Wettlauf um höchste Effizienz und niedrigste Löhne auslöse[4]. Dem wird entgegengehalten, daß die Globalisierung gesamtwirtschaftlich große Chancen mit sich bringe und zur Verbreitung des Wohlstands in aller Welt beitrage[5]. Der Internationale Währungsfonds schreibt: „There is no doubt that globalization is contributing enormously to global prosperity". Weltweit steigender Wohlstand aber sei gleichzeitig der Motor zur Entwicklung friedlicher demokratischer Verhältnisse zwischen den Staaten[6].

Was ist von alledem zu halten?

---

3 W. W. Henning weist darauf hin, daß diese weithin für zutreffend gehaltene Beschreibung der „industriellen Revolution" nicht den Tatsachen entspricht und daß die vermeintliche „Revolution" ein schrittweise sich vollziehender Prozeß war.

4 So Noé, 1996; ähnlich Martin / Schumann, 1997, S. 25 f.

5 So der Wochenbericht 23/97 des Deutschen Instituts für Wirtschaftsforschung, S. 419 und International Monetary Fund 1997, S. 3.

6 Das ist die Hauptthese des Buches von F. Fukuyama (1992), wenn man es von seinem Hegelianischen Beiwerk befreit.

II. Globalisierung und die Theorie der internationalen Arbeitsteilung

Relevant ist im vorliegenden Zusammenhang das Theorem der „komparativen Kostenunterschiede“, dessen Hauptanliegen es ist, die *gesellschaftliche* Arbeitsteilung, also die über die kleine Gruppe hinausgehende Arbeitsteilung in der heutigen anonymen Großgesellschaft, zu erklären. Nach dem Theorem der komparativen Kostenunterschiede basiert der „Wohlstand der Nationen“ (A. Smith) auf Umfang und Tiefe der gesellschaftlichen Arbeitsteilung in und zwischen Ländern, wobei „Länder“ nicht als politisch handelnde Einheiten zu verstehen sind, sondern als ökonomische Gebilde, die sich dadurch auszeichnen, daß innerhalb ihrer Grenzen, aber nicht über sie hinaus, freier Handel und freie Mobilität der Produktionsfaktoren besteht. Die ökonomische Theorie modelliert diesen Zusammenhang in tauschwirtschaftlichen Modellen. Danach spezialisiert sich jeder Wirtschaftsteilnehmer auf die Produktion jener Güter und Dienstleistungen, in denen er im Vergleich zu anderen über einen relativen Vorteil verfügt. Durch den Verkauf der selbst produzierten Güter oder – heute realistischer – Dienstleistungen erwirbt er, vermittelt über Märkte, im Gegenzug und nach Maßgabe seines Beitrages jene Produkte oder Leistungen, die er einerseits höher schätzt als die selbst produzierten Güter, andererseits aber nur mit vergleichsweise höheren Kosten als seine Partner im Wirtschaftsprozeß herstellen könnte. Wirtschaftlicher Austausch am Markt ist also indirekte Produktion. Je tiefer die gesellschaftliche Arbeitsteilung aber wird, um so größer sind die Spezialisierungschancen für jeden Wirtschaftsteilnehmer und um so höher werden die aus ihnen resultierenden Spezialisierungsgewinne.

Die Möglichkeiten zum wechselseitig vorteilhaften Tausch sind nicht – und waren es historisch gesehen auch niemals[7] – auf enge Räume beschränkt, sondern sie erstrecken sich bereits in der Frühzeit der geschriebenen Geschichte über viele Länder. So gesehen läßt sich die Globalisierung heute als ein weiterer Schritt in einem langen Prozeß vertiefter internationaler Arbeitsteilung auffassen. Abstrahiert man für einen Augenblick aus Gründen des Arguments von allen heute bestehenden Hindernissen für die weitere internationale Entfaltung der gesellschaftlichen Arbeitsteilung, so läßt sich sagen, daß das weltweit verfügbare Wohlstandspotential erst dann voll ausgeschöpft werden kann, wenn der freie Austausch von Gütern und Dienstleistungen die gesamte Welt umfaßt. Die Produktion der Güter und Dienstleistungen würde dann dort erfolgen, wo sie vom weltwirtschaftlichen Standpunkt aus am kostengünstigsten wäre.

Dieses zweifellos utopische Bild darf allerdings nicht mit der Vorstellung eines Endzustandes verwechselt werden, auf den die Menschheitsgeschichte vermeintlich zutreibt. Das ist der Fehler, den die Geschichtsphilosophen von Comte über

7 Die Vorstellung der deutschen historischen Schule, daß sich Abläufe der gesellschaftlichen Arbeitsteilung von der Dorf- über die Stadt- hin zur Nationalwirtschaft und schließlich zur Weltwirtschaft beobachten ließen, sind historisch nicht zutreffend. Sie taugen allenfalls zur didaktischen Verdeutlichung komplizierter Sachverhalte.

Marx bis Fukuyama begehen. Ein weltweiter Raum freier wirtschaftlicher Betätigung ist auch nicht identisch mit einem stationären Zustand. Vielmehr ist in einer „offenen Gesellschaft“ davon auszugehen, daß allein schon der technische Fortschritt aber ebenso auch grenzüberschreitende Wanderungsbewegungen sowie die nationale oder regionale Wirtschaftspolitik fortwährend die ökonomischen Daten verändern. So gesehen beschreibt „Globalisierung“ einen offenen, nicht zielgerichteten Prozeß. Sie kann gleichzeitig als eine ökonomische Interpretation der Idee der „Einen Welt“ angesehen werden.

Der hier skizzierte Zustand „grenzenloser“ gesellschaftlicher Arbeitsteilung, zwischen Ländern entspräche der heute üblicherweise gegebenen Situation in nationalen Räumen mit unbehinderten Güterströmen und freien Arbeitskräfte- und Kapitalbewegungen. Ein solcher Zustand besteht gegenwärtig nicht für die Welt als Ganzes und er dürfte auch nicht so bald existieren. Aber hat es in der Wirtschaftsgeschichte je Zeiträume gegeben, in denen der Prozeß der gesellschaftlichen Arbeitsteilung sich eindeutig in Richtung grenzüberschreitender Liberalisierung bewegt hat und wie war in solchen Phasen die Wohlstandsentwicklung?

Die letzten einhundertfünfzig Jahre sind hierzu ein Lehrstück. Wirtschaftshistorische Studien zeigen, daß im Zeitraum von 1850 bis 1914 die Goldwährungsländer untereinander weitgehend freien Handel betrieben[8] bei gleichzeitig freiem Kapitalverkehr und beachtlichen innereuropäischen und weltweiten Arbeitskräftewanderungen. Der Welthandel nahm damals – wie heute – schneller zu als die Weltproduktion und die üblichen Indikatoren weisen in Richtung einer Phase hoher ökonomischer Prosperität. Gleichzeitig zeichnete sich die Vorkriegswelt durch eine Angleichung der Lebensumstände in den Ländern aus, die am neuen Welthandelssystem teilnahmen. Beachtliche Kapitalmengen flossen in die Peripherie. So waren die USA und Kanada, da sie als Länder mit hohem Entwicklungspotential galten, über Jahrzehnte hinweg Kapitalimportländer. Die westliche Welt (im weitesten Sinne) durchlief eine Blüteperiode, in der u. a. die endemische Arbeitslosigkeit und Armut früherer Jahrhunderte stark rückläufig war. Nicht gelöst war jedoch das Problem der Konjunkturen und Krisen und der daraus resultierenden Arbeitslosigkeit[9]. Hier versuchte erst der moderne Sozialstaat Abhilfe zu schaffen.

---

8 Das deutsche Reich unter Bismarck brach allerdings 1878 aus politischen Gründen aus der Front der Freihandelsländer aus und führte gegen heftigen Widerspruch breiter Kreise vom heutigen Standpunkt aus gesehen mäßige Zölle für Agrargüter soweie Eisen und Stahl ein. „Mäßig“ im Angesicht der Handelshemmnisse, die in der Phase der weltwirtschaftlichen Desintegration (1914 - 1950) in und zwischen den beiden Weltkriegen eingeführt wurden (vgl. Röpke, 1942), „mäßig“ aber auch im Blick auf die heute vielfach üblichen nicht-tarifären Handelsbeschränkungen.

9 Die Wohlstandsentwicklung im neunzehnten Jahrhundert zählt in der Tradition der Anklage von Friedrich Engels in seiner Schrift über die Lage der arbeitenden Klassen in England zu den umstrittenen Themen der Wirtschaftsgeschichte. Heute dürfte feststehen, daß die immer wieder vorgetragene und zurst von K. Marx entwickelte Theorie der Verelendung des Proletariats weder für die wachsende Zahl der „advanced economies“ noch für die Schwellenländer sich als zutreffend erwiesen hat. Armut ist sicher eines der ernstesten Probleme

Nicht nur die Zeit vor dem ersten Weltkrieg bestätigt die These, daß der Wohlstand der Nationen entscheidend durch die internationale Arbeitsteilung bestimmt wird. Dasselbe gilt auch für die Zeit der weltwirtschaftlichen Reintegration nach dem zweiten Weltkrieg bis zur Gegenwart. Hier haben gerade die Länder, die relativ früh ihre Öffnung zum Weltmarkt vollzogen – unter ihnen Japan und Westdeutschland – trotz erheblicher Startnachteile infolge schwerster Kriegszerstörungen und dadurch bedingter Lasten erstaunlich schnell Pro-Kopf-Einkommen erzielt, die sie international an die Spitze der Weltwohlstandsskala brachten. Demgegenüber fielen Länder mit relativ protektionistischer Politik wie Spanien und Portugal lange Zeit zurück und sie haben den Aufholprozeß trotz ihrer mittlerweile erfolgten Hinwendung zu den Regeln einer offenen Wirtschaft noch längst nicht abgeschlossen. Schließlich gehören Staaten, die lange Zeit Autarkiepolitik betrieben, wie Albanien, Kuba und Nordkorea, zu den Ärmsten der Armen. Das überzeugendste Beispiel für die Vorteile der Eingliederung in die internationale Arbeitsteilung aber bieten die vier „asiatischen Tiger" (Hongkong, Singapur, Südkorea und Taiwan), die zunächst eine Politik der Substituierung ihrer Importe durch Eigenproduktion verfolgten, die jedoch in den letzten Jahrzehnten zugunsten einer exportorientierten, d. h. weltoffenen Politik aufgegeben wurde. Ihre Eingliederung in die weltwirtschaftliche Arbeitsteilung löste vorher für nicht möglich gehaltene Wachstumsraten des Sozialprodukts aus. Mittlerweile zählen die genannten Länder (einschließlich Israels) zur Gruppe der „advanced economies". Angesichts ihres mittlerweile erreichten hohen Standes der wirtschaftlichen Entwicklung rechnen sie zu den Industriestaaten, und nicht mehr zu den Entwicklungsländern[10].

Schließlich haben aber auch die traditionellen Planwirtschaften (China, die ehemalige Sowjetunion, ihre Nachfolgestaaten und ihre früheren Satelliten sowie zahlreiche sozialistisch orientierte Entwicklungsländer) ihre ursprünglich auf Außenhandelsmonopolen basierenden weltwirtschaftlichen Beziehungen neu geordnet und versuchen, wenn auch mit unterschiedlichem Erfolg, ihre Eingliederung in die weltweite Arbeitsteilung zu meistern. Der Klub der marktwirtschaftlich orientierten Staaten hat mithin innerhalb kurzer Zeit eine außerordentliche Erweiterung erfahren. Und die Zahl der Menschen, die in diesen Ländern lebt, beläuft sich auf rund drei Milliarden. Sie treten zu der Milliarde Menschen, die bisher unter den Regeln des Marktes lebten hinzu. Eine Erklärung für diesen tiefgreifenden Wandel der wirtschaftspolitischen Orientierung kann darin gesehen werden, daß in der Wirtschaftspolitik, ähnlich wie auf dem wettbewerblichen Markt, aus den Erfolgen anderer Rückschlüsse gezogen und erfolgversprechende Modelle kopiert werden.

---

der Menschheitsgeschichte. Aber ihre Ursachen liegen nicht in der von marxistischer Seite in vielen Schattierungen vertretenen Ausbeutungstheorie.

10 Zu dieser Länderreklassifikation siehe den Bericht des International Monetary Fund, Mai 1997, S. 4. Die erfolgte Höherstufung ist mehr als bloße Änderung einer statistischen Kategorie. Sie wirft implizit die Frage nach der Rückstufung weniger erfolgreicher Staaten auf.

III. Die Deutung der Globalisierung als zerstörerischer Prozeß

Jegliche Vertiefung der internationalen Arbeitsteilung und somit auch die Globalisierung bedeuten in ökonomischer Sicht, daß die weltweit verbesserte Allokation der Produktionsfaktoren (im Vergleich zur vorher bestehenden Situation) den Wohlstand in der Weltwirtschaft erhöht. Das impliziert nicht, daß sich die Lage jedes einzelnen Teilnehmers oder auch nur jedes teilnehmenden Landes verbessert. Hier wie anderswo auch, kann es Gewinner und Verlierer geben. Aber es gilt die Vermutung, daß die positiven Effekte der vertieften Arbeitsteilung die negativen übertreffen. Folglich ist es im Grundsatz möglich, daß die Gewinner die Verlierer entschädigen können, ohne ihren eigenen Vorteil dabei ganz einzubüßen[11].

Wo aber treten im Zuge der Globalisierung der Produktion Gewinne und Verluste auf? An dieser Stelle läßt sich mit Vorteil auf die von J. A. Schumpeter (1912/1926, S. 99 ff.) entwickelte Theorie der „schöpferischen Zerstörung“ zurückgreifen[12]. Globalisierungsbefürworter wie -gegner betonen, wenn auch mit unterschiedlicher Wertung, die Rolle, die dynamische Unternehmer in der globalen Welt spielen. Die grundlegende Innovation der mittlerweile auf 40.000 geschätzten multinationalen Unternehmen ist weniger eine Produkt-, sondern vor allem eine Verfahrensinnovation, nämlich die Neuorganisation der Produktion weit über die Grenzen des ursprünglichen Standortes hinaus auf die Welt als Ganzes. Länder, die vorher keine oder nur in bescheidenem Umfang industrielle Güter herstellten oder nur wenige Dienstleistungen für Industrien hervorbrachten, können auf Grund der technologischen Umwälzungen und oft auch im Zuge verbesserter Ausbildung ihrer Bevölkerung, als neue Anbieter vor allem auf den Märkten für Komponenten oder Teilleistungen von anpruchsvollen Gütern wie Flugzeugen, Schiffen, Automobilen und anderen auftreten. Sofern sie in der Gesamtkalkulation im Vergleich zu anderen Wettbewerbern Kostenvorteile aufweisen – zu diesen gehören keineswegs allein die Lohnkostenvorteile – erhalten sie den Zuschlag. Produktionen wandern ab, neue Wettbewerber treten in den sich ausweitenden Markt ein und die ineffizienten Anbieter, seien es Unternehmen, Unternehmer oder Arbeiter, werden im „kapitalistischen“ Produktionsprozeß ausgeschieden. Sie finden erst wieder eine neue Verwendung, wenn ihre Preise (oder Löhne) sich so den neuen Umständen angepaßt haben, daß sich ihr erneuter Einsatz lohnt – eine notwendige Folge des kapitalistischen Wachstums, dem Schumpeter, aber auch Marx[13], höchste Be-

---

11 Es handelt sich hier um die besonders in der Wohlfahrtsökonomik, einem Teilgebiet der Theorie der Wirtschaftspolitik, entwickelten Kompensationskriterien. Nach ihnen ist bei wirtschaftspolitischen Maßnahmen, die Gewinner und Verlierer im Gefolge haben, stets zu prüfen, ob die Benachteiligten durch die Bevorteilten dem Prinzip nach entschädigt werden können, ohne daß dadurch der gesamte gesellschaftliche Vorteil verlorengeht.

12 Zur Anwendung der Schumpeterschen Theorie auf die amerikanische Wirtschaft siehe Hughes (2. Aufl. 1983, S. 327).

13 Siehe z. B. das kommunistische Manifest mit seinem Lobpreis des Kapitalismus (S. 821).

wunderung zollen. So gesehen hat die Globalisierung als neuer großer Wachstumsschub vor allem zwei Folgen. Sie kann erstens die relative ökonomische Position eines Landes verändern und damit, wenn es sich um eine große Ökonomie handelt, auch deren politischen Einfluß und Macht. Zweitens aber können im Zuge dynamischer Umwälzungen in der Produktionsstruktur, einzelne Unternehmen und Branchen Einbußen erleiden und in vielen Fällen an ihren alten Standorten – im Schumpeterschen Sinne – „zerstört" werden. Dadurch werden Produktionsfaktoren, die in nicht mehr rentablen Verwendungen gebunden waren, freigesetzt. Sie stehen dann für neue Verwendungen zur Verfügung oder müssen sich solche suchen.

1. Veränderungen der relativen Position eines Landes durch Globalisierung

Ein bekannter Gegenstand internationaler Wohlstandsvergleiche ist der sogenannte Auf- und Abstieg von Nationen. So vertritt z. B. Woodall (1994, S. 10), die Auffassung daß China bis ins sechzehnte Jahrhundert hinein wahrscheinlich technisch das führende Land auf dem eurasischen Kontinent war. Erst danach entwikkelte sich Europa zum wirtschaftlich, technisch, politisch und militärisch führenden Bereich[14] – ein Prozeß, der weltweit zu dominantem Einfluß führte und erst in der zweiten Hälfte unseres Jahrhunderts im Zuge der Entkolonisierung an sein politisches Ende gelangte. Beachtlich ist hier, daß Großbritannien um 1750 zur wirtschaftlich und politisch führenden Nation der Welt aufstieg und gleichzeitig ein gewaltiges Kolonialreich eroberte. Die wirtschaftlich führende Position, einschließlich der von ihr ausgehenden „pax britannica", ging jedoch bereits mit dem ersten Weltkrieg verloren. An die Stelle der Briten traten die Vereinigten Staaten von Amerika.

Es gibt gegenwärtig eine Diskussion, ob die USA in naher Zukunft von einem anderen Staat abgelöst werden. Eine jüngere OECD-Prognose vertritt die Ansicht, daß unter den „großen Fünf", China, Indien, Indonesien, Brasilien und Rußland, denen sämtlich ein hohes Wachstumspotential bescheinigt wird, China hierzu die besten Aussichten habe. Das chinesische Sozialprodukt könne sich bis 2020 vervierfachen[15] und damit das der USA weit übertreffen. Mit gestiegener Wirtschaftskraft aber könnte China weltpolitisch und -militärisch eine ganz andere Rolle als bisher beanspruchen und spielen. Unabhängig davon aber würden die „Fünf Großen" in zwanzig Jahren fast zwei Drittel der Weltproduktion erstellen (statt wie bisher nur zwei Fünftel) und der Anteil der vierundzwanzig OECD-Staaten, die jetzt noch fast drei Fünftel der Weltproduktion erzeugen, würde in den nächsten beiden Jahrzehnten auf ein Drittel zurückgehen.

---

[14] Zu den Triebkräften des „Europäischen Wunders" (Jones), das sich auf der Grundlage der Vielfalt der europäischen Staatenwelt und nicht der politischen Einheit Europas vollzog, siehe u. a. die Arbeiten von Weede (1990, 40 ff.).

[15] Vgl. o. V.: Die Welt vom 28. Juni 1997, S. 14, China wird größte Wirtschaftsmacht. – Ähnlich auch Woodall, 1994, S. 10.

Langfristige Prognosen sind riskant und oft genug falsch. Die Veränderung der relativen wirtschaftlichen Position eines Landes aber ist ein in der Weltgeschichte geläufiges Phänomen, wie nicht zuletzt die reiche Literatur über „Aufstieg und Fall“ von Nationen verdeutlicht. Im übrigen aber sind rückläufige Prozentanteile an der Weltproduktion solange kein Anlaß zur Besorgnis, wie sie sich nicht mit abnehmendem Einkommen der Bevölkerung paaren. Das zeigt das Beispiel der USA. Deren Anteil an der Weltproduktion belief sich 1950 auf rund 50 vH. Mittlerweile ist er im Zuge des Anstiegs der Produktion in den übrigen Industrieländern und in den Schwellenländern auf 25 vH gefallen. Gleichwohl haben die USA vom wachsenden Wohlstand ihrer Handelspartner erheblich profitiert, denn die schnelle Expansion in Europa und in Japan vor allem in den fünfziger und sechziger Jahren hat, so Woodall (1994, S. 10), zum höchsten Wachstum des Pro-Kopf-Einkommens in der Geschichte der USA geführt. Ähnliches könnte sich künftig für die alten Industrieländer Europas infolge der Globalisierung ergeben. Ein solcher Prozeß wäre eine weitere Bestätigung des Diktums, daß in der Marktwirtschaft die reichen Länder vom Reichtum ihrer Nachbarn profitieren. Arme Nachbarn hingegen sind schlechte Kunden.

2. Der Rückfall in den Merkantilismus und das „Kapitalismus pur“-Argument

Gegen die Marktöffnungen, die notwendig mit jeder Intensivierung der internationalen wirtschaftlichen Integration einhergehen, und dem daraus resultierenden verschärften Wettbewerb richten sich zahlreiche Argumente. Sie sind größtenteils aus den Diskussionen über den internationalen Handel bekannt. Bemerkenswert ist allerdings die Verschiebung der Fronten in der öffentlichen Diskussion. Noch in den siebziger und achtziger Jahren galten Entwicklungsländer als hilfs- und unterstützungsbedürftig, jetzt aber richtet sich – im Zuge des wirtschaftlichen Erstarkens zahlreicher Staaten der dritten Welt – gegen sie der Vorwurf, daß sie die traditionellen Industrieländer durch ihr Verhalten schädigten, ja in einigen Kritiken heißt es sogar, daß im Zeitalter des „grenzenlosen“ Wirtschaftens ein neuer „schrankenloser Kapitalismus“ oder „Kapitalismus pur“ die erste Welt, die alten Industrieländer, bedrohe. Internationaler Austausch (oder die indirekte Produktion durch Handel) wird hier nicht länger als eine wirtschaftliche Beziehung begriffen, von der beide Tauschpartner profitieren, sondern der Güterverkehr und die Produktion über Grenzen hinweg wird als ein Null-Summen-Spiel[16] aufgefaßt, in dem der Vorteil des einen notwendig den Nachteil des anderen bedeutet. Damit leben teils

16 Dieser Ausdruck stammt aus der in neuerer Zeit sich schnell entwickelnden ökonomischen Theorie der Spiele, die wirtschaftliche Beziehungen in Analogie zu Gesellschaftsspielen interpretiert. Zu beachten ist, daß viele Gesellschaftsspiele (Schach, die meisten Kartenspiele) sogenante Null-Summen-Spiele sind, da der Gewinn der einen Partei den Verlust der anderen zur Folge hat. Im spieltheoretischen Paradigma ist der Tausch am Markt jedoch ein Positiv-Summen-Spiel. Beide Marktpartner verbessern ihre Postition dadurch, daß sie in ihrer persönlichen Wertschätzung geringer geschätzte gegen höher geschätzte Güter eintauschen.

längst widerlegte merkantilistische Denkmuster wieder auf, nach denen der Reichtum, den ein Land bzw. seine Bevölkerung durch Außenhandel erwirbt, zwangsläufig einem anderen Land entzogen sein muß[17]. Warum in einer solchen Welt Tauschhandlungen auf freiwilliger Basis zwischen Personen, Unternehmen und Organisationen aller Art stattfinden, bleibt das bisher allerdings ungelüftete Geheimnis merkantilistischer Positionen.

Das „Kapitalismus pur"- Argument ist dem vorgenannten eng verwandt. Es baut auf der Überlegung auf, daß es in den Zivilgesellschaften unserer Tage erstmals gelungen sei, Marktwirtschaft und Demokratie, Wohlstand und sozialen Ausgleich, Eigennutz und Solidarität, Freiheit und Chancengerechtigkeit im Rahmen einer aufgeklärten und sozialen Marktwirtschaft miteinander zu verbinden und erfolgreich gegen den kommunistischen Totalitarismus und seine weltweiten Ambitionen zu verteidigen. Die kommunistische Bedrohung aber habe, solange sie bestand, die ungewollte Folge gehabt, daß die Kapitalisten und die ihnen gleichzustellenden Finanziers unter den Bedingungen einer Demokratie auf die Arbeitnehmer Rücksicht nehmen mußten, um zu verhindern, daß diese mit den Stimmzetteln ein sozialistisches Regime herbeiwählten. Mit dem Zusammenbruch des Sozialismus sei der wesentliche Grund für diese politische Rücksichtnahme entfallen. Die „nackte Herrschaft der Märkte" (so Noé, 1996) könne sich somit erneut entfalten.

Dem ist entgegen zu halten, daß „Globalisierung" nur ein neuer und nicht einmal besonders glücklicher Ausdruck für einen langfristigen Prozeß ist, der sich über die letzten Jahrzehnte erstreckt, also auch vor allem über den Zeitraum, in dem die kommunistische Diktatur als festgefügt und unveränderbar galt. In der gesamten „Globalisierungsperiode" aber entwickelte sich der Welthandel bis heute kontinuierlich. Mit dem vermeintlichen Hereinbrechen der „nackten Herrschaft der Märkte" jedoch müßte eine Zäsur verbunden sein, etwa ein außerordentlicher Anstieg der Welthandelsumsätze oder ähnliches. Die Statistiken geben das jedoch nicht her. Darüber hinaus aber müßte sich beobachten lassen, daß plutokratische Parteien, die die Sache der Kapitalisten und Finanziers auf ihre Fahnen schreiben, aufkommen und daß sie Wahlen gewinnen. Stattdessen vermitteln die älteren westlichen Demokratien den Eindruck, daß ihr politisches System so gut wie nicht vom Zusammenbruch des Sozialismus tangiert wurde. Es herrschen weiterhin die gleichen Parteien mit ihren überkommenen wohlfahrtsstaatlichen Programmen. Ebensowenig hat sich die Struktur der Verteilungskoalitionen und der Interessengruppen

[17] So zitiert Onken (1922, S. 152) einen bekannten Ausspruch Voltaires, der diesen Sachverhalt so formuliert: „Il es clair qu'un pays ne peut gagner sans qu'un autre perdre". Aus dieser Denkweise ergeben sich, wie Onken hervorhebt, die beiden wichtigsten Empfehlungen der Merkantilisten: die Aktivierung der politischen und der Handelsbilanz. Die Machtbilanz war dabei vornehmlich durch militärische Maßnahmen günstig zu gestalten, während der gleiche Erfolg bei der Handelsbilanz auf einer geschickten Außenwirtschaftspolitik beruhen sollte (ebenda S. 153). Daß in einer solchen Welt der Konflikt und nicht die Kooperation vorherrschen muß, ergibt sich schon aus der einfachen Überlegung, daß nicht alle Staaten zugleich eine positive Handelsbilanz (hier gleich Zahlungsbilanz) haben können.

nachhaltig verändert. Und an den wenigen Fällen, in denen nicht mehr finanzierbare Wohlfahrtsstaaten erfolgreich einer Reform unterworfen wurden (so in den Niederlanden und in Neuseeland), waren sozialistische Parteien entscheidend beteiligt.

3. Schädigen Importe aus den aufsteigenden Staaten die wohlhabenden Länder?

Die Globalisierung hat viele im einzelnen schwer zu erfassende Aspekte und Facetten. Sie wird in den wohlhabenden Ländern in der öffentlichen Diskussion nicht in erster Linie aus weltwirtschaftlicher Perspektive beurteilt, sondern aus nationaler Sicht, und zwar ob sie – tatsächlich oder bloß vermeintlich – den nationalen Wohlstand fördert oder beeinträchtigt. Zu den Standardargumenten der Kritiker gehört dabei die Behauptung, daß der wachsende Importdruck aus den Entwicklungsländern Arbeitsplätze vernichte und damit die schon bestehende Arbeitslosigkeit noch weiter verschärfe. Daran knüpft sich – ausgesprochen oder unausgesprochen – die Forderung, mittels handelsbeschränkender Maßnahmen – ihre Zahl ist groß – Arbeitsplätze zu sichern und zu erhalten.

Dieses Argument hat mehrere Aspekte. Zunächst trifft es zu, daß Importgüter heimische Wettbewerber gefährden und in vielen Fällen auch verdrängen, also Arbeitsplätze zerstören oder erst gar nicht entstehen lassen. Sollte man deswegen dem Vorschlag folgen, z. B. eine Luxussteuer in Form der Mehrwertsteuer in Höhe von dreißig Prozent auf „Immobilienkäufe über den Eigenbedarf am Wohnort hinaus, Luxuslimousinen, Hochsee-Yachten, Privatflugzeuge, hochwertigen Schmuck, kosmetische Chirurgie und anderes" zu erheben?[18] Das wäre in der Tat sowohl ein „Angriff"[19] auf den Wohlstand Deutschlands als auch des jeweiligen Exportlandes. Für letzteres entfielen Arbeitsplätze und Einkommen in Folge der Verteuerung der betreffenden Waren durch die Steuer. Aber dieser Effekt braucht, so müßten die Befürworter argumentieren, das Inland nicht sonderlich zu kümmern, denn die importierten Güter könnten ja durch eigene Produktionen mit entsprechenden Einkommens- und Beschäftigungszuwächsen ersetzt werden. Aber das ist ökonomisch gesehen nicht die ganze Geschichte. Werden preis- und kostengünstigere Auslandsgüter durch Eigenproduktionen ersetzt, dann werden gleichzeitig Vorteile der internationalen Arbeitsteilung abgebaut. Im Inland müssen die Produktionsfaktoren für die Erstellung der Auslandsgüter von der Exportgüterindustrie (oder von der Erzeugung anderer nichthandelbarer Güter) abgezogen werden. Das bewirkt, daß Faktoren in weniger günstige Verwendungen gelangen, die betreffende Inlandsproduktion sich also verteuert. Aber auch die Rückwirkungen einer Luxussteuer auf das Ausland kann den Inländern nicht gleichgültig sein, denn im Handel werden, schiebt man den „Schleier des Geldes" beiseite, letztlich Güter gegen Gü-

---

18 Diese Forderung stellen z. B. Martin / Schumann 1997, S. 334 auf.

19 Siehe hierzu den Untertitel des Buches von Martin / Schumann.

ter getauscht. Stört also das Inland Exportmärkte des Auslandes durch die Einführung von Handelshemmnissen, so entfällt dort auch kaufkräftige Nachfrage, die sich auf inländische Exportgüter gerichtet hätte. Hier gehen – gewissermaßen spiegelbildlich – ebenfalls Einkommen und Beschäftigungen zurück. Oder kurz ausgedrückt, beide Handelspartner, das Inland und das Ausland, werden durch die einseitige Steuererhöhung geschädigt. Und am Ende stehen beide schlechter da, weil sie komparative Vorteile aufgegeben haben.

Was für ein einfaches statisches Beispiel gilt, gilt ebenso für den gleichen Prozeß in einer dynamischen Wirtschaft. Wie aber sähe die ökonomisch sinnvolle Lösung aus? Das eigentliche Problem ist die fortwährende Anpassung an die sich in einer dynamischen Wirtschaft fortlaufend ändernden Nachfrage- und Angebotsstrukturen. Zur Bewältigung dieses Problems stellt ein marktwirtschaftliches System den relativ besten Rahmen dar, verglichen mit allen anderen bekannten Wirtschaftssystemen, angefangen von der zentralen Planwirtschaft bis hin zur Arbeiterselbstverwaltung; denn es beruht auf flexiblen Preisen, die fortwährend die Veränderungen auf den Märkten anzeigen und signalisieren, wo sich gewinnträchtige und verlustbringende Entwicklungen anbahnen.

Wird den Marktsignalen gefolgt, was auch die Anpassung jedes einzelnen bedingt, so entfaltet sich Prosperität, wie in neuerer Zeit am Beispiel der südostasiatischen Länder sichtbar wird. Fehlt die Anpassungsbereitschaft, so ist Arbeitslosigkeit eine unvermeidbare Folge. Passen sich die Produzenten, d. s. Arbeiter und Unternehmer, jedoch an, so erzeugt der internationale Handel, d. h. die indirekte Produktion über die Landesgrenzen hinweg, auf mittlere Sicht keine negative Wirkung im Hinblick auf die Gesamtbeschäftigung. Denn es erfolgt eine Wanderung von den nicht mehr wettbewerbsfähigen Importindustrien zu den konkurrenzfähigen Exportindustrien. Sie ist das eigentliche ökonomische und wirtschaftliche Problem.

Und wie gewichtig ist das Importproblem nach Aussagen der Handelsstatistiken? Für die Industrieländer insgesamt belaufen sich die Importe aus Ländern der dritten Welt auf wenige Prozent der Gesamtimporte. Daraus wird vielfach der Schluß gezogen, daß keine ernsthafte Bedrohung infolge der Globalisierung vorläge. Aber selbst wenn dieses Argument nicht akzeptiert wird oder sich die Importe auf bestimmte Sektoren konzentrieren sollten oder in Zukunft dramatisch zunähmen, im Mittelpunkt bliebe das Anpassungsproblem. Steigende Importe erzeugen einen Wettbewerbsdruck in den mit ihnen konkurrierenden Industrien. Löhne und Absatzpreise sind davon – gesamtwirtschaftlich effizienzsteigernd – betroffen. Werden im Schumpeterschen Sinne der „schöpferischen Zerstörung" Produktionen verdrängt, so kommt es darauf an, wie „schöpferisch" die Menschen sind, um neues zu beginnen. Es geht also darum, wie die Anreize in einem Land beschaffen sind, Innovationen durchzusetzen, neue Produkte zu erfinden und althergebrachte Gewohnheiten durch verbesserte Praktiken zu ersetzen.

4. Die Abwanderung von Industrien in Niedriglohnländer

Die Möglichkeiten zur internationalen Wanderung von Kapital haben im vergangenen Jahrzehnt eine Ausdehnung erfahren, wie sie wahrscheinlich nicht einmal in der Zeit des Goldstandards bestand. An die hohe Kapitalmobilität knüpfen sich Befürchtungen, die – falls sie sich bewahrheiten sollten – in der Tat Anlaß zur Sorge wären. Globalisierungsgegner beschreiben die Lage so, daß ein Wettlauf in Richtung niedrigster Löhne und höchster Effizienz eingesetzt habe. Die leichte Übertragung moderner Technologie in aller Herren Länder mache es den Unternehmern möglich, in die Regionen mit den niedrigsten Lohnkosten abzuwandern und die besten Produktionsverfahren mit den niedrigsten Kosten zu kombinieren, um so höchste Gewinne zu erzielen. Dabei wäre es, angesichts der wirtschaftlichen Nöte vieler Entwicklungsländer, „den Kapitalisten" möglich, den jeweiligen Regierungen die Bedingungen ihrer Ansiedlung zu diktieren, also die Produktionskosten nochmals zu senken und die Gewinne zu erhöhen.

Auch dies ist eine vergröbernde und irreleitende Sicht der eigentlichen Probleme. Zutreffend ist, daß eine abrupte und dauerhafte Verlagerung von zahlreichen Produktionsstätten in Entwicklungs- oder Schwellenländer in den bisherigen Industriestaaten große Probleme hervorrufen würde. Der vorhandene Produktionskapitalbestand würde nicht mehr erneuert und damit abschmelzen. Würden die heimischen Arbeitskräfte dem abwandernden Kapital folgen, so müßten sie damit rechnen, in den fremden Ländern auf eine Bevölkerung zu treffen, die in ihnen unwillkommene Konkurrenten am Arbeitsmarkt sähe. Der Verzicht auf Migration aber hätte Arbeitslosigkeit oder geringere Einkommen in den Heimatländern zur Folge. Im einen wie im anderen Falle wären Konflikte und soziale Spannungen zu befürchten.

Ein solches Szenario vernachlässigt sowohl die tatsächliche gegenwärtige Lage als auch die Rückkopplungsmechanismen der Märkte, die bei „einseitigen" Kapitalwanderungen wirksam werden. Dort, wo Kapital zuströmt und sich die wirtschaftliche Lage verbessert, kommt es zu höherer Beschäftigung und nach aller Erfahrung über kurz oder lang zu Forderungen nach höheren Löhnen. Damit verschlechtert sich jedoch die Kostensituation des betreffenden Landes und das ursprüngliche Abwanderungsland gewinnt bei flexiblen Löhnen und Preisen neue Chancen als Kapitalimportland. Je reibungsloser aber der wirtschaftliche Prozeß abläuft, um so geringer werden die Ausschläge nach oben und unten sein.

Und wie verhält es sich in der Realität? In Deutschland wird die unausgewogene Bilanz der Direktinvestitionen – sie sind Ausdruck von Kapitalwanderungen – lebhaft im Rahmen der Standortdiskussion erörtert. Den hohen deutschen Direktinvestitionen im Ausland stehen seit Jahren nur bescheidene Zuflüsse gegenüber. Daraus wird eine akute Standortschwäche der Bundesrepublik abgeleitet. Genauere Analysen der tatsächlichen Bewegungen zeigen jedoch, daß diese vordergründige Beurteilung unbefriedigend ist und daß schon die Datenlage in vieler Hinsicht zu wünschen übrig läßt (Jost 1997, S. 60 f.). Deutsche Investitionen im Ausland erfolgen aus einer Vielzahl von Gründen, vor allem aber zur Absicherung von Auslandsmärkten. Eine Präsenz vor Ort verfolgt das Ziel inländische Exportarbeitsplätze zu sichern, aber nicht sie zu verlagern. Aber selbst wenn die deutschen Direktinvestitionen im Ausland größtenteils Ausfluß hoher Löhne, hoher Steuern und abnehmender Wettbewerbsfähigkeit wären, so sollte das Wahrnehmen der exit-option (Hirschman) nicht etwa als ein Argument verstanden werden, um die Abwanderung von Kapital politisch zu erschweren, wie gefordert wird[20]. Einmal würde ein solches Vorgehen schon durch die bloße Ankündigungswirkung genau das bewirken, was nicht erstrebenswert ist, nämlich eine Erhöhung der Kapitalabwanderung bis hin zur Kapitalflucht. Zum anderen würde versäumt, das in die Wege zu leiten, was wirtschaftspolitisch nötig ist: eine Verbesserung der Standortbedingungen in Deutschland.

Unabhängig von den spezifischen Problemen der Bundesrepublik aber bedeutet die infolge der Globalisierung weltweit gestiegene Kapitalmobilität, daß sich die Chancen der Wohlstandssteigerung und damit auch des Abbaus von Armut erheblich verbessern; denn Kapital ist nicht länger in engen nationalen Räumen oder eventuell auch regionalen Wirtschaftsbündnissen gefangen, sondern es kann an die Orte seiner höchsten Erträge wandern. Das ist keine schlechte Botschaft für jene, denen es weltweit um eine Erhöhung des Lebensstandards geht.

IV. Globalisierung und Weltwirtschaftsordnung

„Globalisierung" im hier beschriebenen Sinn kann auch als Erweiterung der Marktfreiheit verstanden werden. Die nationale Souveränität im Sinne der Herrschaft der Politiker über den Bürger wird abgebaut und/oder schwindet als ungewolltes Produkt intensiverer Arbeitsteilung. Dem einzelnen ist es erlaubt, nicht nur im eigenen Lande als Unternehmer, Arbeitnehmer oder Investor tätig zu werden, sondern er kann sich hierzu auch andere Länder auswählen. Dabei ist zu beachten, daß die individuelle Wanderung noch auf Hemmnisse stößt, die andere Zeiten nicht kannten. Nahezu sprichwörtlich ist die amerikanische „green card" geworden – die permanente Arbeits- und Aufenthaltserlaubnis in den USA –, die zwar mittlerweile auch in staatlich veranstalteten Lotterien gewonnen werden kann, aber für weniger Glückliche häufig nur durch das Eingehen einer Scheinehe erlangbar ist. Die Behinderung der Moblität von Personen aber bedeutet nicht, daß es keine Substitute gibt. Der Handel über die Grenzen ist ein solches, denn in jedem Produkt wandert die in seine Herstellung geflossene Arbeitsmenge mit. Allerdings ersetzt Handel nicht vollständig die fehlende Mobilität.

Die Intensivierung der gesellschaftlichen Arbeitsteilung über die nationalen Grenzen hinweg und die Internationalisierung der Produktion – nur auf diesen Vorgang paßt im Grunde der Begriff „Globalisierung" – aber erfordert gleichzeitig

---

20 So Huffschmid (1997, S. 251).

auch den Ausbau und die Vertiefung der internationalen Rechtsgemeinschaft. Nur wenn es verläßliche Regeln gibt, kann die gesellschaftliche Arbeitsteilung global werden. Würden z. B. Lieferverträge in ähnlicher Weise nicht eingehalten werden, wie das in den ehemaligen Ostblockwirtschaften der Fall war, dann würde nicht nur die Produktion stocken, weil „kein Material da ist", sondern es würden gleichzeitig jene Verarmungsprozesse einsetzen, die zum Niedergang des Sozialismus geführt haben. Ein länderübergreifendes, verläßliches und funktionsfähiges Recht hat also einen bedeutenden gesellschaftlichen Nutzen[21].

Rechtsordnungen sind heute territorial gebunden, so daß der Satz gilt, daß der Umfang der gesellschaftlichen Arbeitsteilung von der Größe des Rechtsraumes abhängt[22]. Daraus folgt, daß die Integration weltweiter Produktionsaktivitäten nur in dem Umfang gelingen kann, wie einmal die Eigentumsrechte (im ökonomischen Sinne) gewährleistet und zum anderen Vertragsabschlüsse möglich sind, die bei Nichterfüllung mit Erfolg eingeklagt werden können. Beide Bedingungen sind jedoch in der heutigen Staatenwelt nicht durchgehend erfüllt[23]. Das hat weitreichende Konsequenzen für die Globalisierung, denn die unterschiedliche Qualität von Rechtsordnungen erhöht nicht nur die Kosten des globalen Produzierens (die sogenannten Transaktionskosten), sondern sie senkt auch das Ausmaß der erreichbaren Integration. Die oft geäußerte Vorstellung, daß mittlerweile „alles überall auf der Welt hergestellt und auch überall verkauft werden kann" (Thurow, 1996, S. 22) entspricht nicht der Realität. An dieser Stelle zeigt sich die Schwäche des Bildes, nach dem die moderne Informations- und Kommunikationstechnologie alles möglich macht und daß die Welt quasi von einem kapitalistischen Wirbelsturm heimgesucht wird, der alles einebnet. Hier werden elementare Zusammenhänge schlicht nicht beachtet. Von einem „zukünftigen Kapitalismus" mit Welteinheitsmarkt, Welteinheitsrecht und möglicherweise Weltstaat kann vorerst und auf lange Sicht keine Rede sein, und es wäre – auch aus ökonomischen Gründen – problematisch, die Entwicklung in dieser Richtung vorantreiben zu wollen[24].

Recht kann ein Geschöpf des Rechtsstaates sein; aber es kann ebenso gut auch spontan entstehen. Für letzteres ist das ius commune – eine Verbindung von römischem Recht mit mittelalterlichem Kirchenrecht – ein gutes Beispiel[25]. Heute

21 So konstatiert schon Adam Smith 1776/1976, S. 910: „Commerce and manufactures can seldom flourish long in any state which does not enjoy a regular administration of justice, in which the people do not feel themselves secure in the posession of their property and in which the faith of contracts is not supportet by law".

22 Diesen Aspekt haben besonders Schmidtchen und seine Schüler herausgearbeitet.

23 So kann sich in einigen Transformationsländern das „Wunder des Marktes" nicht entfalten, weil ein sog. „bandit capitalism" vorherrscht, in dem das Recht des Stärkeren gilt.

24 Siehe hierzu Watrin 1997, wo zu zeigen versucht wird, daß eine polyzentrische Welt mit verschiedenen Rechtsräumen unter dynamischen Aspekten Vorteile hat im Vergleich zu den oft propagierten Zentralisierungs- und Harmonisierungstendenzen.

25 Das ius commune wurde paradoxerweise durch die nationalen Rechtsvereinheitlichungen im Europa des 19. Jahrhunderts zerstört.

dürfte eine solche Evolution des Rechts keine große Chance haben. Im Zug der Zeit liegt die legislatorische Rechtsvereinheitlichung, die u. a. ihren Niederschlag in den Weltwirtschaftsorganisationen findet. Während davon ausgegangen werden kann, daß die Evolution des Rechts im Wege privater Vereinbarungen (private ordering) eine Entwicklung hervorruft, die zu effizienten Ausgestaltungen der internationalen Beziehungen führt, gilt dasselbe nicht für die Rechtsfortbildung in internationalen Organisationen. Hier besteht die Gefahr der Instrumentalisierung des Rechtes im Sinne ausgesprochener oder verhüllter nationaler Ziele. Dies wird deutlich an der Debatte um die weitere Ausgestaltung der Welthandelsordnung. Hier verbinden die wohlhabenderen westlichen Länder Zusagen zur Öffnung ihrer Märkte immer stärker mit der Forderung nach weltweiten Mindeststandards für Arbeit und für den Umweltschutz.

Mindeststandards für Arbeit werden meist mit dem Argument gefordert, daß das Los der Arbeiter in den ärmeren Ländern verbessert werden müsse. Mitunter wird auch geltend gemacht, die Entwicklungsländer hätten ansonsten einen ungerechtfertigten Lohnkostenvorteil. Verbunden wird das Verlangen nach Mindeststandards mit der Forderung nach weiteren Vorkehrungen für soziale Sicherheit in den betreffenden Ländern. Die Beispiele dort für Dickenssche Arbeitsbedingungen sind zahlreich und erschütternd. Sie reichen von der Kinderarbeit in Indien bis hin zu Zahlen bei Arbeitsunfällen, die im Vergleich zu westlichen Ländern exorbitant sind. Gleichwohl wird von den Vertretern vieler Entwicklungsländer der Einwand erhoben, daß ihnen eine erzwungene Angleichung an westliche Standards den einzigen Kostenvorteil nähme, den sie angesichts vieler anderer Nachteile besäßen, nämlich den Vorteil niedriger Arbeitskosten. Die sozialen Motive des Westens camouflierten folglich einen neuen Protektionismus. Das wirft die Frage auf, ob Handelssanktionen der wohlhabenden Länder wirklich geeignet sind, mehr als papierene Verbesserungen der Arbeitsbedingungen und Verbote von Kinderarbeit zu erreichen, und zwar vor allem angesichts einer Vielzahl von Ausweichmöglichkeiten in Ländern mit weniger ausgebildetem Rechtsstaat.

Das gleiche Problem tritt bei Umweltstandards auf. Sie sollen nach dem Willen einflußreicher politischer Bewegungen zum Gegenstand künftiger Handelsvereinbarungen werden. Handelssanktionen aber hätten ebenfalls die Folge, daß der Aufholprozeß der weniger wohlhabenden Länder aufgehalten, statt befördert würde. Und da Umweltschutz ein Gut ist, das erst mit steigendem Wohlstand nachgefragt wird, würde durch Handelsbeschränkungen auch das eigentliche Ziel, die Verbesserung der Umweltqualität nicht oder erst verzögert erreicht. Je größer die Armut ist, umso weniger erschwinglich ist der Umweltschutz.

Die Vorstellung, daß „unverfälschter Wettbewerb“, wie es in den Europäischen Verträgen heißt, oder „fairer Wettbewerb“ ein objektiver Maßstab für die Gestaltung der Weltwirtschaftsordnung sei, begegnet ebenso wie das Reklamieren von Sozialstandards nicht nur dem Verdacht, daß es sich hier um verborgenen Protektionismus handelt. Sie beachtet auch nicht, daß Länder – verstanden als politische

Gemeinschaften – unterschiedliche Vorstellungen darüber haben, was sie als gerecht oder nützlich ansehen. Hinzu kommt, daß die rund zweihundert Staaten, die die heutige Staatenwelt ausmachen, unterschiedliche Faktorausstattungen besitzen, die selbst wieder durch Politik, aber auch menschliches Handeln veränderbar sind. In den internationalen Wirtschaftsbeziehungen geht es darum, die unterschiedlichen relativen Vorteile – ökonomisch gesprochen die komparativen Kostenunterschiede – möglichst geschickt ins Spiel zu bringen. Das Beispiel der in den letzten hundertfünfzig Jahren wohlhabend gewordenen Länder zeigt dabei, daß es im Prozeß der Wohlstandsmehrung nicht nur, ja nicht einmal vorwiegend um die Befriedigung bloß materieller Bedürfnisse geht. „Offene Gesellschaften" zeigen sich auf vielen Gebieten schöpferisch, einfallsreich und innovierend. Nichts anderes sollte den Menschen unterstellt werden, die sich im Zuge der Globalisierung aus der Armutsfalle befreien wollen.

Der Internationale Währungsfonds vertritt die Ansicht, daß die Globalisierung die Welt durch einen neuen Wachstumsschub auf dem Wege zu allgemeinem Wohlstand ein gutes Stück voranbringen werde. Wenn dies das Ergebnis der künftigen Entwicklung sein sollte, dann nicht, weil unsichtbare Kräfte oder Trends es ohne eigenes Zutun bewirken, sondern weil viele das Gleiche mit Erfolg anstreben.

Literaturverzeichnis

Deutsches Institut für Wirtschaftsforschung (1997): Berlin, Wochenbericht 23 / 97 vom 5. Juni 1997, Globalisierung: Falle oder Wohlstandsquelle, S: 413 - 419

Fukuyama, Francis (1992): The End of History and the Lost Men, Avon Books, New York (deutsch unter dem Titel „Das Ende der Geschichte", München, 1992)

Haberler, Gottfried (1936): International Trade. London

Hirschman, Albert O. (1970): Exit, Voice and Loyality. Deutsch unter dem Titel: Abwanderung und Widerspruch (1974), Tübingen

Huffschmid, Jörg (1997): Globalisierung – das Ende der Wirtschaftspolitik? In: Wege zu einem anderen Europa. Hrsg. Beirat für gesellschafts-, wirtschafts- und umweltpolitische Alternativen, Köln

Hughes, Jonathan (1987): American Economic History (2. Aufl.) Glenview, Ill. und London, England

International Monetary Fund, World Economic Outlook, Globalization. Opportunities and Challenges. May 1997, Washington D.C.

Jones, Eric L. (1981): The European Miracle. Deutsch unter dem Titel: Das Wunder Europa, Tübingen (1991)

Jost, Thomas, (1997): Direktinvestitionen und Standort Deutschland. Diskussionspapier 2 / 97. Volkswirtschaftliche Forschungsgruppe der Deutschen Bundesbank

Martin, Hans-Peter / *Schumann*, Harald (1997): Die Globalisierungsfalle. Der Angriff auf Demokratie und Wohlstand, Hamburg

Marx, Karl / *Engels*, Friedrich (1948 / 1971): Manifest der kommunistischen Partei. In: Karl Marx, Werke Hrsg. von H. J. Lieber und P. Fürth. Wissenschaftliche Buchgesellschaft, Darmstadt

Noé, Claus (1996): Der Staat darf nicht abdanken. Die Zeit Nr. 47, 1996, S. 4

o. V.: China wird größte Wirtschaftsmacht. In: Die Welt vom 28. Juni 1997, S. 14

Olson, Mancur (1985): Aufstieg und Niedergang von Nationen. Ökonomisches Wachstum, Stagflation und soziale Starrheit, Tübingen

Onken, A. (1922): Geschichte der Nationalökonomie, Leipzig

Röpke, Wilhelm (1942): International Economic Desintegration, London

Schmidt-Trenz, H.-J. (1989): Außenhandel und Territorialität des Rechts. Baden-Baden

Schmidtchen, D. (1993): Neue Institutionenökonomik internationaler Transaktionen. In: Schlieper, U. und Schmidtchen, D.; Makro, Geld & Institutionen, Tübingen

Schumpeter, Joseph A. (1912 / 1926): Theorie der wirtschaftlichen Entwicklung (5. Aufl.), Berlin

Smith, Adam (1776 / 1976): An Enquiry into the Nature and Causes auf the Wealth of Nations (Glasgow Edition)

Thurow, Lester C. (1996): Die Zukunft des Kapitalismus, Düsseldorf-München

Watrin, Christian (1997): Integration durch Recht, in: Baur, Jürgen und Watrin, Christian, (Hrsg.) Recht und Wirtschaft der Europäischen Gemeinschaft auf dem Prüfstand, Köln

– (1998): Währung und Währungspolitik (erscheint im Fritz-Knapp-Verlag, Frankfurt, Enzyklopädisches Lexikon des Geld-, Banken- und Börsenwesens, hrsg. Friedrich Thießen)

Weede, Erich (1990): Wirtschaft, Staat und Gesellschaft. Zur Soziologie der kapitalistischen Marktwirtschaft und der Demokratie, Tübingen

Woodall, P. (1994): A Survey of the Global Economy, in: The Economist, 1. Oktober 1994 (Beilage)

Die Arbeitsmärkte der Zukunft und Wege zu mehr Beschäftigung

Von Gerhard D. Kleinhenz

I. Ist die gegenwärtige Arbeitsmarktkrise der Anfang vom „Ende der Arbeitsgesellschaft"?

Wirtschafts- und Beschäftigungskrisen haben schon immer Endzeitstimmungen ausgelöst; daß wir kurz vor einem Jahrtausendwechsel stehen, kann düstere Prophezeiungen wohl noch besonders befördern. Angesichts der hartnäckigen aktuellen Arbeitsmarktkrise schwillt der Chor der selbsternannten Propheten immer mehr an, die das Ende der Arbeit und der Arbeitsgesellschaft gekommen sehen. Wenn hier nicht in diesen Chor eingestimmt wird, hat das nichts damit zu tun, daß der Ernst der Lage am Arbeitsmarkt und damit der Ernst der Situation des gesamten Ordnungskonzeptes unseres Gemeinwesens als freiheitlicher Rechts- und Sozialstaat unterschätzt werden würde – ganz im Gegenteil!

Das Ausmaß des Arbeitsmarktungleichgewichts braucht hier nur kurz skizziert werden; es ist weitgehend allgemein bekannt und oft hat man das Gefühl, es wird schon als normal angesehen und nicht mehr als Problem empfunden.

- Nach 4,66 Mio. im Januar d. J. hatten wir im August noch 4,37 Mio. Arbeitslose – die positiven Vorzeichen der vom Export getragenen konjunkturellen Entwicklung schlagen noch nicht auf den Arbeitsmarkt durch.
- Im Jahresdurchschnitt für 1997 ist angesichts der bisherigen Entwicklung am Arbeitsmarkt und der Einschränkungen bei der aktiven Arbeitsmarktpolitik mit mehr als 4,3 Mio. Arbeitslosen zu rechnen.
- Das gesamte Defizit an Arbeitsplätzen beträgt 7 bis 8 Mio., wenn man die ausgewiesene Arbeitslosigkeit, die stille Reserve und die in arbeitsmarktpolitischen Maßnahmen integrierten Personen berücksichtigt.
- Langzeitarbeitslose (31%) tragen praktisch 60% des Volumens an Arbeitslosigkeit, gemessen an der abgeschlossenen Dauer der in unserer Gesellschaft in Arbeitslosigkeit verbrachten Zeit.
- Seit Mitte der 70er Jahre hat sich die Arbeitslosenquote in Westdeutschland von Rezession zu Rezession treppenförmig erhöht und konnte auch im Konjunkturaufschwung nicht auf das frühere Niveau gesenkt werden.

Unzulässige Projektionen falscher Propheten: Wie ernst die Lage am Arbeitsmarkt auch sein mag, es gibt dennoch keine Gründe, zumindest keine durch empirische Wissenschaft abgesicherten Gründe, den „falschen Propheten" zu folgen, die ein Ende der Erwerbsarbeit und das Ende der „Arbeitsgesellschaft" vorhersagen.

Bei der These, der Arbeitsgesellschaft gehe die Arbeit aus, die in der populärwissenschaftlichen öffentlichen Diskussion über die Zukunft der Arbeit eine große Rolle spielt[1], vermischen sich uralte Sättigungshypothesen mit der auf J.A. Schumpeter zurückführbaren moderneren Vorstellung, die freiheitlich-kapitalistische Wirtschaft zerstöre gerade durch ihre hohe Leistungsfähigkeit und Produktivität ihre Existenzgrundlage, indem sie die Knappheit der Güter überwindet.

Zwar können die Anzeichen und Erfahrungen der Gegenwart mit der Häufung der Meldungen von Firmenzusammenbrüchen und Arbeitsplatzabbau durchaus die Plausibilität der Thesen einer vom Arbeitsmarkt abgekoppelten wirtschaftlichen Entwicklung und von einem Ende der bisherigen Arbeitsgesellschaft bestärken, eine Gesetzmäßigkeit, daß der Gesellschaft die Erwerbsarbeit ausgehe, ist jedoch nicht zu begründen.

- Gewiß hätten wir Anfang der 50er Jahre nicht geglaubt, daß ein Anteil von knapp 3% der Erwerbstätigen in der Landwirtschaft die Bevölkerung ausreichend mit Nahrungsmitteln versorgen und sogar noch Überschüsse produzieren könnte.
- Nur wenige hätten damit gerechnet, daß die gewerblichen Produktionskapazitäten in Westdeutschland (verstärkt durch Importe aus dem westlichen Ausland) ausreichend seien, um auch die zurückgestaute Güternachfrage der Bürger aus den Neuen Bundesländern schlagartig zu befriedigen.
- Selbst Experten sind überrascht über die Produktivitätsreserven, die sich durch „lean production" und „lean management" selbst auf hohem Niveau der Produktivität noch erschließen lassen.

Die Veränderungen in der Arbeitswelt mögen zwar gegenwärtig infolge des Abbaus industrieller Arbeitsplätze, infolge des transformationsbedingten, nachholenden Strukturwandels in den Neuen Bundesländern sowie infolge der Ausbreitung der Informations- und Kommunikationstechnologie und der fortschreitenden Internationalisierung der Wirtschaft besonders auffällig erscheinen, sie sind jedoch im einzelnen nicht grundsätzlich neu und gegenüber den bisherigen Trends auch nicht

---

[1] Die populärwissenschaftliche Debatte knüpft zwar nur in unzulässiger Vergröberung an wissenschaftliche Werke an, beinhaltet aber gerade durch ihren „Bezug auf Wissenschaft" ein besonderes Gefährdungspotential. Dieser Beitrag versteht sich auch als Auseinandersetzung mit der popularisierten These vom Ende der Arbeitsgesellschaft. Als wissenschaftlicher Hintergrund kann gelten: Rifkin, Jeremy: Das Ende der Arbeit und ihre Zukunft. Frankfurt 1995; Beck, Ulrich: Risikogesellschaft – auf dem Weg in eine andere Moderne. Frankfurt 1986. Auch die Berichte der Zukunftskommission der Staatsregierungen der Freistaaten Bayern und Sachsen werten diesen wissenschaftlichen Hintergrund aus.

übermäßig stark ausgeprägt. Vor dem Hintergrund eines anhaltend hohen Niveaus der Arbeitslosigkeit und im Zusammentreffen der verschiedenen Einflüsse auf die Arbeitswelt kann uns als Auflösung der „Arbeitsgesellschaft" und als Ende der Erwerbsarbeit überhaupt erscheinen, was auch „nur" als der lange schon sich abzeichnende Übergang von der Industrie- zur Dienstleistungsgesellschaft angesehen werden kann.

Auch der Produktivitätsfortschritt kann nicht als zwingende Begründung für ein Ende der Erwerbsarbeit herangezogen werden. Im mehrjährigen Durchschnitt sind die Produktivitätszuwächse gegenwärtig deutlich niedriger als früher, auch wenn selektiver Personalabbau und organisatorische Anpassungen vorübergehend einen deutlichen Produktivitätsanstieg ermöglicht haben. Mit dem Verweis auf den Produktivitätsfortschritt allein kann man jedoch auch die verbreitete These vom neuen „Wachstum ohne Arbeitsplätze" („jobless growth") nicht belegen. Ein ausreichendes Wachstum der gesamten wirtschaftlichen Nachfrage (Beschäftigungsschwelle) kann die Beschäftigung stabilisieren oder gar wachsen lassen. Wenn nur gewisse Anpassungen der Standortrahmenbedingungen und Entlastungen bei den Stückkosten erreicht würden, könnten die mehrjährige Investitions- und Wachstumsschwäche überwunden, die Beschäftigungsschwelle des Wachstums überschritten und auch wieder Beschäftigungszuwächse wie in den 80er Jahren erzielt werden.

Gewiß gibt es das Gesetz der Sättigung und des abnehmenden Grenznutzens bei fortgesetztem Konsum in einer begrenzten Zeiteinheit. Auf längere Sicht aber wachsen unsere Bedürfnisse in quantitativer, vor allem aber in qualitativer Hinsicht mit den Möglichkeiten zu ihrer Befriedigung. Dies gilt sowohl für die private Güter- und Dienstleistungsnachfrage als auch für die kollektiven Entscheidungen zugunsten humaner Arbeits- und Lebensbedingungen sowie einer nachhaltigen Sicherung der Umweltqualität.

Wenn wir zudem die Wünsche nach Gütern und Dienstleistungen von „unendlich" vielen Menschen in den weniger entwickelten Ländern der Welt bedenken, braucht eine Sättigung selbst bei den herkömmlichen Ge- und Verbrauchsgütern in menschlichen Zeithorizonten noch nicht befürchtet werden. Ein solches weltweites Wachstum der Nachfrage kann durch verstärkten Handel der Industrieländer mit den Entwicklungsländern und eine allmähliche Angleichung des Wohlstands erreicht werden. Schließlich muß bei einem weltweiten Wohlstandswachstum auch „die Umweltkatastrophe" nicht zwingend befürchtet werden, weil sich in einer grundsätzlich freien Weltwirtschaft auch die gewünschte Umweltverträglichkeit der Güter und der Produktionsprozesse in qualitativem Wachstum niederschlägt, wenn sich die Weltgemeinschaft nur auf ausreichende Mindeststandards von Umweltnormen, Umweltabgaben oder Umweltanreizen verständigt.

Die These vom Ende der Erwerbsarbeit kann auch nicht als erfahrungswissenschaftlich begründet gelten, weil sie mit dem bloßen Fortschreiben ausgewählter „Trends" nur *einen möglichen* Zukunftszustand von einer Vielzahl möglicher Zukunftssituationen beschreibt. Das „Ende der Erwerbsarbeit" ist nicht unausweichlich, es sei denn, wir tragen selbst zur Selbsterfüllung dieser Vorhersage bei.

Erfahrungswissenschaft kann uns sehr wohl informieren, wie die Arbeitswelt der Zukunft unter bestimmten Bedingungen aussehen könnte. Welche der möglichen Zukunftszustände wir anstreben sollen, müssen wir schon selbst entscheiden, und wir müssen auch den Mut aufbringen und die Verantwortung für die Verwirklichung der gewollten Zukunft übernehmen. Ohne Entdeckerpersönlichkeiten, ohne Unternehmer- und Sozialpioniere, ohne Menschen mit „aufrechtem Gang" hätten wir in der Vergangenheit keinen wirtschaftlichen und sozialen Fortschritt und keinen gesellschaftlichen Modernisierungsprozeß gehabt; und ohne das Streben nach einem Beitrag zur Lösung der kollektiven Probleme bei einer großen Zahl von Bürgern werden wir die Zukunft nicht meistern. Ohne Mut zur Zukunft werden wir auch die fortschreitend möglich werdende *leistungsfähige* und zugleich *humane Arbeitsgesellschaft* nicht verwirklichen können.

II. Zukunftstrends für die Entwicklung der Erwerbsarbeit

1. Technischer, wirtschaftlicher und gesellschaftlicher Wandel verändern die zukünftige Arbeitswelt

Zukunftsszenarien für die Arbeitswelt lassen sich durch Bündel von sog. „Megatrends" des technischen, wirtschaftlichen und gesellschaftlichen Wandels entwerfen.[2] Die Medien und die Öffentlichkeit greifen gerne wieder einzelne Entwicklungstrends übersteigert als allein zukunftstypisch heraus. So kommt dann z. B. sehr schnell ein Zukunftsbild zustande, nach dem alle bald nur noch *Telearbeit* betreiben, isoliert am PC, der nun allerdings zugleich Arbeit, Heim und Freizeit darstellt. Dabei sind alle hochgradig vernetzt, werden aber zunehmend der normalen zwischenmenschlichen Kommunikation entwöhnt.

Aus dem Angebot der oft auch subjektiv bestimmten Megatrends möchte ich mich auf die drei konzentrieren, die heute für die Veränderungen der Arbeitswelt überwiegend als dominant angesehen werden:

- Individualisierung,
- Informatisierung und
- Internationalisierung (Globalisierung).

In der Gegenwart vollzieht sich der Wandel von Beschäftigungsstruktur und Arbeitswelt verstärkt dadurch, daß traditionelle Vollzeit-Industriearbeitsverhältnisse wegfallen und neue „Arbeitsplätze" vermehrt im Zusammenhang mit neuen Tätigkeiten und Formen der Erwerbsarbeit entstehen. Die gesellschaftlichen „Mega-

---

2 Die „Megatrends" können selbst wieder als Versuche verstanden werden, die vielfältigen Erscheinungsformen und Ursachen des Wandels auf „universellere" Begriffe zu bringen.

trends" der Individualisierung, der Informatisierung und der Internationalisierung werden sich dabei zunehmend in der Beschäftigung niederschlagen. Dennoch vollzieht sich dieser Wandel nicht plötzlich und total (erdrutschartig), sondern allmählich und in hohem Maße auch im rekurrenten Anschluß an historisch gewachsene Strukturen und unter Verwertung herkömmlicher Qualifikationen bekannter Berufe. Schließlich wirken im Rahmen dieses Wandels der Arbeitswelt die (in der sozialwissenschaftlichen Betrachtung dieses Wandels wenig beachteten) ökonomischen Gesetzmäßigkeiten von Angebot und Nachfrage nach Arbeit, die auch durch die sozialstaatliche Institutionalisierung des Arbeitsmarktes nicht außer Kraft gesetzt werden können.[3] Die Bedeutung der ökonomischen Gesetze wird sich mit wachsendem weltweiten Wettbewerb noch verstärken.

2. Die Zukunft der Erwerbsarbeit wächst aus historischen Strukturen

Für den Wandel der Formen von Erwerbsarbeit ergibt sich eine Prägung durch historische Strukturen („history matters"), durch die technologischen und gesellschaftlichen „Megatrends" sowie durch das Wirken ökonomischer Gesetzmäßigkeiten. Der Wandlungsprozeß wird sich daher als Fortsetzung der folgenden konkreten Entwicklungstrends erweisen:

- Der technologische und sektorale Strukturwandel wird sich auf dem Arbeitsmarkt in Deutschland mit einer weiteren Verlagerung der Nachfrage von industrieller Arbeit zu Dienstleistungstätigkeiten fortsetzen (Drei-Sektoren-Hypothese – Clark, Fourastié). Dabei werden sich die bisherigen *Trends der Tertiarisierung* mit einem neuen Schwerpunkt bei Informations- und Kommunikationstätigkeiten fortsetzen.
- Seit zwei Jahrzehnten erörtern wir die Auflösung des Normalarbeitsverhältnisses. Insbesondere auf dem Gebiet der Teilzeitarbeit, Betriebs- und Arbeitszeitflexibilisierung sind zwar gewisse „Fortschritte" erzielt worden. Dennoch ist die Ausweitung von Teilzeitarbeit und neuen flexiblen Arbeitsformen erst wenig vorangekommen. Der Einfluß der Entstandardisierung und Individualisierung

3 Zu diesen ökonomischen Gesetzen gehört, daß zwischen grundsätzlich freien Partnern ein „Werkvertrag" oder eine „Beschäftigung" nur zustandekommt, wenn die Vorstellungen von Anbietern an Arbeit mit den Vorstellungen der Nachfrager nach Arbeit zur Übereinstimmung kommen. Das Verhältnis von Angebot an und Nachfrage nach Arbeit, d. h. die gesellschaftliche Knappheit der Arbeit, schlägt sich jeweils im (effektiven) Reallohn nieder. Dabei wird ein gewinnmaximierender Unternehmer (und ein unter Wettbewerb agierender Unternehmer ist unter der Drohung des Marktaustritts dazu gezwungen), aber auch jeder rationale Leiter einer caritativen Einrichtung mit begrenztem Budget Arbeit nur so lange nachfragen, wie sie ihm (insgesamt) mehr (bzw. mindestens so viel) bringt, als sie ihn (insgesamt) kostet. Nach ökonomischen Gesetzen geht nicht die Arbeit an sich aus, aber die Nachfrage nach abhängiger Arbeit kann nicht zu Vollbeschäftigung führen, wenn die Gesamtheit der Ansprüche an Entlohnung für die Arbeit den am Markt erzielbaren Wert der mit dieser Arbeit erzeugten Leistung übersteigt.

wird eine Verwischung der Grenzen von Tätigkeiten in Familie, sozialen Netzen, Ehrenamt und Erwerbstätigkeit sowie von Selbständigkeit und abhängiger Beschäftigung herbeiführen. Die Kräfte des Wandels schlagen sich zudem in schwer erfaßbaren Formen „geringfügiger" Beschäftigung und Schattenwirtschaft nieder.

- Die IK-Technologie wird als neue Basistechnologie herkömmliche Produkte und Prozesse grundlegend verändern, eine Unschärfe der Berufsbilder begründen und eine Überwindung der Trennung von Arbeiten und Wohnen ermöglichen.
- Sich gegenseitig verstärkende Wechselwirkungen aus dem technischen und sozialen Wandel sowie aus der Globalisierung der Wirtschaft werden sich vor allem *zu Lasten einfacher* (gering qualifizierter) physischer *Arbeit* ergeben. Nach Szenarien für den Anfang des nächsten Jahrhunderts wird jeder zweite Arbeitsplatz für Ungelernte wegfallen, während sich der Bedarf für Hochschulabsolventen um rund 50% erhöht.

Weitere wichtige Entwicklungstrends in der Arbeitswelt können aufgrund des bisherigen Wandels auch in Zukunft als fortdauernd vermutet werden:

- Die Schaffung von neuen Arbeitsplätzen wird vermehrt von Neugründungen, von kleinen und mittelgroßen Unternehmen getragen.
- Während die größeren Städte Arbeitsplatzverluste erleiden, werden zunehmend im Umland der bisherigen Zentren Arbeitsplätze geschaffen.

III. Wege in die Zukunft der Arbeit

Die von der gegenwärtigen Arbeitsmarktkrise ausgehende Diskussion um das Ende der Arbeit erlaubt es nicht, von einer Analyse der Situation und Entwicklungstrends am Arbeitsmarkt unmittelbar zu Aussagen über Handlungsmöglichkeiten für die Verwirklichung eines hohen Beschäftigungsstandes überzugehen. Die Botschaft der selbsternannten Propheten, die europaweit offenbar immer mehr Anhänger auch bei öffentlichen Meinungsbildnern und selbst bei politisch Verantwortlichen zu finden scheint, stellt ja das traditionelle Ziel eines hohen Beschäftigungsstandes als überholt, als eine sowieso nicht mehr realisierbare Utopie dar und qualifiziert die herkömmlichen Strategien der Wirtschafts-, Beschäftigungs-, Arbeitsmarkt- und Sozialpolitik als nicht einmal mehr partiell-rationale Stückwerkstechnologie („piecemeal engineering") und als verfehltes Kurieren an Symptomen. Diese Strategien würden angesichts der Macht des Umbruchs in der Arbeitswelt nur noch vorübergehend verfolgt (und finanziert) werden können und zum Scheitern verurteilt sein.

In einer solchen Situation verlangt die Aufklärungsfunktion von Wissenschaft, daß man nicht nur die Argumente der Propheten des Endes entkräftet, sondern auch durch realistische Zukunftsszenarien die Möglichkeiten einer erstrebenswerten Zukunft der Arbeit aufzeigt, um den durch die Krise ausgelösten und durch verantwortungslos-intellektuelles Spiel mit Prophezeiungen vom Ende der Arbeitsgesellschaft geförderten Zukunftsängsten entgegenzuwirken und den Menschen einen Ansatzpunkt für die Ausbildung von Zukunftsvertrauen zu geben.

1. Der Stellenwert der Arbeit für die Selbstverwirklichung des Menschen als Leitbild

In den meisten abendländischen Sozialphilosophien spielt die menschliche Arbeit eine entscheidende Rolle für die Entfaltung und Entwicklung des Menschen – sowohl als Individuum (Person) als auch als Mitglied der Gesellschaft. Diese Feststellung gilt für den ursprünglichen Marxismus wie für einen sozial-liberalen Humanismus und für die christliche Soziallehre. In der christlichen Soziallehre ist Arbeit für den Menschen nicht nur Mühe (Arbeitsleid), sondern auch ein der Würde des Menschen entsprechendes Gut, weil sich der Mensch durch die Arbeit selbst als Mensch verwirklicht.

Der Stellenwert der Arbeit für die Lebenssituation und die Zufriedenheit der Menschen ist auch in der Gegenwart trotz „Freizeitorientierung" und „Genußstreben" nicht eigentlich vermindert. Dies zeigt sich vor allem in der Einschätzung und Beurteilung der Arbeitslosigkeit in Deutschland. Kein gesellschaftliches Problem wird in Ost und West so übereinstimmend und so beständig von einer so großen Mehrheit als politisches Problem erster Ordnung eingestuft wie die Arbeitslosigkeit. Arbeitslose empfinden den Verlust des Arbeitsplatzes als existenzielle Krise und längerdauernde Arbeitslosigkeit als soziale „Ausgrenzung" und Gefährdung von Selbstwertgefühl und persönlicher Kompetenz.[4]

Mit (moralisch) guten Gründen haben daher die beiden christlichen Kirchen in Deutschland in der Diskussionsgrundlage für den Konsultationsprozeß über ein gemeinsames Wort der Kirchen festgestellt, daß die anhaltend hohe Arbeitslosigkeit „eine ernsthafte Bedrohung der Humanität in unserer modernen Industriegesellschaft" darstellt und nach Wegen aus der Arbeitslosigkeit gesucht.[5]

Der Stellenwert der Arbeit hat sich auch im Zuge des gesellschaftlichen Wertewandels und für die im Wohlstand aufgewachsene junge Generation nicht vermindert. Daher breiten sich angesichts der gegenwärtigen Arbeitsmarktkrise bei Ju-

---

4 Vgl. Kleinhenz, Gerhard: Der Verlust des Arbeitsplatzes: Wirkungen auf das Leben und die sozioökonomische Stellung des Arbeitslosen, in: Harald Scherf (Hrsg.): Beschäftigungsprobleme hochentwickelter Volkswirtschaften. Berlin 1989, S. 519 ff.

5 Kirchenamt der Evangelischen Kirche in Deutschland und Sekretariat der Deutschen Bischofskonferenz (Hrsg.): Zur wirtschaftlichen und sozialen Lage in Deutschland. Diskussionsgrundlage für den Konsultationsprozeß über ein gemeinsames Wort der Kirchen. Hannover / Bonn 1994, S. 20.

gendlichen Zukunftsängste aus, die von der Unsicherheit in bezug auf die Erlangung eines befriedigenden Arbeitsplatzes bestimmt sind.

2. Alternativszenarien für die Zukunft von Arbeit und Beschäftigung

Es gibt eine Zukunft der Erwerbsarbeit, die sich in einem letztlich nicht vorherbestimmbaren, offenen Prozeß der freien Entfaltung und wettbewerblichen Interaktion der Menschen und Nationen dieser Welt verwirklichen wird. In diesem Prozeß sind immer sowohl historische Strukturen und Ausgangsbedingungen („history matters") als auch der vom freien Spiel der Kräfte im Wettbewerb ausgelöste Wandel zusammen bestimmend. Daher verändert auch ein historisch beschleunigter Wandel nicht plötzlich alles auf einmal und wirklich fundamental, sondern letztlich immer nur schrittweise.[6] Auch der ex post als Revolution einzustufende Prozeß der Industrialisierung im 19. Jahrhundert vollzog sich allmählich, mit einer Pionierrolle Englands, einem Nachziehen Deutschlands und der weiteren Ausbreitung in Europa. Die „Soziale Frage" des 19. Jahrhunderts wäre mit dem heutigen Wissen über Wirtschafts- und Sozialpolitik politisch besser beherrschbar gewesen, und die Erfindung einer freiheitlichen und sozial ausgestalteten Arbeitsmarktordnung und einer Politik der Sozialen Sicherung ermöglicht eine politische Gestaltung auch säkularer „Umbrüche" infolge „tektonischer" Verschiebungen im Gefüge der Weltwirtschaft.

Angesichts der historischen Ausgangsbedingungen in der Bundesrepublik Deutschland wird die Zukunft der Erwerbsarbeit nicht im Wettbewerb um (absolut) niedrige Löhne, Sozial- und Umweltstandards mit den weniger entwickelten Regionen der Welt gesichert werden können. Ein solcher, in der Öffentlichkeit durchaus immer wieder ins Auge gefaßter Versuch, wäre von vorneherein zum Scheitern verurteilt; er wäre auch nicht ökonomisch rational, weil er die komparativen Vorteile des „Standorts Deutschland" außer acht läßt und gefährdet. Angesichts der säkularen Tradition einer (im umfassenden Sinne) gewerblichen Entwicklung und Kultur der Erwerbsarbeit, angesichts einer hochentwickelten Infrastruktur und eines bewährten Systems dezentraler, kollektiver und privater, wirtschaftlicher und gesellschaftlicher Institutionen sowie insbesondere angesichts eines in großer Breite gut ausgebildeten und leistungsfähigen Potentials an Menschen werden auch in Zukunft am Standort Deutschland weltweit konkurrenzfähige Güter und Dienstleistungen produziert werden können, wenn in der Wirtschaft auf die Sicherung über-

---

6 Neuerungen benötigen, so rasant sie uns manchmal auch erscheinen mögen, eine oft nicht unerheblich lange Zeit, bis sie ihre maximale Ausbreitung in einer Gesellschaft erreichen. Die Ausbreitung der Auswirkungen von neuen „Megatrends" auf die Arbeitswelt lassen sich wie bei Produktlebenszyklen in Form von Lern- und Diffusionskurven darstellen, wobei die Wachstumsphase von Schlüsselgütern und -technologien (wie z. B. beim Automobil und auch nur auf nationale Märkte bezogen) mehrere Menschengenerationen dauern und durch technologische Änderungen (z. B. Wasserstoffantrieb) oder Erschließung neuer Märkte weiter hinausgeschoben werden kann.

legener Leistung gesetzt wird und die Ansprüche (insgesamt) im Rahmen des jeweiligen Wettbewerbsvorsprungs bleiben. Für die Erhaltung der Kombination „Hochleistungs- und Hochlohnland“ erscheint allerdings der sozialstaatliche Teil der Institutionen und eine sozialpolitische Moderation von Regeln der Erwerbsarbeit und der Verteilung des Volkseinkommens grundsätzlich ebenso unverzichtbar wie die Entfaltung und Wiedergewinnung der marktwirtschaftlichen Leistungsfähigkeit durch dynamischen Wettbewerb.

Die „schöne neue“ Arbeitswelt der Zukunft in der Bundesrepublik Deutschland könnte dann über den aufgezeigten Strukturwandel hinaus dadurch gekennzeichnet sein, daß die zunehmend gerade durch systemische[7] Produktivitätsfortschritte bestimmte globale Wettbewerbsfähigkeit und der volkswirtschaftliche Einkommenszuwachs bei angemessenem materiellen Wohlstandsniveau und fairer Verteilung zunehmend zugunsten einer humanen Gestaltung der Arbeits- und Lebensbedingungen sowie einer nachhaltigen Sicherung hoher Umweltqualität verwandt wird. Dieses Szenario[8] ist keine Utopie, sondern für Deutschland (und für andere frühindustrialisierte Länder) mindestens ebensogut realisierbar wie das „Ende der Arbeitsgesellschaft“. Nur dieses Szenario der Zukunft der Arbeit dürfte jedoch den Einstellungen der Menschen zur Erwerbsarbeit gerecht werden.

Die Verwirklichung einer zugleich humanen und leistungsfähigen Arbeitsgesellschaft in der Bundesrepublik Deutschland bedarf nur eines gewissen Zukunftsvertrauens der Menschen und des entschiedenen Handelns aller für Beschäftigung und Arbeitsmarkt mitverantwortlichen Akteure bei der Ausräumung von Steinen (Felsen) und Schwierigkeiten (Schikanen), die wir in den letzten Jahrzehnten dieser Zukunft der Arbeit in den Weg gelegt haben.

3. Herausforderungen für die Wirtschafts-, Arbeitsmarkt- und Sozialpolitik

Antworten auf die Frage nach den Wegen in die Zukunft der Erwerbsarbeit und die Verwirklichung einer nachhaltig positiven Entwicklung von Beschäftigung und Arbeitsmarkt am Standort Deutschland setzen eine hier nicht leistbare Diagnose der gegenwärtigen Arbeitsmarktkrise voraus. Die herkömmlichen Versuche, die Arbeitslosigkeit als konjunkturell und / oder strukturell zu erklären, betreffen entweder nur die „Spitze des Eisbergs“ oder erscheinen als zu pauschal. Vermutlich gibt es auch im Sommer 1997 noch eine nicht zu vernachlässigende konjunkturelle Unterauslastung der Kapazitäten (in starkem Maße in der Bauwirtschaft). Die Ver-

7 Die Produktivitätsfortschritte in der Bundesrepublik waren in jüngerer Zeit vor allem durch sozialorganisatorische Änderungen geprägt (Just-in-time-Logistik), die nur im Zusammenwirken hochqualifizierter Institutionen und Arbeitsgruppen realisierbar sind.

8 Dieses Bild der Zukunft der Arbeit möchte der Autor selbst aus methodischen Überzeugungen und empirisch begründeten Seins-Vermutungen gar nicht weiter konkretisieren, weil er einen konstruktivistischen Ordnungsentwurf mit einer offenen Gesellschaft nicht vereinbar ansieht.

mutungen eines Hysterese-Effektes infolge des Verlustes an Qualifikationen bei den Langzeitarbeitslosen sowie einer Zunahme von Mismatch-Problemen der unzureichenden Anpassung der „Profile“ von offenen Stellen und Arbeitslosen können das Niveau des gesamtwirtschaftlichen Defizits an Arbeitsplätzen von 7 - 8 Mio. nicht annähernd erklären. Man kommt nicht umhin, zur Erklärung der sich zuspitzenden Krisensituation am Arbeitsmarkt neben den exogenen Schocks der Vereinigung und der Liberalisierung in Mittel- und Ost-Europa auch die (populär oft als „strukturell“ bezeichneten) möglichen Ursachen in Form von Mängeln der historisch konkreten Ausgestaltung der „Sozialen Marktwirtschaft“ in Deutschland ins Auge zu fassen:

- eine unzureichende Funktionsfähigkeit der Marktwirtschaft, insbesondere der Arbeitsmärkte,
- eine Verstärkung von Ordnungsproblemen auf dem Arbeitsmarkt durch die Regelungen und die Finanzierung der Leistungen der Sozialen Sicherung („Lohnnebenkosten“) sowie
- eine durch Funktionsmängel von Arbeitsmarktordnung und Sozialer Sicherung mitbestimmte langjährige Investitionsschwäche (mit der Folge geringen Wachstums) am Standort Deutschland angesichts dramatisch steigender Herausforderungen und Intensivierung des Wettbewerbs bei der Neuverteilung von Arbeit und Wirtschaften in der Welt.

4. Ein Weg aus der Krise

Für die komplexe und gewaltige gesellschaftliche Aufgabe, den Weg für eine nachhaltig befriedigende Zukunftsentwicklung von Beschäftigung und Arbeitsmarkt zu bereiten, kann es aufgrund einer wissenschaftlichen (und „ehrlichen“) Analyse keine Patentrezepte geben, mit denen alle Probleme gleichzeitig gelöst werden können. Dennoch zeichnet sich aus der Interdependenz der Probleme ein „Königsweg“ ab, auf dem der Ausweg aus der Krise und schrittweise Problemlösungen gefunden und die notwendigen Handlungsspielräume eröffnet werden können. Bei diesem Weg ergibt sich ein absoluter Vorrang für alle Strategien, die kurz- bis mittelfristig mehr Beschäftigung (im 1. Arbeitsmarkt) schaffen können, weil nur durch einen entscheidenden Abbau der Arbeitslosigkeit auch ein Handlungsspielraum für die Bewältigung der erforderlichen Reformen einer Wiederbelebung der Sozialen Marktwirtschaft und eines Umbaus im Sozialstaat gewonnen werden kann. Eine erhebliche Minderung der Arbeitslosigkeit und das Wachstum der Beschäftigung könnten auch die gesamtwirtschaftliche Wachstumsentwicklung über die Ausweitung der Binnennachfrage stärken und verstetigen.

Das Institut für Arbeitsmarkt- und Berufsforschung (IAB) hat aufgrund von Simulationsrechnungen mit der IAB-Westphal Version des SYSIFO-Modells gezeigt, daß eine Halbierung der Arbeitslosigkeit durch ein konzertiert eingesetztes Maßnahmenbündel in einem Zeitraum von etwa 5 Jahren erreichbar ist.[9]

Im einzelnen könnte eine solche, an den von den Sozialpartnern unterstützten Strategieempfehlungen des IAB orientierte Strategie, bei der den Tarifpartnern eine Schlüsselrolle zukommt, folgendermaßen aussehen:

– Zwischen den Tarifpartnern könnte zunächst Einigkeit darüber hergestellt werden, die jahresdurchschnittliche Arbeitszeit bei mehr Flexibilität und Abkoppelung der Maschinenlaufzeiten von den individuellen Arbeitszeiten zu verringern. Dies könnte vornehmlich über einen gezielten Ausbau von Teilzeitarbeit geschehen. Dabei kommt auch ein weiterer Abbau von Überstunden in Betracht.

  Für den Ausbau von Teilzeitarbeit kann der Staat geeignete Rahmenbedingungen bereitstellen, die von den Tarifpartnern umgesetzt und von den Betrieben in allen Sektoren und Branchen durch ein kreatives Zeit- und Arbeitsplatzmanagement ausgeschöpft werden können. Förderung der Teilzeitarbeit kann auch dazu dienen, die krisenbedingten Zugangsprobleme junger Jahrgänge in den Beruf durch intelligente Altersteilzeitregelungen abzubauen und den Arbeitszeitbedürfnissen der Arbeitnehmerinnen / Arbeitnehmer und den Auftragsschwankungen der Betriebe besser gerecht zu werden.

– In der Lohnpolitik könnte längerfristig durch eine Produktivitätsorientierung ein Beitrag zur Ausweitung der Beschäftigung angestrebt werden. Mittelfristig sollten die Lohnzuwächse möglichst unter dem Produktivitätsfortschritt liegen und bei den Arbeitseinkommen lediglich ein Ausgleich für über die Qualitätsverbesserungen hinausgehende Preissteigerungen gewährt werden.

  Eine am Produktivitätsfortschritt ausgerichtete Lohnpolitik müßte jedoch mögliche Arbeitszeitverkürzungen, die durch Verschlankung der Belegschaften erreichten Produktivitätszuwächse und mögliche Verschlechterungen im Verhältnis von Import- zu Exportgüterpreisen („terms of trade") berücksichtigen. In Ostdeutschland sollten die tariflich vereinbarten Mindestanhebungen der Löhne solange (und insoweit) den Produktivitätszuwachs nicht ausschöpfen, bis die Produktivitätslücke zum Westen ausgeglichen ist.

– Lohnzuwächse unterhalb des Produktivitätsfortschrittes würden für die Arbeitnehmer auch über einen längeren Zeitraum akzeptabel sein, weil ein Zuwachs der Beschäftigung eine Senkung der Sozialbeiträge ermöglicht. Zudem könnte diese Strategie für Gewerkschaften und Arbeitnehmer annehmbar sein, wenn mit Gewinnbeteiligung und der Beteiligung der Arbeitnehmer am Produktivvermögen ernst gemacht wird.

– Eine zusätzliche beschäftigungswirksame Entlastung bei den Kosten des Produktionsfaktors Arbeit kann durch den Staat über eine Senkung der Sozialversi-

---

[9] Klauder, Wolfgang / Schnur, Peter / Zika, Gerd: Wege zu mehr Beschäftigung. In: IAB Werkstattbericht. 1996, Nr. 5.
Dies.: Strategien für mehr Beschäftigung. In: IAB Kurzbericht, 1996, Nr. 7.

cherungsbeiträge erreicht werden. Ein möglicher Weg hierzu wäre die Erhöhung der Bundeszuschüsse zu einigen sozialen Sicherungssystemen (Arbeitslosenversicherung, Rentenversicherung). Eine Finanzierung dieser erhöhten Staatsausgaben könnte über erhöhte Verbrauchssteuern erfolgen.

Ein zweites, eher mittel- und längerfristig erfolgversprechendes Strategiebündel auf dem Weg zu nachhaltiger Beschäftigungssicherung kann gesehen werden in der Wiedergewinnung marktwirtschaftlicher Flexibilität und Dynamik. Eine solche Politik umfaßt die bekannten, eher ordnungs- und angebotspolitischen Möglichkeiten einer Förderung eines dynamischen Wettbewerbs und der Verbesserung der Angebotsbedingungen durch Privatisierung, Deregulierung, Minderung der Steuerlast, Förderung der Gründung selbständiger Existenzen, Entfaltung einer neuen Kultur der eigenen Verantwortlichkeit und Freisetzung der Kreativitäts- und Innovationspotentiale der Gesellschaft.

Das dritte, ebenfalls eher mittel- und langfristig erfolgversprechende Strategiebündel besteht in einer konzeptionellen Reform des Sozialstaates, die an den (neoliberalen) Vorstellungen eines freiheitlichen subsidiären Sozialstaats bei den Gründern der „Sozialen Marktwirtschaft", insbesondere bei der theoretisch begründeten Integration von Marktwirtschaft und Sozialstaatlichkeit bei Walter Eucken orientiert sein könnte.[10]

Die Grundidee für eine Reform des Sozialstaates wäre dabei, den gewachsenen Möglichkeiten der normalen arbeitenden Bürger zur Persönlichkeitsentfaltung und zu eigenverantwortlicher mündiger Wahrnehmung von Lebensplanung und Risikomanagement Rechnung zu tragen.[11] Die „spezielle" Sozialpolitik würde sich verstärkt auf besonders Bedürftige konzentrieren. Die Reform des Sozialstaates könnte eine Verlagerung der Verantwortlichkeit von einzelnen Bürgern, gesellschaftlichen Institutionen und Staat und des Schwergewichtes der Ausrichtung von Eingriffen des Staates in bezug auf die soziale Gestaltung der Wettbewerbsbedingungen und der Startchancen begründen. Konkrete Schritte der Umsetzung einer solchen freiheitlichen Sozialpolitik könnten sein:

- Stärkung der Eigenverantwortung bei Krankheit
- Stärkung der Verantwortung der Selbstverwaltung der sozialen Sicherungseinrichtungen und der Sozialpartner für die Ausgestaltung des Sozialstaates
- Förderung der Investitionen in Humankapital durch berufliche Ausbildung und durch lebenslange Weiterbildung sowie der verstärkten Vermögensbildung aller Schichten der Bevölkerung.

---

10 Vgl. Kleinhenz, Gerhard D.: Sozialstaatlichkeit in der Konzeption der Sozialen Marktwirtschaft. In: Jahrbücher für Nationalökonomie und Statistik. Stuttgart 1997, Bd. 216/4+5, S. 392 ff.

11 Vgl. auch Kleinhenz, Gerhard D.: Die Zukunft des Sozialstaates. In: Hamburger Jahrbuch für Wirtschafts- und Gesellschaftspolitik, 37. Jahr, 1992, S. 43 ff.

Das Verständnis für die Notwendigkeit eines solchen Umbaus im Sozialstaat dürfte gerade im Zusammenhang mit den zu erwartenden Auswirkungen auf die Beschäftigung zu erreichen sein. Gerade die nachhaltige Sicherung der sozialstaatlichen Prägung der Ordnung der Bundesrepublik Deutschland verlangt gegenwärtig auch Reformen, die bei kurzfristiger Betrachtung als „Sozialabbau" mißverstanden und abgelehnt werden könnten.

Die Wechselseitigkeit von Wirtschaftspolitik und Sozialpolitik

Von Gernot Gutmann

I. Harmonie- und Antinomiebeziehungen

1. Daß es zwischen der Wirtschaft und dem Bereich des Sozialen – und daher auch zwischen der Politik zur Gestaltung von Wirtschaft und der Politik zur Gestaltung des Sozialbereichs einer Gesellschaft – vielerlei Wechselbeziehungen gibt, ist ganz offensichtlich. Dabei wird hier Sozialpolitik nicht nur im engeren Sinne als die Politik zur Sicherung des Einkommens von Arbeitnehmern verstanden, sondern u. a. auch als Arbeitnehmerschutzpolitik, als Arbeitsmarktpolitik, als Politik zur Ausgestaltung der Betriebs- und Unternehmensverfassung, als Familienpolitik und als Politik zur Einkommens- und Vermögensverteilung.[1] Bei diesen Wechselbeziehungen zwischen Wirtschaftspolitik und Sozialpolitik gibt es in der Realität Situationen, unter denen die in dem einen Politikfeld angestrebten Ziele und die eingesetzten Instrumente die in dem anderen Politikfeld verfolgten Ziele fördern; es kommt aber auch vor, daß sich die Politiken in den beiden Gestaltungsbereichen gegenseitig behindern.

So ist zweifellos eine sinnvolle Wirtschaftsordnungs- und -prozeßpolitik, mit deren Hilfe ein großes Sozialprodukt hervorgebracht werden kann, eine entscheidende Grundlage dafür, daß in einer Gesellschaft umfangreiche Sozialleistungen der verschiedensten Art möglich sind, was dazu beiträgt, die Realisierung sozialpolitischer Zielsetzungen positiv zu beeinflussen. Dies gilt auch in der umgekehrten Wirkungsrichtung. Befriedigende soziale Umstände, freiwillig oder durch Sozialpolitik herbeigeführt, können erheblich zur Leistungsmotivation von Menschen beitragen, was wiederum wirtschaftspolitische Bemühungen erleichtern wird. Ein mikroökonomisches Beispiel führt Ludwig Preller an.[2] „Große Warenhäuser, auch in Europa, haben Entsprechendes (Sitzgelegenheiten für Fließbandarbeiter der Ford-Werke in Detroit, G. G.) für ihre Verkäuferinnen eingeführt. Fabriken mannigfacher Art sind dahinter gekommen, daß ein ästhetisch gepflegter Arbeitsplatz und Arbeitsraum mit der ‚Stimmung' des Arbeitnehmers … auch die Leistung heben. Das letzte Beispiel zeigt, daß es der Leistungswille ist, der sozialpolitisch ge-

---

1 Vgl. Lampert 1991, S. 3.

2 Preller 1962, S. 159.

hoben wird, indem die Leistungsumstände ‚menschlich' gestaltet werden."[3] Zusammenhänge zwischen Wirtschaft und Sozialbereich derart, daß Sozialpolitik der Wirtschaftspolitik förderlich ist, lassen sich auch aus ordnungspolitischen Überlegungen von Walter Eucken ableiten, wenn er ausführt[4], daß es für die meisten Menschen kein zentrales Problem ihres Denkens ist, wie der alltägliche Wirtschaftsprozeß gelenkt wird – wenngleich gerade dieser Umstand entscheidend für den Grad der Versorgung einer Gesellschaft ist, sondern vielmehr die Frage, weshalb das Einkommen des Nachbarn höher ist als das eigene. Man wird daher davon ausgehen müssen, daß die Akzeptanz einer auch noch so leistungsfähigen Wirtschaftsordnung mit davon abhängig ist, daß es durch Sozialpolitik gelingt, diese Frage zu entschärfen. So gesehen erleichtert eine geeignete Sozialpolitik wirtschaftsordnungspolitische Aktivitäten, denn Sozialleistungen lassen sich in gewissem Umfang als Prämie für die Einwilligung in eine leistungsfähige Wirtschaftsordnung interpretieren. Die Aufgabe der Herbeiführung eines für die Gesamtordnung zweckmäßigen Zustands im Wechselspiel zwischen Wirtschaftspolitik und Sozialpolitik deutet Eucken an, wenn er verlangt:[5] „Herstellung eines möglichst störungsfreien Wirtschaftsprozesses, dadurch Ermöglichung einer zureichenden Gesamtversorgung und auf dieser Grundlage auch einer vernünftigen Verteilung; Entfaltung der Kräfte, die im einzelnen Menschen zur Verwirklichung streben und sinnvolle Einordnung dieser Kräfte in den Gesamtprozeß; mit alledem größtmögliche Verwirklichung von Gerechtigkeit, Sicherheit und Freiheit im menschlichen Zusammenleben."

Freilich sind auch Wechselbeziehungen zwischen Wirtschaftspolitik und Sozialpolitik beobachtbar, bei denen die Aktivitäten in dem einen Politikfeld störende Auswirkungen auf das andere haben. Ein solcher Fall mag vorliegen – um hier ein Beispiel aus der aktuellen Diskussion zu benutzen –, wenn es zu den *sozialpolitischen* Zielen der Gewerkschaften gehört, Arbeitnehmer im Falle von tatsächlicher (oder vorgetäuschter) Krankheit gegen einen Einkommensausfall dadurch zu schützen, daß die Unternehmungen veranlaßt werden, während der ersten Krankheitstage eine Entgeltfortzahlung zu leisten. Soweit nicht anderweitige Kompensationen vereinbart werden, ist hiermit eine Belastung der Betriebe mit erhöhten Lohnstückkosten verbunden, was die Realisierung der *wirtschaftspolitischen* Ziele einer Verbesserung der internationalen Wettbewerbsfähigkeit heimischer Unternehmungen und damit einer erhöhten Beschäftigung und eines höheren Wachstums des Sozialprodukts behindern muß. Es gibt in der Praxis vielerlei Situationen in der Art der Ausgestaltung des einen der beiden Politikbereiche – hier des sozialpolitischen –, bei denen es im anderen Politikfeld zu Ineffizienzen und Störungen kommt. Im Fall der Störung von Wirtschaftspolitik durch Sozialpolitik kann mit der Zeit „... die wirtschaftliche Basis, auf der der Sozialstaat beruht, unterminiert

3 Preller 1962, S. 159.

4 Eucken 1968, S. 11 f.

5 Eucken 1968, S. 190.

werden, so daß ein Teufelskreis aus rückläufiger wirtschaftlicher Leistungsfähigkeit, höheren Abgaben und Steuern bei gegebenen Sozialleistungen sowie einer weiteren Beeinträchtigung der ‚Wirtschaftskraft' entstehen könnte."[6] Und genau in diesem Licht werden gegenwärtig die Wechselseitigkeiten zwischen den beiden Politikbereichen vorwiegend gesehen.

2. Bei einer solchen Sichtweise der Dinge handelt es sich im Sinne von Karl Homann wissenschaftlich gesehen um einen „dualistischen" Ansatz der theoretischen Behandlung konfligierender Wertvorstellungen, in welchem nicht nur von der Gegensätzlichkeit rivalisierender gesellschaftspolitischer Ideen wirtschaftspolitischer und sozialpolitischer Art als einem Faktum ausgegangen, sondern diese Gegensätzlichkeit auch akzeptiert wird. „Die neuere Wirtschaftsethikdiskussion ist entstanden aus der Erfahrung vieler Akteure, daß moralische und ökonomische Anforderungen an ihr Handeln miteinander in Konflikt geraten. Ökonomische Interessen, Forderungen und Sachzwänge vertragen sich oft nicht mit den moralischen Normen, Pflichten und Idealen der Akteure, und anläßlich zahlreicher Skandale wird ihnen diese Diskrepanz von der kritischen Öffentlichkeit vorgehalten. In dieser Situation erwartet man Hilfe von der Ethik, der Wirtschafts- und Unternehmensethik."[7] Das konzeptionelle Grundproblem der Wirtschaftsethik bestehe jedoch darin, daß diese unmittelbare Erfahrung der Akteure als Paradigma für die Theoriebildung genommen wird. „Nahezu überall setzt die wirtschaftsethische Literatur das Problem von Moral und Ökonomie, von Ethik und Ökonomik so an, daß zwei eigenständige, nicht miteinander verbundene, nicht aufeinander zurückführbare Anforderungen an menschliches Handeln gerichtet sind, moralische und ökonomische: Ich bezeichne diese Auffassung als ‚Dualismus'."[8]

Hierbei hat man mit der Problematik zu kämpfen, daß zwischen Wirtschaft und Sozialem – und damit zwischen Wirtschaftspolitik und Sozialpolitik – häufig ein Beziehungsverhältnis der Antinomie gedacht wird, daß man also annimmt, eine erhöhte Realisierung sozialpolitischer Ziele könne nur auf Kosten einer dann weniger effektiven Realisierung wirtschaftspolitischer Zielsetzungen gehen und umgekehrt. Der „Dualismus" eines solchen Verständnisses besteht in der theoretisch als autonom angesetzten Trennung von zwei Wertesphären, die jedoch in der Realität immer zusammengehören. So wird es als Aufgabe der Theorie verstanden, einen den jeweiligen Präferenzen der Gesellschaft entsprechenden „policy mix" zu suchen, um ein Gleichgewicht zwischen den Werten „Gerechtigkeit" und „Freiheit" zu erreichen. Mit der Wahl dieses „dualistischen" Ansatzes „... sind bereits jene Kategorien festgelegt, die der Wahrnehmung die Perspektive vorgeben. Durch eine dualistische Brille sieht man nur Wertekonflikte: Jedes Mehr an Freiheit ‚kostet' Gerechtigkeit und umgekehrt, so daß jede Sozialpolitik eine Einschränkung der individuellen Freiheit bedeutet ...".[9]

6 Mayer 1997, S. 6.

7 Homann 1994, S. 9 f.

8 Ebenda, S. 10.

Diese „dualistische“ Sichtweise der Zusammenhänge zwischen den beiden Politikfeldern, die von zwei getrennten Wertebereichen ausgeht, hat eine lange Tradition und ist im Denken fest eingewurzelt. Der gedankliche Ausgangspunkt hierfür dürfte in dem historischen Umstand zu suchen sein, daß im 19. Jahrhundert mit der Entwicklung von der Agrar- zur Industriegesellschaft die „Soziale Frage“ entstanden war, die Frage also, wie man das Schicksal der von dieser Umstellung auf marktwirtschaftlich-industrielle Verhältnisse betroffenen und zum Teil entwurzelten Menschen verbessern und ihre Menschenwürde erhalten könnte. Marktprozesse und Wettbewerb werden aus dieser Perspektive vor allem als Beeinträchtigung der personalen Entfaltungsmöglichkeiten der „Schwächeren“ empfunden und es wird der Sozialpolitik die moralisch begründete Aufgabe zugewiesen, als „Korrekturbetrieb“ der Marktwirtschaft jene Schäden zu beheben, die der Markt verursacht. Wirtschaft und Sozialbereich stehen sich scheinbar antagonistisch gegenüber und es wird dann von den sozialpolitisch Engagierten gefragt, wieviel Marktwirtschaft man sich eigentlich aus sozialer Sicht leisten kann. Für Kritiker dieses sozialpolitischen Denkens, die ebenfalls von einer „dualistischen“ Betrachtungsweise ausgehen, gilt dann jedoch die umgekehrte Frage, nämlich die, wieviel Sozialpolitik man sich aus ökonomischer Sicht leisten kann oder soll. Während sich also die Befürworter einer ausgedehnten Sozialpolitik gegen eine Überbetonung wirtschaftlicher Wertgesichtspunkte wenden, um mehr Sozialleistungen einfordern zu können, wenden sich andere gegen eine Unterschätzung ökonomischer Wertgesichtspunkte, um auf weniger Sozialleistungen zugunsten „ökonomischer Effizienz“ bestehen zu können. Mit „ökonomischer Effizienz“ wird dabei meist – statisch stationär gesehen – eine Situation verstanden, in der (zumindest der Tendenz nach) der Einsatz vorhandener Ressourcen und die Ergebnisse des Tauschverkehrs pareto-optimal sind oder in der – dynamisch-evolutorisch betrachtet – eine möglichst weitgehende Annäherung an die hypothetisch mögliche Wachstumsrate des Sozialprodukts zustande kommt.

So wird auch der heute zweifellos notwendige Umbau des Systems der sozialen Einkommenssicherung vor dem Hintergrund dieses vermeintlichen Wertekonflikts meistens diskutiert. In der Praxis der Politik führt dann dieser Denkansatz leicht zur gegenseitigen Blockade der beiden Politikfelder – wie das derzeit der Fall ist – mit entsprechend negativen Konsequenzen für das Ganze. „Vieles deutet darauf hin, daß der politische Prozeß in eine Sackgasse zu geraten droht, wenn sich zwei Gruppen unnachgiebig gegenüberstehen: zum einen jene, die – mitunter aus eigener Not heraus – die überkommenen Besitzstände anderer abbauen wollen; zum anderen jene, die – mitunter ebenfalls nicht ohne (eigene) Not – soziale Besitzstände verteidigen. Die politische Auseinandersetzung gleicht immer mehr Grabenkämpfen mit befestigten Bunkerstellungen, unbegradigten Frontlinien, vermintem Gelände und nicht zuletzt ritualisierten Gefechtsverläufen. Die Politik scheint festgefahren. Kaum etwas bewegt sich oder läßt sich bewegen. Damit wird es zuneh-

[9] Homann / Pies 1996, S. 207.

mend wahrscheinlich, daß eine Reform des Sozialstaates nicht im Wege rationaler Politik mit dauerhaften Kompromissen zustande kommen wird, sondern dezisionistisch: durch Macht.“[10]

Es ist daher ernsthaft zu fragen, ob diese hier als „dualistisch“ bezeichnete und schon sehr lange eingewurzelte Betrachtungsweise die einzig mögliche ist, oder ob es – zunächst für die wissenschaftliche Diskussion – eine Alternative gibt, unter der die beiden Bereiche des Ökonomischen und des Sozialen nicht mehr zwei getrennten und nicht aufeinander zurückführbaren Wertesphären zugeordnet werden, sondern der gleichen. Wenn es eine solche Alternative gibt, dann wäre diese – zumindest längerfristig gesehen – weiterführend, und es würde sich lohnen, sie wissenschaftlich ausführlich zu diskutieren. Und in der Tat gibt es seit Kurzem, aus dem Bereich der Wirtschaftsethik vorgetragen, einen solchen anderen „integrativen“ Denkansatz hinsichtlich des Wechselverhältnisses zwischen den beiden Feldern der Politik[11], bei welchem zwar nicht unterstellt wird, rivalisierende gesellschaftspolitische Vorstellungen seien von vornherein miteinander vereinbar, sondern in welchem die Annahme gemacht wird, daß sie kompatibel gemacht werden können, daß es also eine bewältigbare Aufgabe ist, scheinbar Unvereinbares miteinander vereinbar zu machen. Wenn es gelingen könnte, einer solchen Sichtweise nicht nur in der Wissenschaft, sondern auch in der Praxis der Politik zum Durchbruch zu verhelfen, ließen sich die immer wieder auftretenden Politikblockaden zukünftig wohl weitgehend oder gänzlich auflösen, weil es dann nämlich Interessengruppen oder Politikern erheblich erschwert würde – ohne den Begriff der Gerechtigkeit eindeutig präzisieren zu müssen, sondern ihn lediglich willkürlich als Begriffshülse zu benutzen –, einfach zu behaupten, dieses oder jenes sei „sozial gerecht“ oder „sozial ungerecht“, um damit „Stimmung“ zu machen und dadurch in Wirklichkeit nur ihren eigenen Interessen oder denen ihrer Klientel zu dienen.

Im folgenden soll versucht werden, von der aktuellen Situation im Beziehungsverhältnis der beiden Politikfelder ausgehend, auf gewisse Probleme hinzuweisen, die mit der heute meist üblichen „dualistischen“ Sichtweise verbunden sind; im Anschluß daran soll der als „integrativ“ bezeichnete Denkansatz kurz umrissen werden.

II. Die „dualistische“ Sichtweise: das Konformitätsproblem

1. Will man unter „dualistischer“ Betrachtung die derzeitige Problematik der Wechselseitigkeiten von Wirtschaftspolitik und Sozialpolitik in Deutschland umreißen, dann läßt sich die gegenwärtige Situation als eine Phase kennzeichnen, in welcher meist von einem Ungleichgewicht zwischen den Bereichen der Wirtschaft

10 Ebenda, S. 204.

11 Vgl. ebenda, S. 203 - 239.

und des Sozialen zu Lasten der Wirtschaft ausgegangen wird, welches dazu zwingt, einen Umbau des Sozialstaates vorzunehmen, weil sich grundlegende Umstände nationaler und internationaler Art – dazu zählen die Globalisierung der Märkte, die Wiedervereinigung Deutschlands, die Europäische Union aber auch demographische Faktoren – gegenüber früher erheblich verändert haben. „Da der deutsche Sozialstaat", so argumentiert Willgerodt, „ohnehin einer Krise entgegengeht, und die Einigkeit darüber wächst, daß er mindestens umgebaut werden muß, sollte die Einsicht zunehmen, daß dieser Umbau nur darin bestehen kann, die Vereinbarkeit sozialpolitischer Regelungen mit der marktwirtschaftlichen Ordnung stärker zur Geltung zu bringen."[12] Und der Sachverständigenrat (SVR) führt hierzu aus:[13] „In jüngster Zeit verstärken sich die Zweifel, daß es möglich sein könnte, das hohe Niveau der sozialen Sicherung in der Zukunft ohne weiteres beizubehalten. Es gibt auch Zweifel darüber, ob dies überhaupt wünschenswert wäre. Beiderlei Zweifel sind wohlbegründet, resultieren sie doch aus der Interaktion von Sozialausgaben und Abgabenlasten einerseits und von Sozialleistungen, Verhalten der Leistungsempfänger und Arbeitskosten bei den Unternehmen andererseits ... Die sozialen Sicherungssysteme lassen sich so, wie sie historisch gewachsen sind und wie sie heute funktionieren, nicht fortführen." Bei der Gesetzlichen Rentenversicherung gebe es begründete Zweifel daran, ob die heutigen Beitragszahler nach Eintritt in ihren Ruhestand noch Leistungen erhalten werden, die denen entsprechen, die sie derzeit mit ihren Beiträgen finanzieren. Im Bereich der Gesetzlichen Krankenversicherung stehe man vor dem Dilemma, daß einerseits der Anstieg der Kosten im Gesundheitswesen bekämpft werden müsse und andererseits die bei medizinisch-technischem Fortschritt gemäß den Präferenzen der Bürger zunehmende Nachfrage nach Gesundheitsleistungen nicht eingeschränkt werden solle. In der Arbeitslosenversicherung blieben Effizienzreserven ungenutzt, weil den Versicherten bei der Absicherung des Einkommensrisikos keine Wahlmöglichkeiten gemäß ihren Präferenzen eröffnet werden. Bei den aus öffentlichen Haushalten finanzierten Transferleistungen würden die damit verfolgten sozialpolitischen Ziele häufig nicht effizient genug erreicht.

Um die Wirtschaft und den Sozialbereich wieder ins Gleichgewicht zu bringen, empfiehlt daher der Sachverständigenrat[14], die zentralen Ordnungsprinzipien des Sozialstaates, nämlich das Prinzip der *Solidarität* und das der *Subsidiarität*, in ein Verhältnis zu bringen, das unter den veränderten Umweltbedingungen der Gegenwart auf Dauer tragbar ist, was bedeute, Ansprüche an die Solidargemeinschaft bei jenen Bevölkerungsgruppen zurückzudrängen, die dank ihrer Einkommens- und Vermögenssituation Lebensrisiken eigenständig bewältigen können, so daß denjenigen ausreichend geholfen werden kann, die Hilfe wirklich benötigen. Um dieses Gleichgewicht im System der sozialen Sicherung in Deutschland herstellen zu

12 Willgerodt 1996, S. 344.

13 Sachverständigenrat 1996, S. 224.

14 Vgl. ebenda, S. 225.

können, empfiehlt der SVR, sich an den drei folgenden ordnungspolitischen Grundsätzen zu orientieren:[15]

- In den Sozialversicherungen sollte stärker das Prinzip der Äquivalenz von Versicherungsbeiträgen einerseits und Versicherungsschutz andererseits zum Tragen kommen. Dadurch sollten die Bürger ihre tatsächlichen Präferenzen besser zur Geltung bringen können.
- Der Wille zur Eigenverantwortung und Selbstvorsorge sollte gestärkt werden. Vor allem die jüngeren Bürger müßten begreifen, daß sie selbst einiges tun können und müssen, um sich gegenüber den Wechselfällen des Lebens zu sichern.
- Aufgabe der sozialen Umverteilung, soweit sie geboten ist, seien außerhalb der Sozialversicherungen zu erfüllen. Da es sich dabei um allgemeine gesellschaftspolitische Aufgaben handelt, müßten sie auch von der Allgemeinheit getragen, das heißt über Steuern finanziert werden.

Unter Beachtung dieser ordnungspolitischen Prinzipien legt der SVR dann ausführlich dar, wie die Gesetzliche Rentenversicherung, die Gesetzliche Krankenversicherung und die Arbeitslosenversicherung unter Berücksichtigung zu erwartender Übergangsprobleme allmählich umgestaltet werden könnten.[16] Es sei darauf verzichtet, diese Empfehlungen hier detailliert wiederzugeben, da sie in der angeführten Quelle leicht nachgelesen werden können.

Unter „dualistischer" Sicht des Beziehungsverhältnisses zwischen Wirtschaftspolitik und Sozialpolitik stoßen jedoch diese und andere plausible Empfehlungen zum Umbau des Sozialstaates auf eine Form, die längerfristig Bestand haben könnte, deshalb so oft auf erbitterten Widerstand, weil die Betroffenen und deren tatsächliche oder angebliche Interessenvertreter diesen Umbau als „Abbau" einmal erreichter sozialer Standards empfinden oder ihn als solchen ausgeben. „Wer die Diskussion unter dem Stichwort ‚Nichtfinanzierbarkeit' laufen läßt, argumentiert nicht nur defensiv, er bestätigt implizit, daß es um einen ‚Abbau' ohne Gegenleistung geht. Selbst vernünftige Maßnahmen erschüttern das Vertrauen in die Ordnung, wenn sie – im vermeintlichen Widerstreit zwischen Effizienz und Gerechtigkeit – trutzig als ‚Abbau' deklariert werden."[17]

2. Bei den genannten und anderen Vorschlägen zur Umgestaltung des Sozialstaates stößt man auf ein grundlegendes Erfordernis, dem ein in der wissenschaftlichen Theorie bis heute allenfalls partiell gelöstes Problem innewohnt, nämlich das der *Ordnungskonformität* politischen Handelns. Grundsätzlich gilt nämlich: Wirtschaftspolitik und Sozialpolitik – ebenso wie die übrigen Bereiche der Politik – sollten den Anforderungen genügen, daß sie nicht nur *zielkonform,* sondern auch *ordnungskonform* sind. Mit Zielkonformität ist gemeint, daß die politischen Instru-

---

15 Vgl. ebenda.

16 Vgl. im einzelnen: Sachverständigenrat 1996, S. 223 - 262.

17 Homann / Pies 1996, S. 226.

mente selbstverständlich so gewählt werden müssen, daß sie zur Realisierung der gesetzten Ziele gewissermaßen „technisch" gesehen geeignet sind.[18] Ordnungs- oder systemkonform hingegen sind politische Eingriffe nur dann, wenn sie der Gesellschaftsordnung gemäß sind, in deren Rahmen sie erfolgen, wenn sie also nicht Wirkungen auslösen, welche die gewollte Ordnung teilweise oder völlig außer Kraft setzen.[19] „Die Teilordnungen einer Gesellschaft – insb. die Staatsordnung, die Wirtschafts- und die Sozialordnung – sowie die auf die Gestaltung dieser Teilordnungen gerichteten Politikbereiche, z. B. die Wirtschaftspolitik und die Sozialpolitik, sind interdependent, d. h. sie stehen in einem unauflösbaren Zusammenhang. Die Teilordnungen und die Politikbereiche müssen daher, um innere Widersprüche der Gesamtordnung und Beeinträchtigungen ihrer Funktionsfähigkeit zu vermeiden, aufeinander abgestimmt werden. Z. B. müssen in einer Gesellschaft, die individuelle Freiheit und ein hohes Maß an individueller Selbstverantwortung erstrebt, nicht nur die Rechtsordnung und die Wirtschaftsordnung diesen Zielen entsprechend ausgestaltet werden, sondern auch die Sozialordnung."[20] Hinsichtlich des *wirtschaftlichen* Bereichs der gesellschaftlichen Gesamtordnung drückt dies Walter Eucken wie folgt aus:[21] „Die Wirkung jedes wirtschaftspolitischen Aktes – mag es sich um den Erlaß eines Kartellgesetzes oder um eine Veränderung des geltenden Notenbankgesetzes oder um eine Verordnung über Arbeitsvermittlung oder um irgend eine andere Frage handeln – hängt, wie man festhalten muß, von der Wirtschaftsordnung ab, in der er erfolgt. Jede wirtschaftspolitische Maßnahme erhält nur im Rahmen des allgemeinen Bauplans der Wirtschaftsordnung ihren Sinn ... Jeder einzelne wirtschaftspolitische Akt sollte also in Ansehung der Wirtschaftsordnung stattfinden, die gewollt ist." In analoger Weise läßt sich natürlich auch aussagen, daß jeder sozialpolitische Akt in Ansehung der *Sozialordnung* getroffen werden sollte, die gewollt ist. Dabei wird freilich – wie von Lampert betont – von der Erkenntnis ausgegangen, daß *Wirtschaftsordnung* und *Sozialordnung* interdependente Teile der gesellschaftlichen *Gesamtordnung* sind, in die sie sich widerspruchsfrei einordnen müssen. Ist eine gesellschaftliche Gesamtordnung gewollt – oder gar verwirklicht –, deren einzelne Teile miteinander kompatibel sind, dann müssen sowohl wirtschaftspolitische wie sozialpolitische Ziele so gesetzt und die entsprechenden Instrumente so eingesetzt werden, daß dadurch die Gesamtordnung nicht negativ betroffen wird. Da unter der „dualistischen" Sichtweise der Bereich der Wirtschaft und der des Sozialen auf zwei unterschiedlichen Wertesphären beruhen, ist konsequenterweise zu verlangen, daß *Sozialpolitik wirtschaftsordnungskonform* und daß *Wirtschaftspolitik sozialordnungskonform* ist. Dies bedeutet, daß Sozialordnung und Sozialpolitik konform zum Leitbild der Wirtschaftsordnung ausgestaltet werden müssen, aber auch die Wirtschaftspolitik und die Wirt-

---

18 Seraphim 1955, S. 316 f.

19 Vgl. Gutmann 1986, 1994.

20 Lampert 1991, S. 415.

21 Eucken 1968, S. 250.

schaftsordnung konform zum Leitbild der Sozialordnung. Ob dies jedoch in jedem einzelnen Fall auch möglich ist, sei einmal dahingestellt.

Will man jedoch erreichen, daß Wirtschaftspolitik und Sozialpolitik – sowohl als Ordnungs- wie auch als Prozeßpolitik – ordnungskonform in diesem Verständnis sind, ist *zweierlei* erforderlich. Zum einen muß die gewollte Gesamtordnung hinreichend präzise beschreibbar sein und zum anderen müssen von daher eindeutige Kriterien benannt werden, an denen man konkret die Ordnungskonformität oder -inkonformität wirtschaftspolitischer und sozialpolitischer Eingriffe – und dazu zählt eben auch die Ausgestaltung sozialstaatlicher Einrichtungen, also auch ein Umbau des bestehenden Sozialstaates – beurteilen kann.

3. Da hier die Wechselseitigkeit von Wirtschaftspolitik und Sozialpolitik und deren Ordnungskonformität im Rahmen einer *Sozialen Marktwirtschaft* angesprochen wird, muß also hinreichend detailliert klar sein, was Soziale Marktwirtschaft eigentlich ist. Bereits beim Versuch, diese Frage zu beantworten, stößt man freilich auf ganz beträchtliche Probleme. Die bekannte Offenheit des Leitbildes einer Sozialen Marktwirtschaft – und nur davon ist hier die Rede, nicht von der in Deutschland tatsächlich realisierten Ordnung – für neue Probleme, Ideen und Entwicklungen sowie der Umstand, daß an der Entstehung dieser Ordnungsidee eine größere Zahl von Wissenschaftlern aus unterschiedlichen Disziplinen mitgewirkt hat, bringt es mit sich, daß bereits in der theoretischen Diskussion dieses Leitbild einer Ordnung unterschiedlich akzentuiert und interpretiert wird. Hinzu kommt, daß Soziale Marktwirtschaft nicht nur theoretisch diskutiert, sondern auch als politische Handlungsmaxime genutzt wird.[22] Dabei beruft man sich nicht selten auf recht unterschiedliche Verständnisse dieses Leitbildes der Wirtschafts- und Gesellschaftspolitik, was zur Folge hat, daß gesellschaftliche Gruppen und Parteien besten Gewissens vorgeben können, im Namen der Sozialen Marktwirtschaft wirtschaftspolitische und sozialpolitische Forderungen zu erheben, Empfehlungen zu geben oder Handlungen vorzunehmen, die völlig entgegengesetzter Natur sind. Man beruft sich dabei entweder auf ein mehr *altliberales* Verständnis von Sozialer Marktwirtschaft oder auf eine mehr *neoliberale* Interpretation.

4. Welches Leitbild von Sozialer Marktwirtschaft kann und soll man also zugrundelegen, wenn daraus Kriterien zur Beurteilung der Ordnungskonformität jener Politik gewonnen werden sollen, durch die ein Umbau des Sozialstaates herbeigeführt wird? Hierüber wird bei „dualistischer" Betrachtung Konsens wohl nur schwerlich erreichbar sein. Nicht zuletzt auch von hierher wird erklärbar, weshalb in der aktuellen wirtschafts- und sozialpolitischen Diskussion die schon erwähnte Verhärtung der Fronten und die Blockade erforderlicher Reformvorhaben zu beobachten ist. Vermutlich ist es vergleichsweise einfach, sich auf die von Müller-Armack gebrauchte generelle Formulierung zu verständigen, daß es in einer Sozialen Marktwirtschaft darum gehe, „... das Prinzip der Freiheit auf dem Markt mit dem des sozialen Ausgleichs zu verbinden"[23] – zumindest solange man nicht versucht,

---

22 Vgl. Streit 1994, S. 203.

diese Formel mit konkretem Inhalt zu füllen. Schwieriger wird es schon sein, Konsens zu Müller-Armacks Auffassung herzustellen, daß die *Instrumente*, mit deren Hilfe dieses Ziel erreicht werden kann, nicht nur die Herstellung eines *wettbewerblichen Marktes* durch Mittel der Politik, sondern auch eine im weiteren Sinne als Gesellschaftspolitik zu verstehende *Sozialpolitik* seien.[24] Damit einverstanden zu sein, bedeutet nämlich letztlich zu akzeptieren, daß Wirtschaftspolitik und Sozialpolitik in einer Sozialen Marktwirtschaft – wenn auch auf unterschiedlichen Wertesphären beruhend – grundsätzlich „gleichberechtigte", wechselseitig aufeinander bezogene Politikfelder sind, eine Auffassung, die es dem der Wahrheit und der Objektivität verpflichteten Wissenschaftler dann verbietet, sich im Konfliktfall bekenntnishaft auf die eine oder andere Seite zu schlagen.

Trotz solcher Interpretationsschwierigkeiten wird man jedoch nicht soweit gehen können, Soziale Marktwirtschaft als einen völlig unbestimmten und daher eigentlich unbrauchbaren Begriff zu bezeichnen. Es ist Willgerodt zuzustimmen, wenn er ausführt:[25] „Die Ausklammerung der marktwirtschaftlichen Komponente (aus dem unbestimmt bleibenden Rechtsbegriff des Sozialstaates, G.G.) verdirbt den Begriff des Sozialen und die Ausklammerung der Gerechtigkeit verdirbt die Marktwirtschaft. Beachtet man dies, dann wird der Begriff der Sozialen Marktwirtschaft faßbar, selbst wenn er wie viele juristische und volkswirtschaftliche Begriffe Anwendungs- und Auslegungsprobleme mit sich bringt."

5. Akzeptiert man aber diese Auffassung grundsätzlich, dann sieht man sich bei „dualistischer" Betrachtungsweise der Dinge vor die Frage gestellt, wie die Verfolgung sozialpolitischer Ziele und der hierfür erforderliche Instrumenteeinsatz mit der Verfolgung wirtschaftspolitischer Ziele und dem konkreten Einsatz wirtschaftspolitischer Instrumente im Rahmen einer Sozialen Marktwirtschaft so harmonisiert werden kann, daß sich die in dem einen Politikfeld verfolgten Ziele und die hierzu ergriffenen Maßnahmen nicht negativ auf das andere Politikfeld auswirken. Es ist also konsequent zu fragen, anhand welcher Kriterien sich feststellen läßt, wann Wirtschafts- und Sozialpolitik sowohl *wirtschaftsordnungskonform* – also der einen der beiden Wertesphären entsprechend – als auch *sozialordnungskonform* – und damit der anderen Wertesphäre gemäß – sind.

Hinsichtlich der Konformität zur *Wirtschaftsordnung* ist zunächst an Müller-Armack selbst zu denken, der mit dem Kriterium der *Marktkonformität* arbeitet. Diese sieht vor, daß nur solche politischen Maßnahmen getroffen werden, „... die den sozialen Zweck sichern, ohne störend in die Marktparitäten einzugreifen."[26] Oder wie Wilhelm Röpke es erläutert: „Konform sind solche Interventionen, die die Preismechanik und die dadurch bewirkte Selbststeuerung des Marktes nicht aufheben, sondern sich ihr als neue Daten einordnen und von ihr assimiliert wer-

23 Müller-Armack 1976b, S. 243.

24 Müller-Armack 1976a, S. 129 - 134.

25 Willgerodt 1996, S. 341.

26 Müller-Armack 1976b, S. 246.

den, nichtkonform solche, die die Preismechanik lahmlegen und daher durch planwirtschaftliche (kollektivistische) Ordnung ersetzen müssen."[27] Das Kriterium der Marktkonformität greift natürlich nur dort, wo man Eingriffe in den Marktverkehr beabsichtigt. „Für die meisten praktischen Zwecke ist es durchaus eindeutig und brauchbar, selbst wenn es wie viele volkswirtschaftliche und juristische Begriffe an den Rändern Unschärfen aufweist."[28] Jedoch haften dem Kriterium der Marktkonformität auch Mängel an, die es unmöglich machen, es in jedem Fall zu einem ausreichend griffigen Kriterium für die Beurteilung der Wirtschaftsordnungskonformität einer sozialpolitischen Maßnahme zu machen.

- Bestimmte Eingriffe, die sich wie Sozialbeiträge, Steuern, Subventionen oder Währungsabwertungen der Preismechanik grundsätzlich als neue Daten einordnen und von dieser assimiliert werden, stören die Informationsfunktion der Knappheitsanzeige durch die Preise unter Umständen recht erheblich und legen somit in Wirklichkeit die Preismechanik lahm, wenn die Steuersätze, Subventionssätze oder Zollsätze prohibitiv hoch, die Eingriffsquantität der politischen Maßnahmen also erheblich ist. Dies erkennt auch Müller-Armack an, wenn er ausführt: „Das regulative Prinzip sozialer Interventionen in der Marktwirtschaft ist ... ihre Verträglichkeit mit dem Funktionieren einer marktwirtschaftlichen Produktion und der ihr entsprechenden Einkommensbildung. Gewiß kann bei der Einkommensumleitung für soziale Ausgaben leicht die Schwelle überschritten werden, an der die Störung des Marktes beginnt. Wann überhöhte Steuersätze dies tun, ist nicht vorweg zu entscheiden."[29] Das Prinzip der Marktkonformität kann also hilfreich sein, wenn es darum geht, *wie* die Einkommensumverteilung erfolgen sollte, nämlich durch Transferzahlungen, nicht aber dann, wenn die Frage des *wieviel* an Umverteilung beantwortet werden muß.
- Der Prüfbereich, auf den man das Kriterium der Marktkonformität anwenden kann, erstreckt sich unmittelbar nur auf jene Teile der Wirtschaft, in denen der Preismechanismus Angebot und Nachfrage von Produkten und die Verwendung von Produktionsfaktoren tatsächlich lenkt. Geht man von einem strengen Verständnis von Marktkonformität aus, dann ist dieses Kriterium nicht brauchbar zur Beurteilung der Wirtschaftsordnungskonformität politischer Maßnahmen, mit denen auf jene Formelemente politisch eingewirkt wird, die zusammengenommen die Ordnung ausmachen. Ob die Verstaatlichung eines Unternehmens oder die sozialpolitisch erwünschte Etablierung von Mitbestimmungsrechten für die in den Betrieben beschäftigten Arbeitnehmer wirtschaftsordnungskonform sind oder nicht, bleibt unter Anwendung des Prinzips der Marktkonformität ebenso offen wie die Frage, ob die Müllabfuhr durch kommunale oder nur die durch private Betriebe der gewollten Gesamtordnung entsprechen. Das Kriterium bedarf hier der Ergänzung oder gar der Ersetzung durch ein anderes.

---

27 Röpke 1979, S. 259 ff.

28 Willgerodt 1996, S. 335.

29 Müller-Armack 1976b, S. 246.

6. Da in den meisten Interpretationen der Sozialen Marktwirtschaft dem Gedanken des Wettbewerbs an den Märkten große Bedeutung zukommt, scheint es sinnvoll zu sein, die *Wirtschaftsordnungskonformität* eines wirtschaftspolitischen oder eines sozialpolitischen Eingriffs anhand von dessen *Wettbewerbskonformität* zu beurteilen. Eine Schwierigkeit hierfür ergibt sich freilich daraus, daß es in der Wissenschaft und in der politischen Praxis durchaus unterschiedliche Verständnisse von Wettbewerb gibt. Geht man von v. Hayeks Vorstellung von Wettbewerb als einem Verfahren zur Entdeckung und Nutzung von Tatsachen und Problemlösungen aus, die ohne dessen Vorhandensein unbekannt bleiben würden[30], dann erweist sich, daß die Leistungsfähigkeit des so verstandenen Wettbewerbs vom Umfang jenes *Wissens* abhängt, das die wirtschaftlichen Entscheidungsträger ihren Dispositionen zugrunde legen können sowie vom Grad ihrer *Motivation*, dies auch zu tun. Da aber die Kenntnis aller Umstände, die für die Wirksamkeit des Entdeckungsverfahrens Wettbewerb relevant sind, nur der Gesamtheit der Wirtschaftssubjekte verfügbar ist, niemals einem einzelnen[31], läßt sich die gesamte Wissensbreite nur dann nutzen, wenn alle wirtschaftenden Menschen in der betrachteten Gesellschaft Handlungs- und Entscheidungsfreiheit besitzen und so ihr jeweiliges Teilwissen in den Wirtschaftsprozeß einbringen können. Mit diesem Verständnis von Wettbewerb und Ordnungskonformität ist es dann nicht mehr vereinbar, mit „ökonomischer Effizienz", die wirtschafts- und sozialpolitische Maßnahmen fördern sollen, einen Zustand der Pareto-Optimalität oder ein „gleichgewichtiges" Wachstum des Sozialprodukts zu verstehen, jedenfalls dann nicht, wenn man mit Fehl das wettbewerbliche Marktsystem als eine „dissipative Struktur" auffaßt, deren Gestalt sich durch kohärentes Imitations- und Überflügelungsverhalten von Konkurrenten in der *Gleichgewichtsferne* bildet.[32]

7. Wann ist nun aber eine sozialpolitische oder eine wirtschaftspolitische Maßnahme *sozialordnungskonform*? Bei der Suche nach Antwort auf diese Frage zeigt sich der „Dualismus" im Verständnis der Wechselbeziehungen zwischen den beiden Politikbereichen in aller Deutlichkeit. Folgt man der Auffassung von Lampert, der als einer der ganz wenigen Vertreter der wissenschaftlichen Sozialpolitik ausdrücklich mit diesem Problem ringt, dann gilt das Folgende.[33] Ordnungskonformität der Sozialpolitik bedeutet, daß die Sozialpolitik nicht nur „soweit wie möglich" gesellschafts- und wirtschaftsordnungskonform betrieben, also an den Ordnungsprinzipien, Grundwerten und Grundzielen von Wirtschaft und Gesellschaft ausgerichtet wird, sondern auch, daß die sozialpolitischen Einrichtungen und Maßnahmen gleichzeitig den in der *sozialpolitischen Konzeption* enthaltenen Prinzipien und Grundwerten entsprechen. Das bedeutet z. B., daß das Träger-, Leistungs- und Finanzierungssystem der Sozialpolitik an den Zielen der Wahrung der Menschen-

---

30 Hayek 1969.

31 Hayek 1952.

32 Vgl. Fehl 1983.

33 Lampert 1991, S. 415 f.

würde und der Förderung der freien Entfaltung der Persönlichkeit ausgerichtet wird. „Zu beachten ist allerdings, daß soziale Ordnungspolitik im Rahmen einer Sozialen Marktwirtschaft nicht bedeuten kann, durchweg marktwirtschaftliche Lösungen zu suchen und zu präferieren, weil sie weder für alle Märkte geeignet sind – man denke z. B. an Versicherungen gegen Arbeitslosigkeit oder angeborene Beeinträchtigungen – noch in allen Fällen prinzipiell möglicher marktwirtschaftlicher Organisation der Produktion sozial befriedigende Ergebnisse zeitigen, so daß es unvermeidlich werden kann, *marktinkonforme* Instrumente einzusetzen, wie z. B. auf den Arbeitsmärkten oder im Bereich der betrieblichen Mitbestimmung. Daß bei jeweils gleicher Eignung alternativer Instrumente das system- bzw. marktwirtschaftskonforme den Vorzug verdient, bedarf keiner weiteren Begründung.“[34] Hier zeigt sich deutlich, daß unter „dualistischer“ Sicht Wissenschaftler nach Abwägung der zu erwartenden Folgen eines politischen Eingriffs aus ihrer persönlichen Werthaltung heraus dazu gezwungen sein können, im Konfliktfall der einen der beiden sich vermeintlich antagonistisch gegenüberstehenden Wertesphären Vorrang einzuräumen. Natürlich könnten andere mit ebenfalls guten Argumenten der anderen Wertesphäre den Vorzug geben. Und genau das ist die Crux, die zu dem Versuch zwingt, die „dualistische“ Sichtweise zu überwinden. Wenn dies nämlich nicht gelingt, besteht weiterhin die Gefahr, daß die Politikblockaden deshalb bestehen bleiben und immer wieder auftreten, weil viele Wissenschaftler aus ihrer individuellen Präferenz für jeweils eine der beiden Wertesphären kein Hehl machen können und dann zu Kronzeugen für diese oder jene Interessengruppe in der politischen Auseinandersetzung gemacht werden.

III. Die „integrative“ Sichtweise: Konstitutionenökonomische Grundlage

1. Der bereits erwähnte Versuch, die „dualistische“ Sichtweise der Wechselbeziehungen von Wirtschaftspolitik und Sozialpolitik durch einen „integrativen“ Denkansatz – der hier nur in äußerster Kürze und daher unvollständig dargelegt werden soll – zu überwinden, beruht in erheblichem Umfang auf den konstitutionenökonomischen Überlegungen von James Buchanan.[35] Erklärtes Ziel der konstitutionellen Ökonomik ist die Verbindung von positiver und normativer Theorie zu einem Denkansatz, der es erlaubt, Empfehlungen für die Gestaltung von Politikprozessen abzugeben, und dies gestützt auf eine positive Institutionenanalyse, also einer Analyse der Regeln des menschlichen Zusammenlebens. Buchanan entwickelt das Programm einer konstitutionellen Ökonomik in deutlicher Abgrenzung zur Wohlfahrtstheorie. „Orthodox economic analysis, whether this be interpreted in Marshallian or Walrasian terms, attempts to explain the choices of economic agents, their interactions one with another, and the results of these interactions,

34 Ebenda, S. 416.

35 Vgl im folgenden Homann / Pies 1996.

within the existing legal – institutional – constitutional structure of the polity. Normative considerations enter through the efficiency criteria of theoretical welfare economics, and policy options are evaluated in terms of these criteria."[36] Er lehnt aber das in der Wohlfahrtstheorie benutzte Pareto-Tauschoptimum als ein die subjektiven Bewertungen der einzelnen Wirtschaftssubjekte umfangendes vermeintlich objektives Effizienzkriterium für das gesellschaftliche Wirtschaften und dessen Brauchbarkeit für Politikempfehlungen ab und ersetzt es durch ein Paradigma, das auf den Aspekt legitimatorischer Zustimmung zu Regeln zugeschnitten ist, also durch den Gedanken, daß ökonomisches Handeln gesamtwirtschaftlich gesehen dann effizient ist, wenn es zustimmungsfähigen Regeln folgt. Die Probleme des Zusammenlebens von Menschen werden seiner Ansicht nach nicht durch das Wachstum des Sozialprodukts gelöst, sondern nur dadurch, daß jedes Gesellschaftsmitglied sich so gestellt sieht, daß es den Regeln zustimmen kann.

Konstitutionelle Ökonomik als positive Theorie versucht, die Wirkungsweise alternativer Regeln zu erklären, welche die Aktivitäten wirtschaftlich und politisch Handelnder steuern. „Normative considerations enter the analysis in a much more complex manner than through the artificially straightforward efficiency criteria. Alternative sets of rules must be evaluated in some sense analogously to ranking of policy options within a specified institutional structure, but the epistemological content of the ‚efficiency' criteria becomes more exposed ... In other words constitutional economics offers a potential for normative advice to the member of the continuing constitutional convention, wheras orthodox economics offers a potential for advice to the practising politician. In a real sense, constitutional economics examines the *choice of constraints* as opposed to the *choice within constraints* ..."[37]

Märkte sieht Buchanan nicht als ein Verfahren zur gesellschaftlichen Wohlfahrtsmaximierung im üblichen Verständnis an, sondern als ein Koordinationsverfahren (Katallaktik). Personen schließen an Märkten freiwillige Verträge miteinander ab, welche der Absicherung der Tauschpartner dienen. Eine solche Perspektive lasse sich auch auf die Politik bzw. den Staat ausweiten. „By a more or less natural extension of the catallactic approach, economists can look on politics and on political process in terms of the exchange paradigm."[38] Einen Anwendungsfall für konstitutionenökonomisches Denken sieht Buchanan in der Analyse alternativer Regeln für die „transfer constitution". „Economists, as well as other social scientists and social philosophers, have come increasingly to recognize that the untrammelled interplay of interest-group politics is unlikely to further objectives for distributive justice. Analysis of how this politics operates in the making fiscal transfers suggests that principled adjustments in the post-tax, post-transfer distribution

36 Buchanan 1987, S. 585.

37 Ebenda.

38 Buchanan 1986, S. 20.

of values is only likely to be achieved if the institutional rules severely restrict the profitability of investment in attempts to subvert the transfer process.“[39]

2. Die These von Homann und Pies, unter der sie ihren Ansatz bei Rückgriff auf die Konstitutionenökonomik ausarbeiten, lautet: Die gegenwärtig zu beobachtenden Handlungsblockaden in der Politik lassen sich auf Blockaden des Denkens und diese letztlich auf Theorieblockaden zurückführen, also auf ihrer Auffassung nach verfehlte Konzeptualisierungen in der wissenschaftlichen Theoriebildung. Der vermeintliche Wertekonflikt zwischen den Bereichen der Wirtschaft und des Sozialen lasse sich als ein Wissenskonflikt verstehen.

Unter der „integrativen“ Perspektive wird staatliches Handeln als grundsätzlich in doppelter Hinsicht legitimiert angesehen, nämlich als Handeln des Rechtsstaates (Schutzstaates) und als Handeln des Leistungsstaates, und beides wird systematisch miteinander verknüpft, wobei sowohl die Zeitebene des Zustandekommens einer rechtsstaatlichen Verfassung als auch die des staatlichen Handelns im Rahmen der zustandegekommenen Verfassung zusammen gesehen werden.

Unter dem Aspekt der Konstitutionenökonomik ist der Rechts- oder Schutzstaat, der die Individuen dazu veranlaßt, ihr Handeln vereinbarten Regeln zu unterwerfen, zwar die Basis für das Gelingen von Arbeitsteilung, Märkten und den Tausch von privaten Gütern und er ermöglicht es so den Gesellschaftsmitgliedern, sich ökonomische Vorteile (gains from trade) zu verschaffen, jedoch ist der Rechtsstaat selbst ein öffentliches Gut. Auch der Leistungsstaat dient dem Ziel, sich ökonomische Vorteile dort zu verschaffen, wo dies durch private Tauschakte (noch) nicht möglich ist. „Kollektive Tauschakte sind ein funktionales Äquivalent für private Tauschakte, die aufgrund intrikater Interaktionsprobleme entweder gar nicht oder nicht in ausreichendem Maße zustande kämen.“[40] Das wird am Beispiel einer Familie erläutert, bei der es wegen der mangelnden Fähigkeit der Kinder zu Rechtsgeschäften nicht möglich ist, einen vollgültigen privaten Generationenvertrag abzuschließen, der die finanziellen Pflichten der Eltern gegenüber den Kindern betreffend deren Erziehung und Ausbildung und umgekehrt die Verpflichtungen der Kinder gegenüber den Eltern betreffend deren Versorgung im Alter regeln könnte. Hier hilft der Leistungsstaat bei der Problemlösung. „Expenditures on the elderly are part of a ‚social compact‘ between generations. Taxes on adults help finance efficient investments in children. In return, adults receive public pensions and medical payments when old. This compact tries to achieve for poorer and middle-level families what richer families tend to achieve without government help: namely, efficient levels of investment in children and support to elderly parents.“[41] Ohne diese Hilfe des Leistungsstaates käme es zu einer doppelten Problematik: Einerseits würden nämlich die Investitionen in das Humankapital der Kinder gering ausfallen und andererseits käme es zu einer Unterversorgung der Eltern im Alter. Man

[39] Buchanan 1987, S. 588.

[40] Homann / Pies 1996, S. 214.

[41] Becker / Murphy 1988, S. 9.

müßte also auf ökonomische Vorteile (potential gains from trade) verzichten, wenn man sich der Hilfe des Leistungsstaates nicht bedienen würde.

3. Rechtsstaat und Leistungsstaat seien systematisch miteinander verknüpft, wenn man sowohl die Zeitebene der Entstehung der Verfassung als auch die Zeitebene des Handelns im Rahmen der bestehenden Verfassung zusammen betrachtet, denn beide Erscheinungsformen des Staates zielen darauf ab, Märkte möglich zu machen. Märkte sind nämlich mit Chancen und Risiken für die Wirtschaftssubjekte verbunden und man versucht, die Risiken zu minimieren. Hierzu macht man vom Versicherungsprinzip Gebrauch. Privat oder durch den Leistungsstaat bereit gestellte Risikoversicherungen – etwa gegen Arbeitslosigkeit, Krankheit und Alter – kollektivieren individuelle Risiken und bewirken dadurch, daß risikoaverse Wirtschaftssubjekte zu riskanteren ökonomischen Handlungen und *Investitionen* ermuntert werden, woraus erhöhte ökonomische Vorteile entstehen. „Der Sozialstaat stellt nicht – wie oft karikiert – eine ‚Hängematte' für zunehmend leistungsunwillig gewordene Bürger dar. Vielmehr ist er ein ‚Sicherheitsnetz' im offenen Zirkuszelt der Chancen und Risiken der Marktwirtschaft ... Das ‚Sicherheitsnetz' mobilisiert erst viele Talente, die Seile in verschiedenen Höhen des Zirkuszelts auch zu besteigen, da sie bei der freien Entfaltung auf die sozialstaatlich gewährleistete Sicherheit vertrauen können."[42]

Die systematische Interdependenz von Rechtsstaat und Leistungsstaat drückt sich darin aus, daß der Bürger einerseits einer verfassungsrechtlichen Garantie seiner Eigentumsrechte bedarf, um damit einverstanden sein zu können, daß leistungsstaatliche Entscheidungen mit parlamentarischer Mehrheit getroffen werden – der Rechtsstaat ist also nötig, um den Leistungsstaat zustimmungsfähig zu machen. Andererseits bedarf der Bürger des Leistungsstaates, um dem Rechtsschutzstaat und dessen Regeln zustimmen zu können. „Im Gegensatz zur orthodoxen ökonomischen Methodologie können das Recht der Menschen auf Eigentum und ihr Recht, Ressourcen für private und individuelle Zwecke einzusetzen, nicht isoliert von den Rechten behandelt werden, die indirekt durch die Zugehörigkeit zu einem Gemeinwesen entstehen, das wiederum durch eine Verfassung ermächtigt ist, nach im Voraus festgelegten Regeln Entscheidungen zu treffen."[43] So gesehen sind z. B. staatliche Versicherungsleistungen in einer Ordnung mit Markt und Wettbewerb Gegenleistungen dafür, daß der einzelne diese Ordnung gelten läßt, sie lassen sich also als *Einwilligungsprämien* interpretieren. Anders formuliert: Sozialstaatliche Leistungen ermöglichen eine gesteigerte Nutzung von Marktwirtschaft. Sie tragen dazu bei, mehr Markt möglich zu machen, da sie die Akzeptanz von Wettbewerb erhöhen. Sozialpolitik geschieht also in diesem Verständnis *für* den Markt und nicht *gegen* ihn. Sozialpolitik und die durch sie erfolgenden Umverteilungen „... lassen sich konstitutionenökonomisch als Duldungsprämien einerseits und als Investitionshilfen zwecks breiter Ausschöpfung von ‚potential gains' ande-

---

42 Kleinhenz 1992, S. 52.

43 Buchanan 1975, S. 104.

rerseits rekonstruieren. Beides zielt darauf ab, eine Ordnung in Form des Kosmos zu ermöglichen: Produktive Sozialpolitik ist auf eine Ermöglichung, Stärkung und Entwicklung von Märkten gerichtet, und dies ist zugleich das Kriterium für Grenzen und Richtung einer legitimen, weil produktiven Sozialpolitik ... Konstitutionenökonomisch muß jede sogenannte ‚Umverteilung' als Gegenleistung rekonstruiert werden: Eine streng ökonomische Methodik läßt anderes nicht zu."[44] Sieht man aber die Dinge so, dann entlarven sich die Forderungen nach Wirtschaftsordnungskonformität von Sozialpolitik und die nach Sozialordnungskonformität der Wirtschaftspolitik lediglich als Verlegenheitslösungen einer „dualistischen" Betrachtungsweise. „Diesen Verlegenheitslösungen fehlt das tertium comparationis: Wirtschaftliches und Soziales lassen sich nur in Bezug auf gesellschaftliche Kooperation sinnvoll in ein Verhältnis zueinander setzen, denn nur in Bezug auf gesellschaftliche Kooperation lassen sich die für eine sinnvolle Verhältnisbestimmung erforderlichen Differenzierungen vornehmen. Diese orientieren sich am Kriterium der Funktionalität. Damit wird die hier interessierende Frage wissenschaftlichen Zweckmäßigkeitsüberlegungen zugänglich: Marktwirtschaft und Sozialstaat sind als alternative Instrumente zur Förderung gesellschaftlicher Kooperation zu denken, als Instrumente, die sich partiell ersetzen, vor allem aber wechselseitig ergänzen können."[45]

4. Durch eine solche Sicht der Dinge ließe sich nach Ansicht von Homann und Pies der „Dualismus" in der Theorie der Sozialpolitik überwinden, denn ethische und ökonomische Aspekte stünden sich dann nicht länger antagonistisch gegenüber. Vielmehr seien die Umverteilungsleistungen des Sozialstaates Teil eines komplexen kollektiven Tauschakts, in dem die vermeintlichen „Nettozahler" wertvolle Gegenleistungen erhalten. Dies sei wichtig für die Begründung von sozialpolitischen Maßnahmen, die nicht länger gegen die Interessen bestimmter Bevölkerungsgruppen erfolgen müßten, sondern bei der die für alle bedeutsamen „gains from trade" im Vordergrund stünden. Mit einer solchen Konzeptualisierung ließe sich die Debatte um den Umbau des Sozialstaates von einer *Ziel*- auf eine *Mittel*-Diskussion umstellen. „Solange noch der Dualismus das Denken beherrscht, werden ‚ökonomische' Argumente immer auf ‚soziale' Vorbehalte stoßen und umgekehrt. Erst wenn gezeigt werden kann, daß es darum geht, mittels anreizkompatibler Arrangements soziale Absicherungen in den Dienst konstitutioneller ‚Effizienz' treten zu lassen – und das heißt: das Leistungsverhalten auf Wettbewerbsmärkten für eine gesellschaftliche Kooperation funktional zu machen –, erst dann kann man in der Öffentlichkeit auf breiter Front den Gedanken lancieren, daß es sich keinesfalls um eine Preisgabe sozialer Errungenschaften handeln muß, wenn nicht alle Tätigkeiten, die der Sozialstaat vor 100 Jahren in seine Obhut genommen hat, sich auch noch heute und in Zukunft in seiner Obhut befinden."[46] Mit „konstitutioneller

---

44 Homann / Pies 1996, S. 223.

45 Pies 1998.

46 Homann / Pies 1996, S. 226.

Effizienz" ist – wie schon angedeutet – im Unterschied zu „wohlfahrtsökonomischer Effizienz" – bei welcher eine Input-Output-Relation vorausgesetzt wird – das Ergebnis eines Handelns gemeint, welches Regeln folgt, die zustimmungsfähig sind.

5. Sicherlich läßt die hier nur unvollständig skizzierte Position noch mancherlei Fragen offen. Gleichwohl sollte sie im Interesse des Versuchs einer Überwindung von Politikblockaden intensiv auf ihre wissenschaftliche und praktische Brauchbarkeit hin beachtet und diskutiert werden. Würde man nämlich diesem Denkansatz folgen, dann wäre der bisher noch dominierende „Dualismus" überwunden. Ethische und ökonomische Aspekte wären nicht länger unvereinbar, stünden sich nicht mehr antagonistisch gegenüber. In einer solchen Betrachtungsweise würde die Frage nach *mehr* oder *weniger* Sozialstaat überflüssig, denn es geht hier um die *gesellschaftliche Produktivität* von Sozialpolitik, die so gesehen keinen „Luxuskonsum" eröffnet, sondern eine gesellschaftliche Investition ist. Daß der Begriff der Gerechtigkeit in diesem Zusammenhang ökonomisch interpretiert wird, sollte Ökonomen schon deshalb nicht weiter stören, weil dieser Denkansatz aus dem Wissenschaftsbereich der *Wirtschaftsethik* heraus vorgetragen wird.

Literaturverzeichnis

Becker, G. S. / *Murphy*, K. M. (1988): The Family and the State, in: Journal of Law and Economics, Bd. 31, S. 1 - 18

Buchanan, J. (1975): Die Grenzen der Freiheit. Zwischen Anarchie und Leviathan, Tübingen

– (1986): Liberty, market and state. Political economy in the 1980's, Brighton

– (1987): Constitutional Economics, in: The New Palgrave, Bd. 1, S. 585 - 588

Eucken, W. (1968): Grundsätze der Wirtschaftspolitik, 4. Aufl., Tübingen, Zürich

Fehl, U. (1983): Die Theorie dissipativer Strukturen als Ansatzpunkt für die Analyse von Innovationsproblemen in alternativen Wirtschaftsordnungen, in: Schüller, A., Leipold, H., Hamel, H. (Hg.), Innovationsprobleme in Ost und West, Stuttgart, New York, S. 65 - 89

Gutmann, G. (1986): Ordnungskonformität von Wirtschaftspolitik in Marktwirtschaften und Zentralverwaltungswirtschaften, in: Hamburger Jahrbuch für Wirtschafts- und Gesellschaftspolitik, 31. Jahr, Tübingen, S. 49 - 62

– (1994): Erhaltung industrieller Kerne in Ostdeutschland und das Problem der Ordnungskonformität von Wirtschaftspolitik, in: Hasse, R., Molsberger, E., Watrin, Ch. (Hg.), Ordnung in Freiheit. Festgabe für Hans Willgerodt zum 70. Geburtstag, Stuttgart, S. 28 - 39

Hayek, F. A. von (1952): Die Verwertung des Wissens in der Gesellschaft, in: Derselbe (Hg.), Individualismus und wirtschaftliche Ordnung, Erlenbach-Zürich, S. 103 - 121

– (1969): Der Wettbewerb als Entdeckungsverfahren, in: Derselbe (Hg.), Freiburger Studien, Tübingen, S. 249 - 265

Homann, K. (1994): Ethik und Ökonomik. Zur Theoriestrategie der Wirtschaftsethik, in: Derselbe (Hg.), Wirtschaftsethische Perspektiven I: Theorie, Ordnungsfragen, Internationale Institutionen, Schriften des Vereins für Socialpolitik, N.F., Bd. 228, Berlin

Homann, K. / *Pies*, I. (1996): Sozialpolitik für den Markt: Theoretische Perspektiven konstitutioneller Ökonomik, in: Ingo Pies, Martin Leschke (Hg.), James Buchanans konstitutionelle Ökonomik, Tübingen, S. 203 - 239

Kleinhenz, G. (1992): Die Zukunft des Sozialstaats. Spielraum für sozialen Fortschritt unter veränderten Rahmenbedingungen, in: Hamburger Jahrbuch für Wirtschafts- und Gesellschaftspolitik, Bd. 37, S. 43 - 71

Lampert, H. (1991): Lehrbuch der Sozialpolitik, 2. Aufl., Berlin, Heidelberg, New York u. a.

Mayer, O. (1997): Globalisierung und wohlfahrtsstaatliche Aufgaben, HWWA Diskussionspapier, Nr. 46, Hamburg

Müller-Armack, A. (1976a): Wirtschaftslenkung und Marktwirtschaft (1946), wieder abgedruckt in: Derselbe, Wirtschaftsordnung und Wirtschaftspolitik, Bern und Stuttgart, S. 19 - 170

– (1976b): Soziale Marktwirtschaft, in: Derselbe, Wirtschaftsordnung und Wirtschaftspolitik, Bern und Stuttgart, S. 243 - 249

Pies, I. (1998): Normative Institutionenökonomik und das Konzept einer ‚sozialen Marktwirtschaft', in: Cassel, D. (Hg.), 50 Jahre Soziale Marktwirtschaft, Stuttgart, Jena, New York

Preller, L. (1962): Sozialpolitik. Theoretische Ortung, Tübingen und Zürich

Röpke, W. (1979): Die Gesellschaftskrise der Gegenwart, 6. Aufl., Bern und Stuttgart

Sachverständigenrat zur Begutachtung der gesamtwirtschaftlichen Entwicklung (1996): Reformen voranbringen, Jahresgutachten 1996/97, Stuttgart

Seraphim, H.-J. (1955): Theorie der allgemeinen Volkswirtschaftspolitik, Göttingen

Streit, M. E. (1994): Das Leitbild der Sozialen Marktwirtschaft: Konsens, Konfliktfelder, Defizite, Reformchancen, in: Bertelsmann Stiftung, Heinz Nixdorf Stiftung, Ludwig-Erhard-Stiftung (Hg.), Markt mit Moral. Das ethische Fundament der Sozialen Marktwirtschaft, Gütersloh, S. 203 - 214

Willgerodt, H. (1996): Soziale Marktwirtschaft – ein unbestimmter Begriff?, in: Immenga, U., Möschel, W., Reuter, D. (Hg.), Festschrift für Ernst-Joachim Mestmäcker zum siebzigsten Geburtstag, Baden-Baden, S. 329 - 344

[illegible] K. (1994): [illegible] Theorie [illegible] der Wirtschaftspolitik [illegible] Vol. [illegible] Studies [illegible] International [illegible] Schriften [illegible]

[illegible] (199[illegible]): [illegible] Deutschland [illegible] Berlin [illegible]

[illegible] (1993): [illegible] Wechselkurs [illegible] und [illegible]

[illegible] der Sozialpolitik [illegible]

[illegible] (19[illegible]): [illegible] Wirtschaftsordnung und Wirtschaftspolitik [illegible]

[illegible] Wirtschaftspolitik und [illegible]

[illegible]

[illegible] Wirtschaftspolitik [illegible]

[illegible]

[illegible]

Familie und Familienpolitik im Rahmen der Sozialstaatsreform

Von Heinz Lampert

I. Fragestellung und Aufbau der Arbeit

Keine Partei und keine gesellschaftliche Gruppierung[1] zweifelt an der Notwendigkeit einer umfassenden Reform des Sozialstaates[2].

Erste Maßnahmen der Anpassung an die fiskalischen Folgen der sich seit 1975 herausbildenden Massenarbeitslosigkeit setzten, wenn auch zögernd, bereits Ende der 70er Jahre ein[3]. Sie wurden in den 80er Jahren verstärkt. Seit Ende der 80er Jahre wurde das Leistungsrecht in fast allen sozialpolitischen Bereichen vom Arbeitnehmerschutz und der Arbeitsmarktpolitik über die Kranken- und die Rentenversicherung sowie die Sozialhilfe bis hin zur Bildungs- und Vermögenspolitik re-

---

1 Vgl. nur zahlreiche regierungsamtliche Dokumente und Stellungnahmen der Parteien, Bundesvereinigung der Deutschen Arbeitgeberverbände 1994, Kirchenamt der Evangelischen Kirche in Deutschland und Sekretariat der Deutschen Bischofskonferenz 1997 und – aus der Flut wissenschaftlich einschlägiger Veröffentlichungen – die Gutachten des Sachverständigenrates zur Begutachtung der gesamtwirtschaftlichen Entwicklung seit 1980 sowie die Aufsätze und die Literaturangaben im Themenheft „Sozialstaat Deutschland" in Band 216 (1997) der Jahrbücher für Nationalökonomie und Statistik.

2 Dabei geht es darum,
- die internationale Wettbewerbsfähigkeit unserer Volkswirtschaft im Prozeß der Globalisierung zu erhöhen;
- den Sozialstaat an die Veränderungen der Altersstruktur der Bevölkerung, an die zunehmende Erwerbstätigkeit der Frauen, an das veränderte generative Verhalten der Bevölkerung sowie an das veränderte moralische Verhalten (Sozialleistungs- und Subventionsmißbrauch, Steuervermeidung und -hinterziehung, Korruption) gegenüber dem Staat und staatlichen Einrichtungen anzupassen;
- eine Verletzung von Grundwerten unserer Gesellschaft (Freiheit, Gerechtigkeit, Selbstverantwortung, Solidarität, Leistungsbereitschaft) zu vermeiden und
- Überversorgungen und Verschwendung im sozialen Bereich abzubauen und sozialstaatliche Defizite, wie sie vor allem in Form armutsbegründender Lücken im System sozialer Sicherung festzustellen sind, zu verringern.

Vgl. zu den Reformaufgaben Lampert 1997, S. 19 ff. und die dort zitierte Literatur.

3 Schon Ende der 70er Jahre reagierte die Bundesregierung auf die durch die Arbeitslosigkeit bei der Bundesanstalt für Arbeit entstehenden finanziellen Belastungen mit einer Anhebung der Leistungsvoraussetzungen für den Bezug von Arbeitslosengeld und mit einer Verringerung der Leistungen des Arbeitsförderungsgesetzes. Vgl. dazu Pfriem / Seifert 1979.

formiert. Der Zwang zu weiteren Reformmaßnahmen dürfte – nicht zuletzt im Zusammenhang mit der fortschreitenden wirtschaftlichen und politischen Integration Europas und der anhaltenden Globalisierung – bestehen bleiben.

Durch die Änderungen des Leistungsrechts, die bisher überwiegend Leistungskürzungen waren, wurden selbstverständlich nicht nur Individuen betroffen, die zum Leistungsbezug berechtigt sind. Vielmehr werden von Leistungsveränderungen auch die mit Leistungsempfängern lebenden Partner und Kinder betroffen, also die Familien[4].

Dieser Sachverhalt einer Kumulation von Leistungskürzungen in Familienhaushalten legt die Vermutung nahe, daß diese Leistungskürzungen dem Prinzip sozialer Gerechtigkeit widersprechen, weil Familienhaushalte stärker belastet werden als Nicht-Familienhaushalte. Ferner drängt sich die Vermutung auf, daß diese Politik verfehlt ist, weil sie die absolute und die relative Lebenslage von Familienhaushalten beeinträchtigt und dadurch dem Ziel der Sicherung der Zukunft von Gesellschaft und Staat zuwiderläuft. Denn die Familien erbringen, wie noch darzustellen sein wird, durch ihre Leistungen für die Familienmitglieder, vor allem für die Kinder, gleichzeitig auch Leistungen, die die Zukunft von Gesellschaft und Staat sichern.

Diese Vermutungen sollen in dieser Arbeit überprüft werden. Um feststellen zu können, inwieweit der Familienpolitik in der Bundesrepublik der ihr gebührende Rang zukommt, werden zunächst die Grundzüge der Familienpolitik skizziert (II.1.) sowie die Stellung der Familienpolitik im Rahmen der Innenpolitik (II.2.) und im Rahmen der Politik zur Reform des Sozialstaates analysiert (II.3.). Um dann die Frage beantworten zu können, ob die betriebene Politik den derzeitigen wirtschaftlichen Existenzbedingungen der Familien und der Bedeutung der Familien für Gesellschaft und Staat gerecht wird, werden die wirtschaftliche und soziale Lebenslage der Familienhaushalte (III.) und die Leistungen der Familie für ihre Mitglieder sowie für Gesellschaft und Staat dargestellt (IV.). Eine Ableitung der politischen Konsequenzen der Untersuchungsergebnisse beschließt die Arbeit (V.).

II. Die Stellung der Familienpolitik im Rahmen der Innenpolitik und der Politik zur Reform des Sozialstaates

1. Grundzüge der Familienpolitik in der Bundesrepublik[5]

Die Anfänge einer familienpolitischen Konzeption, mit der das Ziel verfolgt wird, aus Gründen sozialer Gerechtigkeit und zur Förderung der Aufgabenerfül-

4 Familien im Sinne unseres Themas sind Mehrpersonenhaushalte, in denen Vater und Mutter oder Vater bzw. Mutter mit einem oder mehreren unterhaltsbedürftigen leiblichen oder adoptierten Kindern zusammenleben.

5 Vgl. dazu die ausführliche Darstellung bei Lampert 1996, S. 147 bis 199.

lung in den Familien Eltern von einem Teil ihrer wirtschaftlichen Aufwendungen für die Versorgung und Erziehung ihrer Kinder zu entlasten, wurden 1954 gelegt, als zusätzlich zu den bereits bestehenden beitragsfreien Leistungen der Sozialversicherung für nicht erwerbstätige Familienmitglieder und Steuerfreibeträgen für Kinder durch das Kindergeldgesetz ein bescheidenes Kindergeld in Höhe von 25 DM für das dritte und jedes weitere Kind eingeführt wurde. Der dadurch begründete, aus Kindersteuerfreibetrag und Kindergeld bestehende duale Familienlastenausgleich (FLA) wurde stufenweise durch Anhebungen der Steuerfreibeträge, Ausdehnung der Kindergeldzahlung auf das zweite Kind und Anhebung des Kindergeldes für Kinder höherer Ordnungszahl verbessert.

1974 schaffte die von SPD und F.D.P. getragene sozial-liberale Koalition die Kinderfreibeträge ab, führte Kindergeld schon für das erste Kind ein und erhöhte das Kindergeld für alle weiteren Kinder spürbar. 1976 wurde das Ehe- und Scheidungsrecht im Sinne einer Ablösung des Leitbildes der auf der Hausfrauenehe beruhenden bürgerlichen Familie durch das Leitbild der auf gleichberechtigter Partnerschaft von Mann und Frau beruhenden Familie reformiert. Das Verschuldensprinzip wurde durch das Zerrüttungsprinzip ersetzt.

Mit der Ablösung der sozial-liberalen durch eine aus CDU, CSU und F.D.P. gebildete christlich-liberale Koalition 1982 wurde der duale FLA durch die Wiedereinführung und stufenweise Anhebung der Kinderfreibeträge bei Beibehaltung des von der Vorgängerkoalition geschaffenen Niveaus des Kindergeldes restauriert. Durch die Einführung des Erziehungsurlaubs, des Erziehungsgeldes und die Anerkennung von Erziehungsjahren in der Rentenversicherung wurde die Familienpolitik innovativ weiterentwickelt.

1996 wurde der duale FLA erneut reformiert. Im Sinne eines Urteils des Bundesverfassungsgerichts vom 29. Mai 1990, das die praktizierte Besteuerung des Einkommens für verfassungswidrig erklärt und gefordert hatte, daß das Einkommen eines Steuerpflichtigen bis zur Höhe des Existenzminimums steuerfrei bleiben muß, wurde im Rahmen des Jahressteuergesetzes 1996 der Steuerfreibetrag für Kinder stark angehoben, wenngleich nicht auf ein realistisches, existenzminimumsicherndes Niveau. Ebenso wurde das Kindergeld für Kinder jeder Ordnungszahl stark erhöht. Allerdings können seit 1996 Freibetrag und Kindergeld *nicht mehr kumulativ* beansprucht werden. Vielmehr müssen die Anspruchsberechtigten für das eine oder das andere optieren.

Diese Neukonzeption entspricht nur zum Teil den Ankündigungen der Bundesregierung und der Regierungsparteien, daß in der 1994 beginnenden Legislaturperiode die Familienpolitik eine Vorrangstellung einnehmen, der Familien*lasten*ausgleich zu einem Familien*leistungs*ausgleich ausgebaut und die Situation der Familie grundlegend verbessert werden sollte[6]. Zwar wurde durch diese Reform die verfassungswidrige Familienbesteuerung gemildert. Ferner wurde die Lebenslage der

6 Vgl. zu den Einzelheiten Lampert 1996, S. 166 bis 172.

unterhalb der Besteuerungsgrenze liegenden Familien und die Lebenslage der steuerpflichtigen Familien mit niedrigen Einkommen merklich verbessert. Für Familien mit mittlerem Einkommen jedoch, die sich für das Kindergeld entscheiden, liegt der Selbstfinanzierungsanteil am erhöhten Kindergeld wegen des entfallenden Kinderfreibetrages zwischen 67,9 % für Familien, die die Grenze zur Steuerpflicht gerade überschritten haben, und 100 % für Familien mit einem Einkommen, von dem ab es lohnend ist, den Steuerfreibetrag zu nutzen. Die Familien, die den Freibetrag wählen, erhalten im Grund überhaupt keine Leistungen im Sinne des dualen FLA mehr, weil die Steuerfreibeträge ein Gebot der Steuergerechtigkeit sind und nach dem Urteil des Bundesverfassungsgerichts nicht mehr als familienpolitische Leistung interpretiert werden können[7].

Die im Lauf der Jahre durchgesetzten nominalen Verbesserungen der Steuerfreibeträge für Kinder und des Kindergeldes sind real zum einen dadurch partiell entwertet worden, daß die Anpassungen an die Veränderungen des Preisniveaus und der allgemeinen Einkommensentwicklung bisher nur diskretionär vorgenommen wurden, daß also die monetären familienpolitischen Leistungen nicht dynamisiert sind[8], zum anderen dadurch, daß seit 1983 im Zusammenhang mit den wirtschaftlichen und finanziellen Problemen der öffentlichen Haushalte zahlreiche familienpolitische Leistungen gekürzt wurden[9].

2. Der Stellenwert der Familienpolitik im Rahmen der Innenpolitik

Der Stellenwert der Familienpolitik im Rahmen der Innenpolitik läßt sich zunächst einmal daran ablesen, daß die monetären familienpolitischen Leistungen im Gegensatz zu vielen anderen Sozialtransfers (Renten, Krankengeld, Arbeitslosengeld, Unterhaltsgeld) nicht dynamisiert sind. Ein geringerer Stellenwert der Familienpolitik gegenüber der Sozialpolitik läßt sich auch aus der Tatsache ablesen, daß das Kindergeld „Bestandteil der finanzpolitischen Manövriermasse bleibt und je nach politischer und wirtschaftlicher Konjunktur erhöht oder reduziert wurde“[10]. Ein dritter Indikator für das relative Gewicht der Familienpolitik ist darin zu sehen, daß der Anteil der Leistungen für Ehe und Familie am Bruttoinlandsprodukt 1965 4,3 % und 1995 4,2 % betrug, während die gesamte Sozialleistungsquote in dieser Zeit von 24,0 % auf 34,1 % stieg[11].

---

7 Vgl. zu den Effekten dieser Reform auch Lüdeke / Werding 1996 und Althammer / Wenzler 1997.

8 Vgl. dazu auch Kaufmann 1995, S. 141: „Es fehlt an einer Bindung des Familienlastenausgleichs an die Einkommensentwicklung, wie z. B. in der Renten- und Arbeitslosenversicherung.“

9 Vgl. dazu Punkt II.3. und zu weiteren Einzelheiten Lampert 1996.

10 Kaufmann 1995, S. 180.

11 Bundesministerium für Arbeit und Sozialordnung, Statistisches Taschenbuch ’97, Tabelle 7.2.

Aufgrund dieser Entwicklungen der Leistungen für Ehe und Familie beklagt *Franz-Xaver Kaufmann*[12] „die relative Benachteiligung der nachwachsenden Generation im Rahmen des Sozialbudgets" und *Anton Rauscher* verweist darauf, „daß die unterschiedliche Entwicklung der Leistungen für Kinder und für Ehegatten unwillkürlich die Frage nach den Prioritäten im gesamten Sozialleistungssystem aufwirft"[13].

Die Sachverständigenkommission für den Fünften Familienbericht bezeichnete 1994 die Familienpolitik als „Stiefkind der deutschen Sozialpolitik"[14] und bemängelte die fehlende Berücksichtigung familienpolitischer Ziele und Anliegen in anderen Politikbereichen, insbesondere in der Steuer-, der Wohnungs- und der Arbeitsmarktpolitik.

In der Bundesrepublik wurden innenpolitische Bereiche wie die Sozialpolitik, die Verkehrspolitik, die Wohnungspolitik und die Arbeitsmarktpolitik konsequenter, stetiger und mit deutlich größeren Zuwachsraten der eingesetzten Mittel entwickelt.

Wegen der ungenügenden Berücksichtigung der Lage der Familien und familienpolitischer Ziele in den meisten anderen Politikbereichen und wegen dem „vergleichsweise geringen Stellenwert der Familienpolitik in der Hierarchie politischer Prioritäten" spricht *Franz-Xaver Kaufmann* von einer „mangelnden Rücksicht des Staates auf die Familie"[15]. Ähnlich urteilen *Viola von Bethusy-Huc*[16] und *Ingrid Langer-El Sayed*[17].

---

12 Kaufmann 1995, S. 196.

13 Rauscher 1988, S. 560.

14 Bundesministerium für Familie und Senioren (Hg.) 1994, S. 30: „Die Dominanz der von den Sozialpartnern als Lobby und Inhaber der Selbstverwaltungskompetenz gestützten Sozialversicherungspolitik im Gesamt der bundesdeutschen Sozialpolitik ist für den geringen Stellenwert der Familienpolitik mit verantwortlich, der es an einer vergleichbaren politischen Unterstützung mangelt. Dementsprechend wurden in den letzten Jahren die Leistungen für Familien immer wieder Bestandteil der finanzpolitischen Manövriermasse, durch deren Reduktion das drohende Ausufern staatlicher Defizite bekämpft wurde. Die Mittel für den Familienlastenausgleich haben weniger zugenommen als das Bruttosozialprodukt und erst recht als die übrigen Sozialleistungen. Auch im internationalen Vergleich liegt die Bundesrepublik mit Bezug auf den Anteil der Aufwendungen für die Familie an der Gesamtheit der Sozialausgaben in der Schlußgruppe der älteren EG-Staaten."

15 Kaufmann 1995, S. 181 f. Als Beispiele ungenügender Berücksichtigung der Familie außerhalb der Familienpolitik nennt er das Übergewicht des Ehegattensplitting gegenüber den steuerlichen Entlastungen für Kinder, die Benachteiligung kinderversorgender Eltern in der Rentenversicherung, die ungenügende Berücksichtigung der Familien, insbesondere der kinderreichen, im Rahmen des sozialen Wohnungsbaus und des Wohngeldes sowie die unzureichende staatliche Politik in Bezug auf die Erleichterung der Vereinbarkeit von Beruf und Familie.

16 Bethusy-Huc 1987, S. 178: „Die Familie erscheint als ein Randobjekt des politischen Geschehens" und S. 176: „Die ausgeführte Darstellung der Familienpolitik zeigt ein außerordentlich heterogenes Bild von Maßnahmen, die zugunsten von Familien eingesetzt werden. Bei genauerem Hinsehen ergibt sich allerdings, daß es sich hierbei um sehr wenig verbun-

Abgesehen von ihrem geringen Stellenwert im Rahmen der Innenpolitik sind an der Familienpolitik zu beklagen:

- die mehrmaligen Wechsel in der Konzeption des FLA (vgl. II.1.);
- ihre Unstetigkeit und Diskontinuität, die an der fehlenden Dynamisierung der Leistungen und an den in finanziell beengten Entwicklungsphasen erfolgenden Leistungseinschränkungen ablesbar sind. Sie lassen die Familienpolitik bei den Adressaten der Politik als unzuverlässig und nicht vertrauenswürdig erscheinen[18];
- die Tatsache, daß die staatlichen FLA-Leistungen (Kindergeld, Erziehungsgeld, Wert der Kindererziehungsjahre) bei der überwiegenden Mehrzahl der Familien 15% der gesamten Aufwendungen von Eltern für ihre Kinder kaum übersteigen[19], obwohl diese Aufwendungen für die Versorgung eines Kindes bis zum 18. Lebensjahr erstaunliche Summen erreichen. Sie liegen gegenwärtig zwischen 242 000 DM und 454 000 DM[20];
- das Übergewicht der steuerlichen Entlastung der Ehe gegenüber der steuerlichen Entlastung für die Versorgung und Erziehung von Kindern und

---

dene und sehr wenig aufeinander abgestimmte Maßnahmenbündel handelt, die in ihrer Gesamtheit keineswegs in der Lage sind, die Situation der Familien nachhaltig zu verbessern."

17 Langer-El Sayed 1980, S. 253: „Die Familienpolitik ist von offensichtlich wichtigeren Erfordernissen und klassischeren Themen verdrängt worden. Außenpolitik und Finanzpolitik bestimmen den für familienpolitische Maßnahmen sehr beengten Rahmen" und S. 256: „Familienpolitik in der Bundesrepublik steht insofern in einer ungebrochenen historischen Kontinuität, als sie immer noch in viele kleine, unverbundene Schritte (und Rückschritte) zerfällt, die die Unverträglichkeiten der wirtschaftlichen und sonstigen Entwicklungen für die Familien erträglicher machen sollen. Es handelt sich nach wie vor um eine reaktive Politik, um soziale Stückwerkstechnologie für die Familien, *additive Familienpolitik* eben (Hervorhebung im Original)."

18 Vgl. dazu Bundesministerium für Familie und Senioren 1994 (Fünfter Familienbericht), S. 272 f.: „Eine instabile, inkonstante Familienpolitik wird Zweifel hinsichtlich der mittel- und langfristigen Verläßlichkeit der wirtschaftlichen und sozialen Rahmenbedingungen wekken, die für die Geburt, die Versorgung und die Erziehung von Kindern, für die partnerschaftlichen Beziehungen zwischen den Eltern und für die intergenerative Solidarität von großer Bedeutung sind. Vertrauen in die Verläßlichkeit und in die Stabilität der Rahmenbedingungen und der Familienpolitik ist vor allem deswegen erforderlich, weil Entscheidungen für Kinder die Lebenslage der Eltern und der Kinder dauerhaft nachhaltig beeinflussen. Junge Menschen erwarten daher zu Recht ein hohes Maß an Verläßlichkeit der für die Familiengründung relevanten Rahmenbedingungen."

19 Bundesministerium für Familie und Senioren 1994 (Fünfter Familienbericht), S. 294. Vgl. auch Lampert 1996, S. 179 bis 185.

20 Der Gesamtwert des Versorgungs- und Betreuungsaufwandes liegt bei Zugrundelegung des Bruttolohnes einer Hauswirtschafterin für die Betreuungsstunde für ein Kind in einem Sozialhilfe-Ehepaarhaushalt mit zwei Kindern *pro Kind* bei 309 000 DM und bei Zugrundelegung des Bruttolohnes einer Hauswirtschafterin für die Betreuungsstunde beim Ehepaarhaushalt mit einem Kind bei 454 000 DM. Vgl. dazu Lampert 1996, S. 32 ff., insbes. S. 39.

– das Fehlen einer langfristig orientierten familienpolitischen Konzeption und der Berücksichtigung des Querschnittscharakters der Familienpolitik[21] in der politischen Praxis.

3. Die Behandlung der Familien im Rahmen der Politik zur Sozialstaatsreform

Familienpolitische Leistungen standen nahezu bei jeder größeren Aktion zur Kürzung sozialstaatlicher Leistungen zur Disposition. Dauerhaft oder vorübergehend wurden für alle Leistungsbezieher oder für bestimmte Einkommensgruppen gekürzt bzw. abgesenkt: der Kinderbetreuungsfreibetrag für Alleinerziehende und für Ehepaare, der Ausbildungsfreibetrag, die Leistungen im Rahmen des Bundesausbildungsförderungsgesetzes, das Kindergeld, die Altersgrenze für den Kindergeldbezug, die Einkommensgrenzen für den Bezug des vollen Kindergeldes und des Erziehungsgeldes und das Mutterschaftsurlaubsgeld[22].

Schon in der ersten Phase der Kürzung von Sozialleistungen meinte *Irmgard Karwatzki*: „Trotz der ... Benachteiligung von Familien sind Maßnahmen für Familien in den letzten Jahren in Bund, Ländern und Kommunen erheblich gekürzt worden. Damit sind Familien, die beim Ausbau des Sozialstaates das Schlußlicht bildeten, bei den Einsparungen als erste zur Kasse gebeten worden."[23]

Die Familien wurden von der Verschlechterung der wirtschaftlichen Lage in den letzten 15 Jahren nicht nur durch diese absoluten Leistungskürzungen betroffen, sondern auch durch die mit der fehlenden Dynamisierung familienpolitischer Leistungen verbundenen relativen Leistungskürzungen.

Darüber hinaus muß die in der Reformdiskussion und in der praktizierten Reformpolitik kaum berücksichtigte Tatsache hervorgehoben werden, daß Familien von Kürzungsmaßnahmen doppelt betroffen sind, weil sie zusätzlich zu familienpolitischen Leistungskürzungen im Prinzip genau so wie Bürger ohne Unterhaltsverpflichtungen gegenüber Kindern durch wirtschaftliche und soziale Probleme und durch Leistungskürzungen im Rahmen des sogenannten Umbaues des Sozialstaates betroffen werden: von der Stagnation der Realeinkommen und des realen Wertes der Sozialleistungen, von der Arbeitslosigkeit, von Kürzungen der Dauer des Bezugs und der Höhe des Arbeitslosengeldes und der Arbeitslosenhilfe, von der Leistungsausgrenzung bei den gesetzlichen Krankenkassen, vom Abbau der Zuschüsse der Krankenkassen zu bestimmten Leistungen (Zahnersatz, Brillen und Kuren), von der Erhöhung der Zuzahlungen zu Medikamenten, Heil- und Hilfsmitteln, von der Kürzung der Lohnfortzahlung im Krankheitsfall und des Krankengeldes, von der Absenkung der Sozialhilfe, von der Verringerung oder Abschaffung steuerlicher Vergünstigungen, vom Abbau des Kündigungsschutzes, von Kür-

---

21 Vgl. dazu Lampert 1996, S. 186 ff.

22 Vgl. dazu Lampert 1997, S. 61 f.

23 Karwatzki 1984, S. 8.

zungen des Kurzarbeitergeldes und des Unterhaltsgeldes sowie von Einschränkungen der Arbeitsbeschaffungsmaßnahmen und von anderen Sparmaßnahmen.

Derartige zusätzliche Belastungen erscheinen nicht gerechtfertigt, weil das Niveau des Ausgleichs von Familienlasten und der finanziellen Anerkennung von Familienleistungen seit langem – auch nach Meinung des Bundesverfassungsgerichts – zu niedrig ist. Die Problematik der Doppelbelastung von Familien in Krisenzeiten wird noch dadurch vergrößert, daß die wirtschaftliche Grundlage der Familien geschwächt wird, obwohl die Familien nach allen vorliegenden Erkenntnissen und Erfahrungen in Krisensituationen, vor allem bei Arbeitslosigkeit, für ihre Angehörigen eine besondere Stütze darstellen und damit gleichzeitig eine für die Gesellschaft wichtige, stabilisierende Funktion erfüllen.

4. Zusammenfassung

Als Ergebnis der bisherigen Überlegungen läßt sich festhalten:

(1) Die Familienpolitik ist im Vergleich zu anderen Bereichen der Innenpolitik unterentwickelt. Sie genießt in der politischen Rhetorik Priorität, nicht aber in der politischen Praxis;

(2) Bedürfnissen der Familien und familienpolitischen Zielen wird in den Politikfeldern außerhalb der Familienpolitik nur unzureichend Rechnung getragen;

(3) die Familienpolitik weist sowohl in konzeptioneller Hinsicht als auch im praktischen Vollzug gravierende Mängel auf;

(4) im Rahmen der Maßnahmen zur Reform des Sozialstaates werden Familienhaushalte im Vergleich zu Nicht-Familienhaushalten doppelt belastet.

In ihrem Fazit zur Familienpolitik kam die Sachverständigenkommission für den Fünften Familienbericht zum Ergebnis: „Der in Artikel 6 Grundgesetz formulierte politische Auftrag, die Familie zu schützen und zu fördern, ist bisher nicht hinreichend erfüllt“[24].

Die defizitäre und mängelbehaftete Familienpolitik erscheint vor allem deswegen gravierend verfehlt, weil sie den Lebensraum der Familien einengt – und dies, obwohl einerseits „die Anforderungen an die Familien als Lebens- und Solidargemeinschaften und die ökonomischen Belastungen der Familien ... in unserem Kulturkreis zu keiner Zeit so groß wie heute“[25] waren und andererseits auch die Bedeutung der Familien für Gesellschaft und Staat noch nie so groß war wie heute, „weil die Funktionen der Familien für die Gesellschaft wichtiger geworden sind. Dies gilt insbesondere für den Beitrag der Familien zur Sicherung und Bildung von Humanvermögen und für ihre Funktion, das für soziale Gruppen jeder Größe unverzichtbare Solidaritätspotential zu entwickeln und zu sichern“[26].

---

24 Bundesministerium für Familie und Senioren 1994, S. 319.

25 Ebenda, S. 319.

Um die mit der gegenwärtigen Familienpolitik verbundenen Gefahren zu verdeutlichen, wird zunächst die Lebenslage der Familien beschrieben. Anschließend werden die die Existenz und die Zukunft von Gesellschaft und Staat sichernden Funktionen der Familie dargestellt.

III. Die Lebenslage der Familienhaushalte im Vergleich zur Lebenslage von Nicht-Familienhaushalten

Unter Lebenslage versteht man die Summe der wirtschaftlichen und sozialen Bedingungen (insbesondere Einkommen, Vermögen, Bildungsstand und Wohnbedingungen), die den Spielraum eines Menschen oder einer sozialen Gruppe zur Sicherung der physischen Existenz und zur Verwirklichung selbst gesteckter Ziele nachhaltig bestimmen. Sie ist für die Möglichkeiten der Erfüllung familialer Aufgaben von zentraler Bedeutung.

Von den die Lebenslage beeinflussenden Determinanten kann in diesem Aufsatz nur auf die zentrale Determinante, nämlich die Einkommensverhältnisse, eingegangen werden, die anderen können nur erwähnt oder – wie die Vermögenslage – nicht behandelt werden.

Übereinstimmend zeigen die vorliegenden Untersuchungen[27] zur Einkommenslage der Familien:

(1) Die Pro-Kopf-Einkommen und damit die wirtschaftlichen Voraussetzungen für die Lebensgestaltung sinken mit steigender Kinderzahl beachtlich. Die Pro-Kopf-Einkommen der Familien mit einem Kind liegen um 20 bis 25 %, die der Familien mit zwei Kindern um 35 bis 40 % und die der Familien mit drei und mehr Kindern um mehr als 50 % unter den Pro-Kopf-Einkommen Kinderloser[28]. Das mit steigender Kinderzahl sinkende Pro-Kopf-Einkommen und die Einkommensverluste, die durch die begrenzten Erwerbsmöglichkeiten von Paaren mit Kindern eintreten, führen zu einem spürbar niedrigeren wirtschaftlichen Wohlstand von kinderversorgenden Familien.

(2) Besonders prekär sind die Einkommensverhältnisse von jungen Familien, von Mehrkinder-Familien und von Ein-Eltern-Familien[29]. Die Beeinträchtigung

26 Ebenda, S. 319.

27 Vgl. vor allem Hauser 1995a, Bundesministerium für Familie, Senioren, Frauen und Jugend 1995, Cornelius 1987 und den Überblick bei Lampert 1996, S. 89 bis 104.

28 Die Pro-Kopf-Einkommen betrugen 1991 in den alten Bundesländern für kinderlose Ehepaare netto 1 773 DM. Quelle: Lampert 1996, S. 96.

29 1995 hatten 21,2 % aller Ehepaarhaushalte mit Kindern unter 18 Jahren ein Haushaltsnettoeinkommen von monatlich unter 3 000 DM und 28,0 % von 3 000 bis 4 000 DM. Von den Haushalten alleinstehender Mütter mit Kindern unter 18 Jahren hatten 35,0 % ein Haushaltsnettoeinkommen unter 1 800 DM und 26,2 % von 1 800 bis 2 500 DM. Quelle: Bundesministerium für Familie, Senioren, Frauen und Jugend 1997, S. 118.

der Lebenslage der genannten Familientypen läßt sich auch an der hohen und seit Jahren steigenden Zahl von Kindern und Jugendlichen ablesen, die von der Sozialhilfe laufende Hilfe zum Lebensunterhalt beziehen[30], und daran, daß sowohl Alleinerziehende wie auch Familien mit drei und mehr Kindern in der Sozialhilfe überrepräsentiert sind[31].

(3) Die relative Einkommenslage der Familien hat sich im Vergleich zu Kinderlosen in den letzten zwei Jahrzehnten verschlechtert[32].

Ein besonders die Frauen treffendes Problem ist die Einkommenslage im Alter, weil erwerbstätige, kinderlose Frauen hohe eigenständige Altersrentenansprüche erwerben und – wenn sie verheiratet waren und verwitwet sind – zusätzlich noch eine Witwenrente beziehen, während Frauen, die wegen der Versorgung von Kindern nicht erwerbstätig waren, nur wesentlich niedrigere eigene Ansprüche erwerben können, im Alter aus der Rente des Mannes unterhalten werden und im Fall der Witwenschaft mit 60 % dieser Rente auskommen müssen. Diese Benachteiligung von Müttern hat das Bundesverfassungsgericht gerügt und festgestellt, daß sie weder durch staatliche Leistungen noch auf andere Weise ausgeglichen wird. Daher hat das Gericht den Gesetzgeber verpflichtet, diese Benachteiligung abzubauen[33].

Das skizzierte Einkommensgefälle ist nicht nur eine Folge der Tatsache, daß aus dem Erwerbseinkommen der Familie mehrere Personen versorgt werden müssen, sondern daß bei den Familienhaushalten das Erwerbspotential der Eltern durch die Notwendigkeit der Betreuung und Erziehung von Kindern eingeschränkt ist.

Familienväter und -mütter müssen überdies Konkurrenznachteile auf den Arbeitsmärkten und damit Einkommensnachteile in Kauf nehmen, weil ihre räumliche, berufliche und zeitliche Verfügbarkeit und Mobilität im Vergleich zu kinderlosen Erwerbstätigen geringer sind.

Eine weitere relative Benachteiligung trifft Familien in Bezug auf die Wohnraumversorgung. Zwar hat sich im Verlauf der Jahre auch die Wohnungsversorgung von Familienhaushalten verbessert. Jedoch müssen einkommensschwache junge Familien, einkommensschwache Mehrkinderfamilien und Alleinerziehende

30 Im früheren Bundesgebiet ist der Anteil der deutschen Empfänger von laufender Hilfe zum Lebensunterhalt in der Sozialhilfe unter 14 Jahren an den Personen gleichen Alters von 4,7 % 1980 auf 10,1 % 1993 gestiegen. Bundesministerium für Familie, Senioren, Frauen und Jugend 1997, S. 121. Vgl. zur Problematik der Armut von Familien und Kindern Hauser 1995b.

31 Ende 1994 haben von je 100 Haushalten des angeführten Typs in der Sozialhilfe Hilfe zum Lebensunterhalt bezogen: bei Ehepaaren ohne Kinder 0,8; Ehepaaren mit einem Kind unter 18 Jahren 1,3; mit zwei Kindern 1,5; mit drei und mehr Kindern 4,1; bei alleinerziehenden Frauen mit einem Kind 18,3; mit zwei Kindern 25,0 und mit drei und mehr Kindern 37,6. Bundesministerium für Familie, Senioren, Frauen und Jugend 1997, S. 123.

32 Vgl. insbesondere Hauser 1995a, S. 139 f. und Stutzer 1994, S. 87.

33 Urteil des Bundesverfassungsgerichts vom 7. Juli 1992 („Mütterurteil").

als unterversorgte Gruppen gelten. Sie müssen sich wegen des Mietniveaus oder deswegen einschränken, weil die Vermieter die mit Kindern verbundenen „Störungen" vermeiden wollen[34].

Im Fünften Familienbericht wird eine zunehmende gesellschaftliche und wirtschaftliche Benachteiligung von Personen konstatiert, die Familientätigkeiten übernehmen, und festgestellt: „Die Kinderkosten sind privatisiert, die Erträge, die die nachwachsenden Generationen erwirtschaften, sind sozialisiert"[35].

IV. Die Leistungen der Familie für ihre Mitglieder und für Gesellschaft und Staat

Ehen und Partnerschaften werden geschlossen, weil sie nach dem Urteil der Partner erstrebenswert sind. Familien werden gegründet, weil sie einen im Urteil zahlreicher Menschen noch höheren Wert darstellen als Partnerschaften ohne Kinder. Diese Wertschätzung beruht überwiegend auf den Leistungen, die Lebenspartner bzw. Familienmitglieder füreinander erbringen. Diese Leistungen, die in allererster Linie für die Familie selbst erbracht werden, haben – untrennbar mit ihrem privaten Nutzen für die Familienmitglieder und die Familie als Institution verbunden – über die Familie hinausgehende Wirkungen für Gesellschaft und Staat (positive externe Effekte)[36].

Da diese für Gesellschaft und Staat eintretenden, „öffentlichen" Wirkungen untrennbar mit den „privaten" verbunden sind, werden diese Wirkungen bzw. Leistungen im Rahmen der im folgenden dargestellten, gesellschaftspolitisch relevanten Leistungen nicht getrennt aufgeführt.

(1) Die Wahrung der Lebensform „Familie": Sie stellt eine Leistung sui generis dar, weil in der modernen Gesellschaft die Familie aufgrund der Möglichkeiten der Individuen, sich für *andere* Lebensformen und Lebensstile zu entscheiden, und aufgrund der in unserer Gesellschaft mit der Gründung und der Sicherung

34 1993 verfügten in Deutschland pro Person Alleinlebende über 61 m^2 Wohnfläche, Ehepaare ohne Kinder über 43 m^2, Ehepaare mit einem Kind über 30 m^2, mit zwei Kindern über 25 m^2 und mit 3 Kindern über 23 m^2. Bundesministerium für Familie, Senioren, Frauen und Jugend 1997, S. 124.

35 Bundesministerium für Familie und Senioren 1994, S. 319.

36 Es kann und sollte nicht übersehen werden, daß Familien nicht nur privaten und öffentlichen Nutzen haben, sondern der Gesellschaft auch Kosten und Probleme schaffen können. Denn wenn Eltern der Aufgabe einer im Saldo positiven Gestaltung ihrer Partnerschaft und / oder ihrer Aufgabe der Versorgung und Erziehung von Kindern nicht gewachsen sind, wenn sie getrennt leben, geschieden sind, ihre Kinder nicht aus eigenem Erwerbseinkommen versorgen können, sie nicht zu verantwortungsbewußten, gesetzestreuen Menschen erziehen oder sie mißhandeln, müssen die negativen wirtschaftlichen und sozialen Folgen dieses Versagens von Gesellschaft und Staat getragen werden. Es darf jedoch davon ausgegangen werden, daß Familien ihren Aufgaben ganz überwiegend gerecht werden.

einer Familie verbundenen wirtschaftlichen und sozialen Belastungen keine selbstverständliche Lebensform für alle mehr ist[37]. In der Wahrung der Lebensform Familie liegt gleichzeitig ein Beitrag der Familien zur Stabilisierung von Gesellschaft und Staat.

(2) Die Gründung und Ausgestaltung der Familie als personaler Schutz-, Entfaltungs- und Regenerationsraum: Dieser Raum ist eine unverzichtbare Voraussetzung der „sozio-kulturellen Geburt" und der Entwicklung des Menschen[38] und seiner Persönlichkeit. In den Familien werden insbesondere die Begabungen und Talente der Kinder und Jugendlichen gefördert, soziales und solidarisches Verhalten vermittelt und eingeübt sowie andere soziale und kulturelle Werte tradiert und gepflegt.

Die Wahrnehmung dieser Aufgaben ist aus gesellschaftlicher Sicht bedeutend, weil sich eine Gesellschaft ohne qualitativ hochwertige, gesellschafts- und gemeinschaftsbezogene Sozialisationsprozesse, vor allem ohne die Schaffung von Solidaritätsbereitschaft und -fähigkeit, nicht zu einer Gesellschaft mit funktionsfähigen Gemeinschaften, mit sozialem Frieden und sozialer Gerechtigkeit entwickeln kann. Der Erziehungs- und Sozialisationsprozeß in den Familien wirkt auch auf Eigenschaften ein, die – wie Verantwortungsbewußtsein, Zuverlässigkeit, Sorgfalt – für die Qualität des Humankapitals als Teil des Humanvermögens der Gesellschaft von Bedeutung sind.

(3) Die Weitergabe menschlichen Lebens und die materielle Versorgung der Kinder: Obwohl kein Paar Kinder für die Gesellschaft und den Staat zeugt, versorgt und erzieht, sondern wegen des Wunsches, Kinder zu haben, stellt die Gründung einer Familie einen Beitrag zur Reproduktion der Gesellschaft dar, der den Fortbestand und die Funktionsfähigkeit der arbeitsteiligen, hochspezialisierten modernen Dienstleistungsgesellschaft sichert.

(4) Die materielle Versorgung der erwachsenen Familienmitglieder sowie die Pflege von Familienmitgliedern im Fall der Krankheit, einer Behinderung und einer altersbedingten Pflegebedürftigkeit: Diese Leistungen stellen – gesellschaftspolitisch gesehen – Beiträge zur Erhaltung des Humanvermögens dar. Darüber hinaus werden durch die Versorgung und Pflege der Familienmitglieder die Systeme der sozialen Sicherung und die öffentlichen Haushalte entlastet, weil die Familien die Funktion sozialer Selbsthilfe wahrnehmen.

Mit den angeführten Leistungen erbringen die Familien entscheidende und dem ökonomischen Wert nach erhebliche Beiträge zur Bildung und Pflege des Humanvermögens der Gesellschaft. Aus dieser Perspektive *erweist sich Familienpolitik als Politik zur Sicherung der Gesellschafts- und Wirtschaftsgrundlagen*. Für die aktuelle Familienpolitik spielt diese Perspektive bedauerlicherweise noch keine Rolle.

---

37 Vgl. dazu Kaufmann 1995, S. 32 ff.

38 Claessens 1967, insbesondere S. 69.

Im Fünften Familienbericht der Bundesregierung wurde der ökonomische Wert des Beitrags der Familien zur Humanvermögensbildung abgeschätzt[39]. Ausgehend vom Modell eines Ehepaares, das zwei Kinder bis zum vollendeten 18. Lebensjahr versorgt und betreut, wurde auf der Basis empirisch orientierter Annahmen ein Wert des Versorgungs- und Betreuungsaufwandes von rund 400 000 DM pro Kind ermittelt. Auf dieser Grundlage errechnete sich für den Geburtsjahrgang 1984 der früheren Bundesrepublik, der 633 000 Menschen umfaßt, ein Beitrag der Familien zur Humanvermögensbildung in Höhe von 250 Mrd. DM.

Für das gesamte Erwerbspersonenpotential der früheren Bundesrepublik des Jahres 1990 im Umfang von 38,7 Millionen Menschen wurde unter der Annahme, daß diese Personen bis zu ihrem 19. Lebensjahr einen den Gegenwartsverhältnissen entsprechenden Versorgungs- und Betreuungsaufwand verursacht haben, ein Beitrag zur Bildung des volkswirtschaftlichen Arbeitsvermögens in Höhe von rund 15 Billionen DM[40] errechnet.

Die Art und Weise sowie die Qualität, in der die Familien ihren gewichtigen Beitrag zur Ausprägung der geistigen, kulturellen, sozialen und beruflichen Dimension des Humanvermögens leisten und wie sie ihn – von den äußeren Bedingungen (u. a. verfügbares Einkommen, Wohnräume, Unterstützung durch die öffentlichen Bildungs- und Beratungseinrichtungen) – leisten können, ist für die wirtschaftliche, soziale und kulturelle Qualität einer Gesellschaft ausschlaggebend. Denn vom Erziehungs- und Sozialisationserfolg, den die Familien in Verbindung mit den öffentlichen Bildungseinrichtungen erreichen, hängt nicht nur die Leistungsfähigkeit, die Innovations- und die Wettbewerbsfähigkeit der Volkswirtschaft ab, sondern auch die Bereitschaft und die Fähigkeit heranwachsender Generationen, sich im politischen, kulturellen und sozialen Leben zu engagieren, etwas zu leisten und Verantwortung zu übernehmen. Nicht zuletzt wird das soziale Klima in der Gesellschaft nachhaltig davon beeinflußt, in welcher Weise die Familie ihre Funktion der Vermittlung individueller, sozialer, kultureller, ethischer und religiöser Werte erfüllt und inwieweit sie dabei öffentliche und politische Unterstützung findet. Diese Unterstützung läßt in der Bundesrepublik – wie in den Abschnitten II.2. und II.3. gezeigt – zu wünschen übrig.

---

39 Bundesministerium für Familie und Senioren 1994, S. 145.

40 Die Größenordnung dieses Beitrags erscheint weniger astronomisch, wenn man bedenkt, daß in einem Jahr (1993) nach Ermittlungen des Statistischen Bundesamtes in der früheren Bundesrepublik 77 Milliarden Stunden unbezahlte Familienarbeit geleistet wurden, die bei Bewertung mit dem Durchschnittslohn für eine qualifizierte Hauswirtschafterin einen volkswirtschaftlichen Wert von 1,9 Billionen DM ergeben (Bundesministerium für Familie, Senioren, Frauen und Jugend 1997, S. 111).

V. Politische Konsequenzen: Sicherung der Zukunft von Gesellschaft und Staat durch eine Reform der Familienpolitik als Aufgabe

1. Die Gefahren einer unterentwickelten Familienpolitik

Wie gezeigt wurde, ist für nicht wenige Familien die optimale Erfüllung der Familienaufgaben in einem als kritisch anzusehenden Umfang gefährdet, weil sich die sozio-ökonomischen Rahmenbedingungen für die Aufgabenerfüllung verschlechtert haben.

Die durch die Gründung einer Familie eintretenden Benachteiligungen halten erwiesenermaßen nicht wenige junge Menschen und Paare davon ab, ihren an sich vorhandenen Kinderwunsch zu verwirklichen. Daß dadurch die finanzielle Stabilität der sozialen Sicherungssysteme unterminiert wird, ist eine weit verbreitete Erkenntnis. Noch nicht in das öffentliche Bewußtsein ist bisher die Einsicht gedrungen, daß die Lage vieler Familien und die Entwicklung des Familiengründungsverhaltens[41] mittel- und langfristig auch die soziale Qualität der Gesellschaft, das verantwortungsbewußte Verhalten der einzelnen gegenüber den Mitmenschen und dem Staat, die Bereitschaft und die Fähigkeit zu solidarischem Verhalten, die Pflege und die Tradierung unseres abendländisch geprägten sozialen, kulturellen und politischen Wertesystems, die Quantität und die Qualität des Humanvermögens der Gesellschaft und damit die wichtigste Existenzgrundlage von Gesellschaft und Staat gefährdet[42]. *Eine unveränderte Fortführung der Familienpolitik in der Bundesrepublik ist daher gleichbedeutend mit einer Gefährdung der Qualität und der Zukunft von Gesellschaft und Staat.* Wenn diese Gefährdung vermieden werden soll, ist eine Verlagerung der innenpolitischen Prioritäten auf die Familienpolitik zwingend.

Daher ist es dringend geboten, ein langfristig angelegtes familienpolitisches Ziel- und Maßnahmensystem zu konzipieren, das dem Querschnittscharakter der Familienpolitik Rechnung trägt[43].

---

41 Vgl. dazu Lampert 1996, S. 61 ff. und S. 125 ff.

42 Führende Politiker wissen das und reden bzw. schreiben davon, handeln aber nicht entsprechend. Vgl. z. B. Helmut Kohl: „In der Familie erfahren die Menschen Geborgenheit und Zuwendung. In ihr können am besten Werte vermittelt und Verhaltensweisen eingeübt werden, ohne die eine freie, solidarische Gesellschaft nicht existieren kann: Liebe und Vertrauen, Toleranz und Rücksichtnahme, Opferbereitschaft und Mitverantwortung, Selbständigkeit und Mündigkeit. Als Lebens- und Erziehungsgemeinschaft bildet sie das Fundament einer jeden Gesellschaft." (H. Kohl, 40 Jahre Familienpolitik, in: Bundesministerium für Familie und Senioren (Hg.), 40 Jahre Familienpolitik in der Bundesrepublik Deutschland – Rückblick und Ausblick, Neuwied 1993, S. 7). Ähnlich auch W. Schäuble, Und der Zukunft zugewandt, Berlin 1994, Fünftes Kapitel „Die Familie – Das Fundament von Staat und Gesellschaft".

43 Vgl. dazu die ausführliche Darstellung der Anforderungen an eine effiziente Familienpolitik, der Grundziele der Familienpolitik und der familienpolitischen Empfehlungen bei Lampert 1996, S. 210 ff.

2. Ziele einer effizienten Familienpolitik

Es wirft ein bezeichnendes Licht auf die Familienpolitik der Bundesregierungen, daß wesentliche Ziele der Familienpolitik durch das Bundesverfassungsgericht in mehreren Urteilen der letzten Jahre vorgegeben wurden, als es feststellte[44]:

(1) Familien, deren Einkommen zu gering ist, um die Aufgaben der Familien zu erfüllen, müssen durch staatliche Transferleistungen zur Aufgabenerfüllung instand gesetzt werden und zwar um so mehr, je geringer ihr Einkommen und je größer die Zahl ihrer Kinder ist;

(2) die wirtschaftliche Benachteiligung von Eltern gegenüber Kinderlosen muß schrittweise bei allen familien-, steuer- und sozialpolitischen Maßnahmen verringert werden;

(3) der Staat ist aufgrund seiner Verpflichtung zum Schutz des ungeborenen Lebens, aufgrund des Schutzauftrages für Ehe und Familie und aufgrund der Gleichstellung von Mann und Frau in der Teilhabe am Arbeitsleben verpflichtet:

- Grundlagen dafür zu schaffen, daß Familientätigkeit und Erwerbstätigkeit aufeinander abgestimmt werden können;
- die institutionelle und familiäre Kinderbetreuung zu verbessern;
- die versorgungsrechtlichen Nachteile kindererziehender Elternteile angemessen auszugleichen;
- eine kinderfreundliche Gesellschaft zu fördern.

Eine familienpolitische Konzeption sollte vor allem folgende Ziele enthalten:

(1) Einen Verzicht auf die absolute Kürzung familienpolitischer Leistungen, um eine Verschlechterung der Lebenslage der Familien zu vermeiden und um die Familienpolitik für die Mütter und die Väter verläßlich und glaubwürdig zu machen;

(2) die Vermeidung relativer Leistungskürzungen durch eine Dynamisierung der Steuerfreibeträge für Kinder, des Kindergeldes und des Erziehungsgeldes, um die Familienpolitik zu verstetigen;

(3) eine Neuorientierung des FLA. Bei der Beurteilung des Familienlasten- oder Familienleistungsausgleichs und der Notwendigkeit seiner Weiterentwicklung ist von folgenden Fakten auszugehen:

a) die Freistellung der existenzminimalen Aufwendungen von der Besteuerung ist weder ein Familienlasten- noch ein Familienleistungsausgleich,

---

44 Vgl. dazu die Urteile des Bundesverfassungsgerichts vom 29. Mai 1990 und vom 12. Juni 1990 (zur Steuerfreiheit der Einkommensteile, die der Sicherung des Existenzminimums dienen) sowie vom 7. Juli 1992 („Mütterurteil“) und vom 28. Mai 1993 (zur Regelung des Schwangerschaftsabbruchs).

sondern ein Gebot der Steuergerechtigkeit. Daher sind nach den seit 1996 geltenden Regelungen alle Familien, für die es vorteilhaft ist, den Kinderfreibetrag statt des Kindergeldes zu wählen, von einem solchen Ausgleich ausgeschlossen;

b) die Sicherung des Existenzminimums von Menschen, die aus eigener Kraft nicht in der Lage sind, die dazu erforderlichen Mittel zu beschaffen, ist ein sozialstaatliches, in der Verfassung generell vorgegebenes Gebot. Daher ist auch die Sicherung des Existenzminimums von Kindern, deren Eltern zu dieser Sicherung nicht in der Lage sind, ein generelles Gebot und kein Bestandteil eines Familienlasten- oder Familienleistungsausgleichs;

c) erst über die Einhaltung beider Gebote hinausgehende staatliche Leistungen sind Elemente eines Familienlastenausgleichs. Dabei gilt für alle Familien, die steuerpflichtig sind und sich besser stellen, wenn sie das Kindergeld wählen, daß dieses Kindergeld sowohl eine „Kinderfreibetragskomponente" als auch eine „Förderkomponente" enthält[45];

(4) die schrittweise Erhöhung der Zahl der Erziehungsjahre in der Rentenversicherung;

(5) eine familienfreundlichere Ausgestaltung des Steuerrechts durch stärkere Berücksichtigung der Versorgung von Kindern in Verbindung mit einer Abschwächung der steuerlichen Förderung der Ehe;

(6) die strikte Beibehaltung der Familienorientierung des Systems sozialer Sicherung. Denn familienorientierte Leistungen der Sozialversicherung sind keine „versicherungsfremden" Leistungen im Sinn der aktuellen Reformdiskussion, sondern ein originäres Element der Sozialversicherung[46];

(7) der Einbau einer Kinderkomponente im Fall eines Abbaues von Lohnersatzleistungen, weil sonst Familienhaushalte, die aus ihrem Einkommen ja auch Kinder versorgen müssen, härter betroffen werden als andere Haushalte;

(8) die Förderung der Vereinbarkeit von Erwerbstätigkeit und Familientätigkeit, um den Ehefrauen und Müttern echte Chancen der Teilhabe am gesellschaftlichen und wirtschaftlichen Leben einzuräumen;

(9) die Weckung der Bereitschaft der Ehemänner und Väter zu einer stärkeren Beteiligung an hauswirtschaftlichen und Familienaufgaben;

(10) die Erhöhung der Familienfreundlichkeit der Arbeitswelt;

---

45 Diese Förderungskomponente, die für steuerpflichtige Ein- und Zweikinderfamilien nach der seit 1996 geltenden Regelung zwischen 32,1 % und 0 % des Kindergeldes beträgt, läßt es meines Erachtens nicht zu, von einem Familien*leistungs*ausgleich zu sprechen.

46 Vgl. zu den Gefahren einer Ausgliederung familienorientierter Leistungen aus der Sozialversicherung Lampert 1995.

(11) die ausreichende Bereitstellung familienunterstützender Leistungen, vor allem von Kindergarten- und Kinderhortplätzen sowie von Familienberatungsstellen, um den Familien die Wahrnehmung ihrer Aufgaben zu erleichtern;

(12) eine konsequente, auf den Schutz des ungeborenen und des geborenen Lebens ausgerichtete Familienpolitik, um damit einen Beitrag zur Verhütung von Schwangerschaftsunterbrechungen zu leisten.

3. Zur Finanzierung der Familienpolitik

Die Träger politischer Verantwortung pflegen auf familienpolitische Forderungen mit dem Hinweis auf die Knappheit öffentlicher Mittel zu reagieren.

Bei einer derartigen rein fiskalischen Argumentation wird übersehen, daß sich familienpolitische Aufwendungen zum Teil durch beachtliche Erträge einer effizienten Familienpolitik selbst finanzieren. Diese Erträge bestehen in besseren Voraussetzungen für die Familiengründung, in Verbesserungen der familialen Aufgabenerfüllung, in der Stabilisierung der Familien, in der Verringerung von Abtreibungen und der Vermeidung ihrer Folgen, in der Vermeidung von monetären Sozialleistungen und von sozialen Dienstleistungen im Fall des Eintritts von Risiken, die die Familien selbst abdecken, und in der Vermeidung von Arbeitslosigkeit durch eine Verringerung der Arbeitsangebotsdringlichkeit bei den Familien.

Als direkte Finanzierungsquellen sind zu nennen: Mittelumschichtungen aufgrund eines Abbaues von Subventionen und von Steuervergünstigungen verschiedener Art sowie eine Reform der Ehegattenbesteuerung und eine Reform der Witwen- und Witwerrenten. Das auf diese Weise erzielbare Mittelvolumen dürfte jedoch allein nicht ausreichen, um einen Lasten- und Leistungsausgleich zu verwirklichen, der diesen Namen verdient.

Für einen wirklichen Lasten- und Leistungsausgleich ist es zum einen unumgänglich, von der Finanzierung der Familienpolitik durch solche Steuern und Abgaben abzugehen, die zu einem großen Teil durch die erwerbstätigen und steuerpflichtigen Familienmitglieder selbst aufgebracht werden, und zu einem Finanzierungsverfahren überzugehen, das eine nur minimale Selbstfinanzierungsquote aufweist. Zum andern wird es langfristig unverzichtbar sein, die Leistungen, v.a. für die Bezieher niedriger und mittlerer Einkommen, zu erhöhen. Beide Ziele könnten durch den Übergang zur Erhebung einer Abgabe kinderloser Steuerpflichtiger erreicht werden, deren Erträge in einen Familienlasten- und Familienleistungsausgleichsfonds (Kinderkasse) fließen und in Form direkter Transfers – auf Kindergeld-, Erziehungsgeld- und Ausbildungsförderungsleistungen aufgeteilt – nach bestimmten Kriterien an die Familien mit Kindern und an die Sozialversicherungsträger zur Finanzierung familienorientierter Leistungen verteilt werden.

Die Gegner eines solchen Vorschlags verkennen die Tatsache, daß die Familien in Form externer Erträge der Versorgung und der Erziehung der nachwachsenden

Generation wesentliche Beiträge zur Zukunftssicherung der Kinderlosen und der Gesellschaft leisten und daß es weder darum geht, Kinderlose zu „bestrafen“, noch jemand dazu zu veranlassen, sich wegen finanzieller Anreize für Kinder zu entscheiden. Es geht darum, die Aufwendungen für die Versorgung und Erziehung der Kinder, die die Zukunft und die Funktionsfähigkeit der gesamten Gesellschaft sichern, gerecht in der Gesellschaft zu verteilen.

So wie jeder erwachsene Mensch ein Recht hat, eine Familie zu gründen, so hat er selbstverständlich auch das Recht, dies nicht zu tun. Alle Gesellschaftsmitglieder aber sind sozialethisch verpflichtet, sich an der Erhaltung und Finanzierung der Werte, Einrichtungen, Güter und Menschen zu beteiligen, die die Gesellschaft zu ihrer Existenzsicherung benötigt.

Literaturverzeichnis

Althammer, J. / *Wenzler*, S. (1997): Wie familienfreundlich ist die Reform des Familienlastenausgleichs?, in: Finanzarchiv, Neue Folge Band 53, S. 545 ff.

Bethusy-Huc, V. v. (1987): Familienpolitik, Tübingen

Bundesministerium für Familie und Senioren (Hg.) (1994): Familien und Familienpolitik im geeinten Deutschland. Zukunft des Humanvermögens. Fünfter Familienbericht, Bonn

Bundesministerium für Familie, Senioren, Frauen und Jugend (Hg.) (1995): Die demographische Bedeutung des Familienstandes. Forschungsbericht, Stuttgart

– (1997): Die Familie im Spiegel der amtlichen Statistik, Brühl

Bundesvereinigung der Deutschen Arbeitgeberverbände (1994): Sozialstaat vor dem Umbau. Leistungsfähigkeit und Finanzierbarkeit sichern, Köln

Claessens, D. (1967): Familie und Wertsystem. Eine Studie zur „zweiten, soziokulturellen Geburt“ des Menschen., 2. Auflage, Berlin

Cornelius, J. (1987): Modellrechnungen zur wirtschaftlichen Lage von Familienhaushalten unterschiedlicher Kinderzahl, Heft 19 der Materialien und Berichte der familienwissenschaftlichen Forschungsstelle des Statistischen Landesamtes Baden-Württemberg, Stuttgart

Hauser, R. (1995a): Die Entwicklung der Einkommenslage von Familien über zwei Dekaden – einige empirische Grundlagen zur Würdigung der deutschen Familienpolitik, in: G. Kleinhenz (Hg.), Soziale Ausgestaltung der Marktwirtschaft. Festschrift für Heinz Lampert, Berlin, S. 133 ff.

– (1995b): Das empirische Bild der Armut in der Bundesrepublik Deutschland – ein Überblick, in: Aus Politik und Zeitgeschichte, Beilage zur Wochenzeitung Das Parlament vom 28. Juli 1995, S. 3 ff.

Karwatzki, I. (1984): Politik zugunsten der Familien, in: Aus Politik und Zeitgeschichte, Beilage zur Wochenzeitung Das Parlament vom 19. Mai 1984

Kaufmann, F. X. (1995): Zukunft der Familie im vereinten Deutschland. Gesellschaftliche und politische Bedingungen, München

Kirchenamt der Evangelischen Kirche in Deutschland und Sekretariat der Deutschen Bischofskonferenz (1997): Für eine Zukunft in Solidarität und Gerechtigkeit. Wort des Rates der Evangelischen Kirche in Deutschland und der Deutschen Bischofskonferenz zur wirtschaftlichen und sozialen Lage in Deutschland, Hannover und Bonn

Lampert, H. (1995): Familienlastenausgleich und Sozialversicherung, in: Vierteljahresschrift für Sozialrecht 1995, S. 75 ff.

– (1996): Priorität für die Familie. Plädoyer für eine rationale Familienpolitik. Berlin

– (1997): Krise und Reform des Sozialstaates, Frankfurt am Main

Langer-El Sayed, J. (1980): Familienpolitik: Tendenzen, Chancen, Notwendigkeiten, Frankfurt am Main

Lüdeke, R., *Werding*, M. (1996): Die Reform des Dualen Familienlasten- bzw. Familienleistungsausgleichs 1996, in: Jahrbücher für Nationalökonomie und Statistik, Band 215, S. 419 ff.

Pfriem, H., *Seifert*, H. (1979): Funktion und Funktionswandel der Arbeitsmarktpolitik, in: WSI-Mitteilungen, S. 68 ff.

Rauscher, A. (1988): Die Familie als Träger intertemporaler Ausgleichsprozesse, in: A. Rauscher, Kirche in der Welt, Beiträge zur christlichen Gesellschaftsverantwortung, 2. Band, Würzburg, S. 509 ff.

Stutzer, E. (1994): Zur Einkommenslage junger Familien, in: Ministerium für Familie, Frauen, Weiterbildung und Kunst Baden-Württembergs (Hg.), Familien heute – ausgewählte Aufsätze zur Situation der Familien in Baden-Württemberg, Stuttgart, S. 75 ff.

Gesundheitsvorsorge der Zukunft

Von Günter Neubauer

I. Einführung

Gesundheitsvorsorge ist eine Thematik, welche die einzelnen Individuen, die Familien, die Betriebe, gesellschaftliche Gruppen wie auch die Gesellschaft als Ganzes schon immer bewegt hat, unabhängig vom jeweiligen Kulturkreis. Diese breite Basis macht deutlich, daß längst nicht nur die Gesellschaft und damit der Staat in Verantwortung für die Gesundheitsvorsorge stehen, wie die Diskussion der letzten Jahre nahelegen könnte.

Der nachfolgende Beitrag wird sich daher gerade mit der Verantwortungszuweisung für Gesundheitsvorsorge auf die verschiedenen Personen und Personengruppen beschäftigen. Wenngleich dies eine nahezu zeitlose Fragestellung ist, wollen wir doch vorab einige wichtige zu erwartende Entwicklungen auf der Bedarfsseite und der Finanzierungsseite beleuchten. Damit wird es notwendig, daß wir unsere Überlegungen auf die deutsche Situation begrenzen, obgleich in vielen Industriestaaten ähnliche Diskussionen geführt werden [1/2].

Abschließend ist noch eine inhaltliche Präzisierung des Begriffes „Gesundheitsvorsorge" erforderlich. In einer weiteren Definition können darunter alle Maßnahmen gefaßt werden, die gezielt in bezug zur Gesundheit ergriffen werden. Nach einer engeren Definition ist Gesundheitsfürsorge an die direkte oder indirekte Mitwirkung von Ärzten gebunden. Die weitere Definition umfaßt vor allem zusätzliche Maßnahmen, die von Einzelnen, Familie oder Laiengruppen gesundheitsbezogen durchgeführt werden. Maßnahmen, die nur im Nebeneffekt die Gesundheit von Personen tangieren, bleiben ausgeschlossen. Hiervon sind insbesondere vielfältige umweltbezogene Aktivitäten betroffen, wenngleich – fundamental gesehen – Umweltbedingungen stets auf die Gesundheit von Personen einwirken. Der arztbezogene Gesundheitsbegriff spielt bei der Finanzierung eine wichtige Rolle, wird von uns dort aufgegriffen und deckt sich weitgehend mit dem Verantwortungsbereich der Krankenversicherungen.

II. Bestimmungsfaktoren künftigen Bedarfs an Gesundheitsfürsorge

Zu den wichtigen Determinanten künftigen Bedarfs zählen die Morbiditätsentwicklung, der medizinische und medizinisch-technische Fortschritt sowie der gesellschaftliche Strukturwandel. Auf alle drei Faktoren sei kurz eingegangen.

1. Die Morbiditätsentwicklung

Die Morbiditätsentwicklung der Zukunft wird entscheidend von der Altersentwicklung und -struktur der Bevölkerung geprägt. Es liegt auf der Hand, daß sich mit einer älter werdenden Bevölkerung auch der Bedarf an Gesundheitsvorsorge verschiebt. So verlieren Krankheiten für Kinder und Erwachsene bis 65 Jahren relativ an Gewicht, während Alterskrankheiten zunehmen. Ein altersbedingter Zusatzbedarf ergibt sich insbesondere für Herz- und Kreislauferkrankungen, für Erkrankungen des Urogenitaltraktes, für Krebserkrankungen im diagnostischen und therapeutischen Bereich, für operative und rehabilitative Behandlung des Bewegungsapparates, für Erkrankungen des Seh- und Hörsinnes und für gerontopsychiatrische Versorgung [3].

Die für das Alter typische Multimorbidität verlangt eine Neuorientierung in der Versorgung. Aus der gleichzeitigen Präsenz mehrerer Gesundheitsstörungen in unterschiedlichen Stadien leitet sich die Notwendigkeit einer abgestimmten präventiven, kurativen, rehabilitativen und pflegerischen Betreuung ab. Diesem veränderten Versorgungsbedarf kommt das System nur zeitverzögert nach, da die Umstellung der Ausbildungsgänge nur langsam erfolgt. Der altersbedingte, steigende Zusatzbedarf kann gleichwohl als moderat angesehen werden, da es auch mäßigende Effekte gibt. So sinken mit zunehmendem Alter die medizinischen Kosten, die im mittelbaren und unmittelbaren Zusammenhang mit dem Tod stehen. Je älter der Mensch wird, um so natürlicher – und kostengünstiger – ist der Tod. Mit steigender Lebenserwartung entfallen also auch spezifische Behandlungsleistungen.

Weitere Entlastung könnte eine vorausschauende, risikomindernde Gesundheitspolitik für die mittleren und höheren Lebensjahre bringen. Eine solche präventiv orientierte Gesundheitspolitik verlangt allerdings Ausgaben für Maßnahmen, deren Nutzen deutlich später anfällt. Daher werden diese Nutzen ökonomisch wie politisch diskontiert und verlieren dadurch erheblich an Überzeugungskraft.

2. Medizinischer und medizinisch-technischer Fortschritt

Fortschritte in der Medizin zielen darauf ab,

- Krankheit und damit verbundene Schmerzen zu verhüten, zu heilen und zu lindern,

- vermeidbaren, frühzeitigen Tod zu vermindern und
- die körperliche und psychische Funktionsfähigkeit wiederherzustellen.

Gemessen an diesen Zielsetzungen gibt es in allen Gesellschaften einen immensen ungedeckten Bedarf an Gesundheitsleistungen, denn noch immer stirbt ein Großteil der Bevölkerung vor Erreichen des biologisch möglichen Alters. Auch sind noch lange nicht alle Krankheitsbilder hinreichend erforscht, um eine Kausaltherapie zu ermöglichen. Trotz großer und spektakulärer Fortschritte der Medizin, etwa in der Transplantationsmedizin, sind die Ursachen selbst von Volkskrankheiten wie Rheuma nicht hinreichend bekannt. Auch läßt sich eine Globalisierung der Krankheiten durch die riesigen Wanderungsbewegungen feststellen. So tauchen immer häufiger tropische Krankheitserreger, verschleppt durch Touristen, in gemäßigten Zonen auf. Ferner erschweren Resistenzen von Bakterienstämmen die Behandlungen.

Insgesamt schafft der medizinische Fortschritt mit jeder Neuerung Bedarf, der nach Deckung verlangt. Das Tempo und die Breite des medizinischen und medizinisch-technischen Fortschritts läßt sich heute kaum abschätzen. In jedem Falle dürfte sich beides durch die Globalisierung von Forschung und Entwicklung beschleunigen.

Medizinischer Fortschritt wird sich vor allem für die ältere Bevölkerung vorteilhaft auswirken und daher von dieser nachgefragt werden. Erst die Verknüpfung von medizinischem Fortschritt und einer älter werdenden Bevölkerung läßt den Bedarf an Gesundheitsvorsorge bedrohlich ansteigen.

3. Gesellschaftlicher Struktur- und Wertewandel

In unserem Zusammenhang sind hier die Singularisierung der Menschen und eine Vergesellschaftlichung der Ansprüche und Bedarfe von Bedeutung. In Deutschland leben immer mehr Menschen in Einpersonenhaushalten, mit der Konsequenz, daß im Krankheitsfalle keine Familienunterstützung zur Verfügung steht. Dies wirkt auf einen Ausbau der professionellen Hilfen hin, die in aller Regel höhere Ausgaben verlangen. Das Laienpotential, das Familien und auch funktionierende Nachbarschaften beinhalten, geht durch den Singularisierungstrend weitgehend verloren.

Mit der Umstrukturierung der Familien geht auch ein Wertewandel derart einher, daß einerseits die Vorteile des Individualismus genutzt, andererseits die Nachteile vergesellschaftet werden. So werden riskante Lebensweisen gesucht, deren Schäden aber auf die kollektiven Sicherungssysteme abgewälzt. Hier muß die Sozialversicherung insgesamt und die gesetzliche Krankenversicherung (GKV) im besonderen Instrumente entwickeln, welche einer Überforderung entgegenwirken.

III. Entwicklung der Finanzierungsgrundlagen

1. Das Bruttoinlandsprodukt

Grundsätzlich müssen inländische Konsum- wie Investitionsausgaben aus dem jeweiligen Bruttoinlandsprodukt (BIP) finanziert werden, sofern man sich nicht ans Ausland verschulden will. Dies trifft auch für Gesundheitsausgaben uneingeschränkt zu. Somit ist die künftige Entwicklung der Inlandsproduktion die entscheidende Determinante für den Finanzierungsspielraum.

Das Wachstum des BIP, das für Deutschland für die nächsten Jahre zu erwarten ist, wird wiederum von einer Reihe verschiedenartiger Faktoren beeinflußt, was eine längere Vorhersage höchst schwierig macht. Tendenziell wird reifen Volkswirtschaften ein mäßiges bis niedriges Wachstum vorhergesagt (OECD). Der erreichte wirtschaftliche Erfolg wird dabei für sich selbst zum Hindernis, weil der Erfolg den Mut für Veränderungen nimmt und Strukturen sich verhärten läßt.

Insgesamt kann davon ausgegangen werden, daß die Entwicklung des Bedarfs an Gesundheitsfürsorge schneller expandiert als das BIP wächst. Von daher sind Umstrukturierungen erforderlich, für die gegenwärtig die politische Durchsetzungskraft fehlt.

2. Das Arbeitseinkommen

Die deutsche Sozialversicherung und damit auch die GKV wird nahezu ausschließlich aus dem Arbeitseinkommen finanziert. Dadurch wird nicht nur der Standort Deutschland für arbeitsintensive Produkte diskriminiert, sondern auch die Motivation, sozialversicherungspflichtiges Einkommen zu erzielen, wird nachhaltig gedämpft.

Es ist davon auszugehen, daß in der Zukunft das Arbeitseinkommen, insbesondere das Arbeitnehmereinkommen, an Gewicht und Anteil am Volkseinkommen verlieren wird. Dadurch wird die Finanzierungsbasis für Gesundheitsleistungen schmäler, während zugleich der Bedarf wächst. Die alternativen Finanzierungsgrundlagen, nämlich das gesamte Haushaltseinkommen oder allgemeine Steuern, werden weiter hinten noch angesprochen (vgl. Punkt 6.1).

IV. Ordnungspolitische Konzeptionen zur Bewältigung der Knappheit

Aus ökonomischer Sicht bestand in der Vergangenheit, genauso wie heute und morgen, Knappheit der Mittel, auch im Bereich der Gesundheitsfürsorge. Daraus resultiert das Problem der Rationierung und Prioritätensetzung. Die Frage, wie und von wem Rationierung und Prioritätensetzung vorgenommen werden, hat ordnungspolitischen Rang. Im folgenden sollen drei der wichtigsten Lösungsvorschläge realtypisch erörtert werden [4]. Die Beurteilung der Lösungsvorschläge erfolgt anhand der ökonomischen Kriterien der Allokationseffizienz und der Distribution sowie mittels der gesellschaftlichen Kriterien der Subsidiarität und Solidarität.

1. Regionalisierte Einheitsversicherung

Bei diesem Vorschlag wird davon ausgegangen, daß Gesundheitsvorsorge letztlich immer örtlich gebunden erfolgt und die Versorgungsbedingungen für alle Bürger gleich sein sollten. Aus diesem Grunde werden die Krankenversicherungen zu regionalen Versicherungsgemeinschaften zusammengefaßt und damit beauftragt, durch Verträge mit den erforderlichen Leistungserbringern eine regional abgestimmte Gesundheitsvorsorge sicherzustellen. Für die Versicherten ist es von der Leistungsseite her unerheblich, bei welcher Versicherung sie Mitglied sind. Auf mittlere Sicht ergibt sich eine Tendenz zur Vereinheitlichung der verschiedenen Kostenträger, ohne daß im strengen rechtlichen Sinne eine Einheitsversicherung geschaffen werden muß. Die Leistungserbringer stehen im Wettbewerb um Verträge, wobei offen bleiben kann, ob Pflichtverbände oder freie Gruppen als Vertragspartner fungieren. Der Leistungskatalog deckt alle Risiken ab, die Beiträge werden einkommensabhängig erhoben.

Die Prioritätensetzung und im Prinzip die Rationierung erfolgen über die regionale Vertragsgestaltung und die Zugangskriterien. In der Regel wird hierfür das Hausarztprinzip vorgeschlagen.

Zur Effizienzsteigerung wird der regionale Wettbewerb der Leistungserbringer genutzt, während aus verteilungspolitischen Gründen der Wettbewerb zwischen den Krankenversicherungen vermieden wird. Dem Subsidiaritätsgedanken wird dadurch Rechnung getragen, daß nicht der Staat, sondern die regionale Versicherungsgemeinschaft die Versorgungsverantwortung trägt. Die Solidarität wird um die regionale Komponente erweitert. Bei Beibehaltung einer freien Versicherungswahl wird ein regionaler Risikostrukturausgleich durchgeführt; bei Wegfall der freien Versicherungswahl wäre ein Finanzausgleich zwischen den Kostenträgern notwendig.

Zentrale Argumente gegen eine regionalisierte Einheitsversicherung sind die regionale Mobilität der Personen wie der Produktionsfaktoren. Schließlich leiten sich eine Reihe von ökonomischen Effizienzvorteilen aus der Zentralisierung von Funktionen ab. Des weiteren ist auch eine überregionale Distribution wünschenswert. Das Leitbild einer regionalen Solidarität trägt nicht weit genug. Dies mag in dünnbesiedelten Flächenstaaten anders sein als in dichtbevölkerten, verkehrsmäßig voll erschlossenen Ländern.

Auch die Vorstellung der Eigenverantwortlichkeit für die Gesundheitsvorsorge im Sinne der Subsidiarität ist unterentwickelt. Mit dem Wohnort wählt man quasi automatisch die Gesundheitsvorsorge, ohne wesentliche eigene Mitgestaltungschancen.

2. Private Pflichtversicherung

Die private Pflichtversicherung definiert den Kreis der Versicherungspflichtigen und einen Mindestumfang an Versicherungsleistungen. Bemessungsgrundlage für die Beiträge bildet das Versicherungsrisiko und nicht die Einkommenslage. Es werden Prämien erhoben, die als Preise für die Risikoübernahme durch den Versicherer kalkuliert werden.

Soweit risikoäquivalente Versicherungsprämien bestimmte Bürger einkommensmäßig überfordern, finanziert ganz oder teilweise die öffentliche Hand ihre Prämien, und damit ihre medizinische Grundversorgung aus Steuern. Daraus leitet sich ein Interesse des Staates ab, den Leistungsumfang einer privaten Pflichtversicherung auf eine Grundversorgung zu beschränken. Den Bürgern bleibt es freigestellt, den Versicherungsschutz entsprechend ihren Präferenzen durch zusätzliche Prämienzahlungen auszudehnen. Die Gestaltung der Leistungserbringung ist nicht vorgegeben. Doch ist zu erwarten, daß die Krankenversicherungen für ihre Versicherten den Versorgungsablauf vertraglich regeln. Es kommt zu Formen des „Managed Care“, wie sie sich in den USA derzeit mannigfaltig entwickeln.

Der unstreitige Vorteil dieses Vorschlages ist, daß die Mittelaufbringung von den Arbeitskosten völlig gelöst wird. Schließlich kommt es zu einer Intensivierung des Wettbewerbs im Versicherungsbereich wie auch im Leistungsbereich. Somit dürfte die Allokationseffizienz eher hoch sein.

Der gravierende Nachteil ist zugleich ein Vorteil, vordergründig betrachtet: Die Ausgliederung der Distribution und die Übernahme durch den Staat. Dadurch wird die sozialpolitische Aufgabe von der Krankenversicherung genommen und an den Staat übergeben. Diese scheinbar klare Aufgabentrennung führt jedoch zu einer Zweiteilung der Versorgung und der Versicherten: Zum einen wird eine staatlich definierte Mindestversorgung den Zuschußberechtigten gewährleistet, und daneben gibt es einen freien Markt. Es ist zu vermuten, daß die Leistungserbringer den freien Markt zur Einkommenskompensation der mäßigen Vergütung im Pflichtleistungsbereich nutzen werden. Damit haben sie wie der Staat ein Interesse an einer eher niedrigen Mindestversorgung und einer Spaltung der Versorgung. Es kommt damit letztlich durch Preisdifferenzierung ebenfalls zu einer Einkommensumverteilung.

Eine Abgabe der Umverteilung an den Staat widerspricht auch dem Subsidiaritätsprinzip, da die Gruppe der Pflichtversicherten die Umverteilungsaufgabe auch ohne direkte staatliche Hilfe lösen kann. Der Sprung vom Versicherungspflichtigen zum Staat mißachtet die Möglichkeit der Aktivierung der Gruppensolidarität. Ein eher praktisches, aber dennoch kaum überwindbares Hindernis sei abschließend angeführt: Der Staat müßte etwa 100 Mrd. Umverteilungsleistung der GKV übernehmen! Wie das in absehbarer Zeit realisiert werden soll, ist nicht prognostizierbar.

3. Wettbewerblich orientierte soziale Krankenversicherung als Zukunftslösung?

Diese Konzeption, die heute von den großen Parteien im Grunde getragen wird, folgt dem Leitbild der sozialen Marktwirtschaft insoweit, als die Effizienzwirkung des Wettbewerbs mit der Umverteilungswirkung des Solidarausgleichs kombiniert werden soll [5/6]. Da aber beide Elemente, Wettbewerb und Solidarausgleich, zu weiten Teilen zueinander konfliktär sind, muß eine Wettbewerbsintensivierung mit Abstrichen beim Solidarausgleich erkauft werden (vgl. Abb. 1). Wo der optimale Kombinationspunkt liegt, ist umstritten.

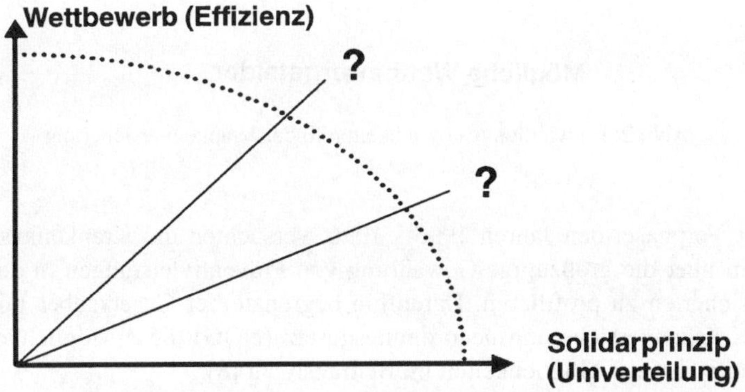

Abb. 1: Wettbewerb und Solidarausgleich

Interessant ist an der Diskussion in Deutschland, daß eine Effizienzsteigerung durch Wettbewerb nur für die GKV, nicht aber für die übrigen Sozialversicherungszweige thematisiert wird.

Wie sieht nun das Grundmodell einer wettbewerblich orientierten Sozialen Krankenversicherung aus?

Ausgangspunkt ist die Wahlfreiheit der Versicherten gegenüber den gesetzlichen Krankenkassen, ein Faktum, das seit 01. 01. 1997, mit einigen Einschränkungen, geschaffen wurde. Nun treten die einzelnen Krankenkassen miteinander in den Mitgliederwettbewerb, was als Phase I bezeichnet werden kann (vgl. auch Abb. 2). Die Krankenkassen suchen nach Wettbewerbsparametern und finden diese im Beitragssatz, dem Leistungsumfang und der Art der Leistungsgewährung [7].

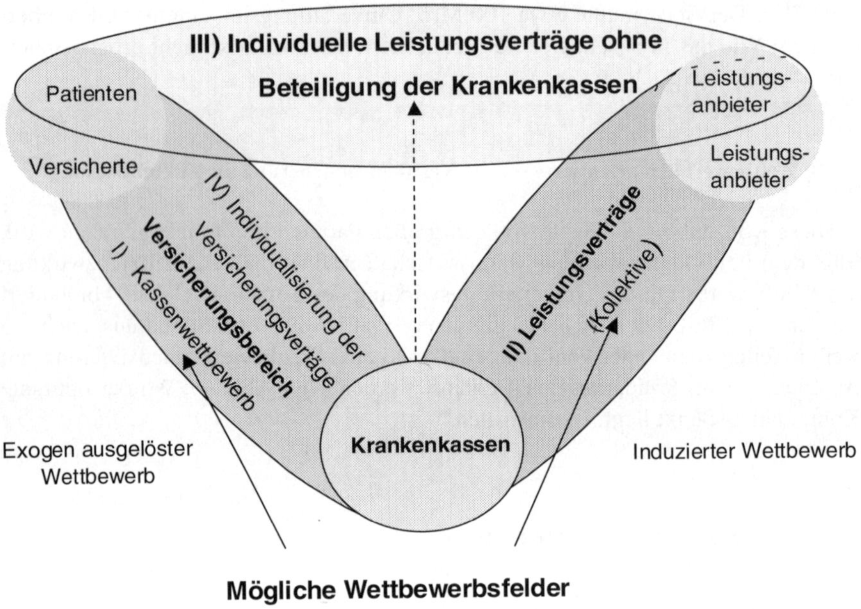

Abb. 2: Entwicklungsmöglichkeiten in der Krankenversicherung

In der Vorphase, den Jahren 1993 - 1996, versuchten die Krankenkassen, sich vor allem über die großzügige Gewährung von Präventivleistungen in den Augen der Versicherten zu profilieren. Daraufhin begrenzte der Gesetzgeber mit dem 1. und 2. Krankenversicherungsneuordnungsgesetz (NOG) diese Möglichkeiten und schuf zugleich neue Möglichkeiten im Beitragsrecht [8].

Die Differenzierung der Beiträge durch Beitragsrückerstattung, Bonusmodelle, Zuzahlungsvariationen u.ä. führen dazu, daß die einkommensabhängige Beitragsgestaltung durch Elemente der individuellen Äquivalenz angereichert wird. Die Zielrichtung der Beitragsdifferenzierung ist eine Verhaltenssteuerung. Gleichzeitig kann damit aber auch Mitgliederpolitik betrieben werden. Erhöht nämlich eine Krankenkasse z. B. die Zuzahlung einerseits und räumt andererseits eine attraktive Beitragsrückerstattung bei Nichtinanspruchnahme ein, so wird sie für Versicherte mit hohem Morbiditätsrisiko weniger, für Versicherte mit niedrigem Morbiditätsrisiko mehr attraktiv. Der Risikostrukturausgleich kann nur begrenzt dieses Verhalten neutralisieren.

Das wichtigste Wettbewerbsfeld wird aber der Vertragsbereich – in Abb. 2 das Feld II – sein. Über die Vertragsgestaltung mit den Leistungserbringern erhoffen sich die Krankenkassen, sowohl kostengünstige wie auch qualitativ hochwertige Versorgungsformen für ihre Versicherten vereinbaren zu können. Der entscheidende Durchbruch aus der Sicht der Krankenkassen ist dann erreicht, wenn ihnen ein selektives Kontrahierungsrecht zugestanden wird. Selektives Kontrahierungsrecht bedeutet, daß die einzelnen Kassenverbände im Wettbewerb miteinander Verträge mit konkurrierenden Verbänden der Leistungserbringer schließen können. Entscheidendes Hindernis auf dem Weg dorthin ist das Sicherstellungsmonpol der Kassenärztlichen Vereinigungen (KV). Solange die KVen alleinige Vertragspartner der Krankenkassen sind, halten sie eine regionale Monopolstellung, die ein selektives Vertragsrecht verhindern.

Im 2. NOG wurde im Rahmen der vorgesehenen Modelle nach § 63 - 65 zwar eine Relativierung der KVen vorgenommen, doch kann von einem Durchbruch noch keine Rede sein. Hier wird die Zukunft zeigen, ob sich die wettbewerbliche Neuorientierung gegen die ständische Ausrichtung durchsetzen kann.

Zwei weitere künftige Entwicklungsrichtungen lassen sich noch aus der Abb. 2 entnehmen. Im Feld III ergeben sich über die Zulassung der Kostenerstattung auch Privatisierungstendenzen. Über die Kostenerstattung können Ärzte wie Patienten ohne die Krankenversicherungen einen Leistungsvertrag abschließen. Dies beinhaltet die Gefahr der Überforderung und Diskriminierung der Patienten. Hier sind vor allem auch die Krankenversicherungen gefordert, frühzeitig Strategien der Eindämmung zu entwickeln.

Im Feld IV, das sich mit Feld I in der Abb. 2 deckt, läßt sich eine weitere Privatisierungstendenz ausmachen. Wenn nämlich die Krankenkassen im Vertragsbereich ihren Versicherten mehrere Versorgungsvarianten, z. B. ein Hausarztmodell, anbieten, müssen sie mit diesen Versicherten auch Zusatzvereinbarungen und damit letztlich eine Art Versicherungsvertrag abschließen. Das bedeutet, daß erstmals das öffentlich-rechtliche Versicherungsverhältnis in der GKV eine Individualisierung und damit Privatisierung erfährt.

Die wettbewerbliche Neuorientierung wird durch einen Risikostrukturausgleich zwischen den Kassen abgefedert. Es läßt sich nämlich zeigen, daß einkommensbezogene Beiträge in einem Wettbewerbsprozeß nicht stabil sind und von risikoäquivalenten Prämien verdrängt werden. Damit würde aber der Solidarausgleich aufgegeben werden und die GKV nicht länger ihre Umverteilungsfunktionen wahrnehmen können. Will man dies nicht, ist ein Risikostrukturausgleich geboten. Fraglich ist, wie gut sich Risikofaktoren definieren und operationalisieren lassen und in welchem Umfange Risiken ausgeglichen werden sollen. Je umfangreicher der Risikoausgleich zwischen den Kassen durchgeführt wird, um so interessanter wird dieser für Wettbewerbsstrategien, die vom eigentlichen Auftrag der Krankenkassen, effiziente Krankenversorgung zu gewährleisten, abweichen.

Heute geht hier ein Riß durch die deutsche Kassenlandschaft und trennt diese in Gewinnende und Befürwortende einerseits und in Verlierende und Ablehnende andererseits. Im 2. NOG gibt es keine Veränderung für den Risikostrukturausgleich. Zu überlegen wäre, ob der Risikoausgleich nicht bei den tatsächlichen Großrisiken, wie Dialyse und Transplantationen, ansetzt und daneben noch die Beitragseinnahmen in einem gewissen Umfange ausgleicht. Dies würde den Ausgleich transparenter und kalkulierbarer machen.

V. Gesundheitsvorsorge als Wirtschaftsfaktor

Gesundheitsvorsorge wird in Deutschland vorwiegend als eine soziale Aufgabe angesehen, die von den Erwerbstätigen zu tragen ist. Der zweite Aspekt, daß Gesundheitsvorsorge auch ein wichtiger, Nachfrage schaffender und auch produktiver Wirtschaftssektor ist, der vielen Menschen Erwerbsmöglichkeiten bietet, wird oft übersehen oder zumindest unterschätzt. Der Sachverständigenrat für die Konzertierte Aktion im Gesundheitswesen hat in seinem Gutachten „Gesundheitssektor – Wachstumsbranche oder Kostenfaktor", erschienen im Jahre 1996 (siehe [3]), auf die zwei Seiten der Gesundheitsfürsorge hingewiesen. Einige wichtige Leitgedanken werden hier nachgezeichnet.

1. Gesundheitssektor als Wachstumsfaktor

Was für die Finanzierungsseite Probleme schafft, ist unter Wachstumsaspekten positiv einzuschätzen: der tendenziell wachsende Bedarf an Gesundheitsvorsorge. Solange Krankheit und Tod nicht besiegt sind, wohl aber der medizinische Fortschritt neue Mittel zu deren Behandlung bzw. Verzögerung anbietet, wird Gesundheitsfürsorge ein expansiver Wirtschaftsbereich sein.

Der medizinisch-technische Fortschritt ist in der Regel an lager- und exportfähige Produkte gebunden, für die eine weltweite Nachfrage besteht. Zu nennen sind hier etwa Arzneimittel oder Diagnosegeräte. In diesen forschungsintensiven Bereichen können auch Länder mit hohen Arbeitskosten wettbewerbsfähig bleiben, da möglichen Imitatoren aus Billiglohnländern die erforderliche technische und soziale Infrastruktur fehlt. Eine Gefahr stellt für die Innovationsfähigkeit Deutschlands die emotionale Risikoaversion weiter Teile der Bevölkerung, aber auch eine ungezielte Kostendämpfungspolitik dar. An dieser Stelle wird wiederum die Dichotomie der Gesundheitspolitik deutlich.

Auch die relativ stark örtlich gebundenen Gesundheitsdienstleistungen bieten Wachstumschancen für die Wirtschaft. Sowohl dort, wo Gesundheit Bedingung für Erwerbstätigkeit ist, also investiv eingesetzt wird, wie auch dort, wo Gesundheit Voraussetzung für den Genuß von Freizeit bildet, also konsumtiv eingesetzt wird, gibt es tendenziell Nachfragezuwächse. Insbesondere im Bereich der pflegerischen Zuwendung wird die demographische Entwicklung expansive Impulse ausstrahlen. Wichtig für eine Expansion ist jedoch, daß sich die Löhne näherungsweise an der relativ niedrigen Produktivität orientieren.

Ein Markt eigener Dynamik entwickelt sich aus der Kombination von Mikroelektronik, Telekommunikation und medizinischen Diensten. Die Telematik, in der sich diese Kombination fokussiert, mobilisiert Dienstleistungen über Grenzen hinweg und birgt somit für Deutschland Chancen und Risiken.

2. Gesundheitssektor als Arbeitgeber

Für die Gesundheitsfürsorge werden in Deutschland nach Berechnungen des SVR-KAiG von 1996 direkt etwa 3,1 Mio. und indirekt weitere 1,1 Mio. tätig. Das entspricht einem Anteil von ca. 12% der Erwerbstätigen [9].

Die Gesundheitsberufe und die Beschäftigten in Gesundheitseinrichtungen sind langfristig expandiert. Lange Zeit war es schwierig, genügend Pflegepersonal, etwa für Krankenhäuser, zu rekrutieren. Ein strukturelles Wachstum zeigt sich durch das Entstehen neuer Berufe und Tätigkeitsfelder, wie in den Bereichen Umweltmedizin, medizinische Informatik und Qualitätsmanagement.

Es ist auch längst nicht so eindeutig, daß durch eine Beitragsanhebung in der GKV Arbeitsplätze in Saldo vernichtet werden. Unter der Voraussetzung, daß eine Beitragserhöhung nur von den Versicherten getragen wird, ergeben sich sogar erhebliche positive Beschäftigungseffekte, da Nachfrage auf relativ arbeitsintensive Leistungen umgeleitet wird. Hinzu kommt, daß die Arbeitsplätze im Bereich der persönlichen Dienstleistungen dem internationalen Wettbewerb weitgehend entzogen sind, sofern man keine Zuwanderung von Arbeitskräften erlaubt. Insgesamt dürfte der Gesundheitssektor mittelfristig zu den Bereichen mit wachsenden Arbeitsplätzen zählen. Freilich darf das Beschäftigungsziel nicht verabsolutiert werden, sondern muß stets dem Oberziel „Wohlfahrtsmehrung“ und der Nebenbedingung „Wirtschaftlichkeit“ genügen.

3. Gesundheitsvorsorge als Standortfaktor

Ein funktionierendes Gesundheitssystem ist als Teil der sozialen Infrastruktur sicher auch ein Standortfaktor. Dabei dürften das Niveau und die Sicherheit der Versorgung für Investoren insoweit wichtig sein, als es leichter ist, Manager mit ihren Familien für solche Standorte zu gewinnen. Demgegenüber verliert die Erhaltung der Gesundheit von Arbeitskräften in einer Situation der Unterbeschäftigung an Bedeutung.

Hohe Bedeutung hat die Gesundheitsvorsorge als regionaler Wirtschaftsfaktor, wie die Reduktion der Ausgaben für Rehabilitation im Jahre 1997 deutlich gemacht hat. Dort, wo ganze Regionen etwa von der Kur- und Bäderwirtschaft leben, führt jede Veränderung der entsprechenden Ausgaben zu empfindlichen Schwankungen der regionalen Wirtschaftstätigkeit. Regionale Gesichtspunkte haben sich allerdings gesamtwirtschaftlichen Überlegungen unterzuordnen.

VI. Längerfristige Entwicklungslinien der Gesundheitsvorsorge

An dieser Stelle wollen wir Perspektiven für die Mittelaufbringung, die Beitragsgestaltung, die Leistungsgewährung und den Vertragsbereich aufzeigen. Zum Schluß fragen wir nach der künftigen Rolle des Staates.

1. Künftige Mittelaufbringung

Die Mittelaufbringung wird sich schrittweise von der Bezugsgröße Arbeitseinkommen ablösen müssen. Hierfür bieten sich als Alternative die Steuern, das gesamte Haushaltseinkommen und schließlich direkte Kostenbeteiligungen an.

Steuern sind, wie wir bereits angeführt haben, eine wenig sinnvolle Alternative, wenn man an einer autonomen Krankenversicherung festhalten will. Allerdings muß der Staat jene Aufgaben übernehmen, welche die Krankenversicherungen im Wettbewerb nicht übernehmen können.

Das gesamte Haushaltseinkommen bietet sich an, da dies sowohl alle Einkommensarten als auch die Zahl der Familienmitglieder einbezieht. Es könnte bei einem Splittingverfahren ohne Zweifel ein höherer Grad an Beitragsgerechtigkeit realisiert werden und zugleich das Versicherungsprinzip gestärkt werden, da für alle Versicherten ein selbständiger Beitrag erhoben werden kann. Sinnvoll erscheint es, wenn dieses Prinzip zunächst für die Rentnerhaushalte angewendet und dann auf die übrigen Versicherten übertragen wird. Mit dem Haushaltseinkommen pro Kopf als Bemessungsgrundlage wird auch der Arbeitgeberbeitrag aufzugeben sein. Als Zwischenschritt wird ein Einfrieren der Arbeitgeberbeiträge vorangehen.

Direkte Zuzahlungen können als Finanzierungsalternative oder Ergänzung zum Haushaltseinkommen gesehen werden. Alternativ ist es, wenn die Mittelaufbringung durch die Patienten vorrangig gewollt ist, komplementär ist es, wenn die Steuerungswirkung im Vordergrund steht. Derzeit sieht es zwar so aus, als ob die Finanzierungsfunktion von Zuzahlungen gewollt ist, doch auf mittlere Sicht läßt sich diese Finanzierungsart über die Kranken nicht durchhalten; sie wird nur komplementär zu Beiträgen aus dem Haushaltseinkommen herangezogen werden können.

2. Künftige Beitragsgestaltung

Die Beitragsgestaltung wird autonome Aufgabe der Krankenkassen bleiben. Diese werden allerdings mit Hilfe der Beitragsgestaltung den Umfang des Solidarausgleichs reduzieren, um im Wettbewerb flexibler reagieren zu können. Der schon diskutierte Risikostrukturausgleich bremst dieses Bemühen und dürfte auch daher eher reduziert als erweitert werden. In jedem Fall wird die Beitragselastizität der

Versicherten zunehmen und damit der Beitrag mehr und mehr die Rolle von Preisen annehmen. Das verstärkt den Druck auf kleine Krankenkassen, sich zu größeren Einheiten zusammenzuschließen.

3. Künftige Leistungsgewährung

Die Suche nach einem Grundleistungskatalog dauert schon geraume Zeit. Alle Versuche, den Leistungsumfang über die medizinische Notwendigkeit und Zweckmäßigkeit einzuengen, sind bislang erfolglos geblieben, da Leistungen je nach Krankheitsbild lebensrettend, helfend oder sinnlos sein können. Nur wenn ganze Leistungskategorien, wie z. B. der Zahnersatz, gestrichen werden, gelingt dieser Weg.

Der ökonomische Ansatz, daß jeder Versicherte kleine Risiken bis zu einem bestimmten Anteil seines Einkommens selbst zu tragen hat, verbindet sich mit der Zuzahlungsregelung und wäre nur bei einem Bezug auf das Pro-Kopf-Einkommen sozialpolitisch austariert. Hier sollte in Zukunft die Eigenverantwortung der Versicherten durch Übernahme der „kleinen" Risiken stärker gefordert werden. Eine Franchise, ähnlich wie in der Schweiz, könnte hierfür ein geeigneter Weg sein.

4. Künftige Vertragsgestaltung

Im Bereich der Vertragsgestaltung ist eine weitere Intensivierung des Wettbewerbs zu erwarten. Formen des oligopolistischen Gruppenwettbewerbs dürften vorherrschen. Ein Durchbruch ist allerdings erst gegen das Jahr 2000 zu erwarten. Vielfältige Formen des „Managed Care", aber auch verstärkte Netzbildungen bei den Leistungserbringern zeichnen sich ab. Private Krankenhausketten werden mit vorgelagerten und nachgelagerten Leistungserbringern kooperieren und den Kankenkassen Versorgungen aus einer Hand anbieten.

Mit der Konzentration der Marktakteure wird die Frage nach Marktmacht und deren Mißbrauch an Bedeutung gewinnen. Letztlich steht die Entscheidung an, ob Wettbewerbsrecht oder Sozialrecht anzuwenden ist.

5. Künftige Rolle des Staates

Der Staat hat sich einerseits auf eine Rahmengesetzgebung zurückzuziehen, andererseits Aufgaben zu übernehmen, welche die Krankenversicherungen nicht übernehmen können. Hierzu zählen Aufgaben des öffentlichen Gesundheitswesens, aber auch der primären Prävention. Primäre Prävention wird von Krankenversicherungen, deren Versicherte zum Konkurrenzunternehmen wechseln können, vernachlässigt. Daher wird der Staat primäre Prävention entweder selbst durchzuführen haben oder diese als staatliche Aufgabe an die Krankenversicherungen übertragen.

In dem Umfang, wie die Krankenversicherungen den Solidarausgleich übernehmen, kann der Staat sich auf eine Rahmengesetzgebung zurückziehen und nur subsidiar tätig werden.

VII. Ausblick: Wettbewerbliche Differenzierung versus soziale Gleichstellung

Die entsprechende Frage der Zukunft lautet: Wie weit wird wettbewerbliche Differenzierung im Bereich der Gesundheitsvorsorge zugelassen und damit zugleich die soziale Gleichstellung im Krankheitsfalle aufgeweicht? Dabei geht es letztlich nicht um ein „Entweder – Oder", sondern um ein „Mehr oder Weniger", wie wir bereits in der Abbildung 1 verdeutlicht haben.

Einerseits erlaubt die wettbewerbliche Differenzierung eine stärker an den Präferenzen der Versicherten orientierte Ausrichtung, andererseits gefährdet sie letztlich den Solidarausgleich und führt auch zur Gefahr der sozialen Diskriminierung. Allerdings muß auch klar sein, daß Verteilung stets Produktion voraussetzt. In Zeiten, in denen die Wettbewerbsfähigkeit und damit die Produktion eines Landes gefährdet ist, muß die Verteilungsfrage hinten anstehen.

Da heute die großen Parteien den Wettbewerb wie auch den Solidarausgleich im Prinzip als Elemente der GKV bejahen, wird es darauf ankommen, die Relation dieser beiden Elemente zu bestimmen. Dies ist aber letztlich eine politische Aufgabe. Die Wissenschaft kann lediglich die Konsequenzen aufzeigen. Doch sind hier Entscheidungen erforderlich. Hier müssen die Politik und unser politisches System ihre Zukunftsfähigkeit beweisen.

Literaturverzeichnis

[1] Für Schweden: *Kärvinge,* C. (1997): How can, and should, the government influence health care?, in: IHE information, 2/97, S. 1 f.

[2] Für die Schweiz: o. V. (1996): Der Bericht der interdepartementalen Arbeitsgruppe Finanzierung der Sozialversicherungen – Ausgangspunkt für die künftige Sozialpolitik, in: Soziale Sicherheit, 4/96, S. 165 ff.

[3] Sachverständigenrat für die Konzertierte Aktion im Gesundheitswesen (SVR-KAiG) (1996): Gesundheitswesen in Deutschland – Kostenfaktor und Zukunftsbranche, Band I: Demographie, Morbidität, Wirtschaftlichkeitsreserven und Beschäftigung, Sondergutachten 1996, Baden-Baden, S. 168 ff.

[4] SVR-KAiG (1994): Gesundheitsversorgung und Krankenversicherung 2000, Eigenverantwortung, Subsidiarität und Solidarität bei sich ändernden Rahmenbedingungen, Sachstandsbericht 1994, Baden-Baden, S. 196 ff.

[5] Neubauer, G. (Hrsg.) (1984): Alternativen der Steuerung des Gesundheitswesens im Rahmen einer Sozialen Marktwirtschaft, Beiträge zur Gesundheitsökonomie, Band 13, Gerlingen

[6] Henke, K.-D. (1997): Die Zukunft der Gesundheitssicherung, in: Jahrbücher für Nationalökonomie und Statistik, Band 216 / 4+5, S. 478 ff.

[7] Neubauer, G. (1997): Probleme der Krankenhausfinanzierung aus ökonomischer Sicht, in: Zeitschrift für die gesamte Versicherungswissenschaft 3 / 97, S. 347 ff.

[8] Neubauer, G. (1997): Gesundheitsreform 2000 – Ziele, Konzeption, Instrumente, in: Hauser, R. (Hrsg.), Reform des Sozialstaats I, Arbeitsmarkt, soziale Sicherung und soziale Dienstleistungen, Schriften des Vereins für Socialpolitik, Neue Folge, Band 251 / I, Berlin, S. 103 ff.

[9] Lohmann, W. (1997): Reform(un)fähigkeit unserer Gesellschaft am Beispiel der Gesundheitsreform, in: Gesellschaftspolitische Kommentare 2 / 97, S. 6 ff.

[10] SVR-KAiG (1996): S. 232

[illegible] (1999) [illegible]

[illegible]

[illegible] (1999): [illegible] Band 27, S. 175 [illegible]

[illegible]

[illegible]

[illegible]

Altersvorsorge und Vermögensbildung

Von Lothar Roos

Die Zukunftsfähigkeit unserer Gesellschaft hinsichtlich der wirtschaftlichen Sicherung des erreichten Wohlstandsniveaus wird derzeit durch zwei gravierende Probleme infragegestellt: *Zum einen* läßt sich die „Massenarbeitslosigkeit" kurzfristig überhaupt nicht und mittelfristig nur im Falle grundlegender Veränderungen unserer Ansprüche und Verhaltensweisen überwinden. *Zum anderen* wird immer deutlicher, daß unser gegenwärtig praktiziertes System der Altersvorsorge der Arbeitnehmer eine unsichere Zukunft hat. Dies gilt für alle Industrieländer mit einem vergleichbaren Modus der Altersversorgung.[1]

I. Eine alte Frage in einer neuen Zeit

Diese Probleme zeichnen sich inmitten einer Wirtschaftsgesellschaft ab, die keineswegs von einer tiefen Depression ergriffen ist. Die Statistik weist ein mit zwei Prozent zwar bescheidenes, aber immerhin vorhandenes wirtschaftliches Wachstum aus, das sich vor allem auf die Exportindustrie stützt. Es gibt zwar in diesem Jahr einen neuen „Pleiten-Rekord", von dem vor allem kleinere und einige mittlere Unternehmen betroffen sind, aber die Aktien der z. B. im DAX repräsentierten Großunternehmen erleben gleichzeitig eine fast sensationelle Wertsteigerung, die trotz der inzwischen eingetretenen Korrekturen beträchtlich bleibt. Dies „verdanken" wir, so sagen manche, jener „Shareholder-Value-Policy", die bestimmte kostentreibende Produktionsbereiche und die dort vorhandenen Arbeitsplätze „abstößt" oder ins kostengünstigere Ausland verlagert. Dazu gebe es, so sagen andere, keine Alternative, sofern man bestimmte Unternehmen überhaupt noch wenigstens im Kernbereich oder mit bestimmten Teilfertigungen am „Standort Deutschland" halten will. Wäre es aber dann nicht logisch, die entlassenen Mitarbeiter statt durch Barabfindungen wenigstens mit Gratisaktien ihrer bisherigen Unternehmen zu entschädigen, an deren Wertbildung sie ja bis zu ihrer Entlassung nicht unbeteiligt waren? Oder soll die wenig mobile „Arbeit" einfach zusehen, wie „das Kapital flieht", weil es dank der inzwischen weitgehend verwirklichten Globalisierung auf dem Geldmarkt „innerhalb von Sekunden an jedem beliebigen Ort der Welt sein"[2] kann?

---

1 Vgl. die Übersicht bei Peter 1997.

Entwickelt damit der angebliche (oder wirkliche?) Antagonismus von „Arbeit“ und „Kapital“, der seit dem Beginn der Industriegesellschaft viele Geister bewegte und der in einer „Sozialen Marktwirtschaft“ beherrschbar, ja gezähmt zu sein schien, unter dem Vorzeichen der „Globalisierung“ jetzt erst seine gefährlichste Variante? Oder ernten wir jetzt die Folgen jener gesellschaftspolitischen Unterlassungssünde, daß wir allzulange die für die frühkapitalistische Wirtschaft typischen Figuren des „Nur-Arbeitnehmers“ und des „Nur-Kapitalisten“ konserviert haben, statt „Arbeit“ und „Kapital“ so aneinander zu koppeln, daß sie nur *miteinander* gewinnen oder verlieren können? Denn, so stellte Leo XIII. schon vor über hundert Jahren lapidar fest: „Sowenig das Kapital ohne die Arbeit, sowenig kann die Arbeit ohne das Kapital bestehen“ (RN 15).

II. Die ungelösten Probleme unserer Alterssicherung

Wir können in diesem Beitrag nicht die gesamte Breite der damit aufgeworfenen Fragen behandeln.[3] Vielmehr soll nur ein Aspekt davon genauer beleuchtet werden: das Beziehungsverhältnis von „Arbeit“ und „Kapital“ im Blick auf die aus folgenden Gründen in die Diskussion geratene Zukunft unserer Altersversorgung.

1. Mit dem gegenwärtigen System der gesetzlichen Rentenversicherung (GRV) läßt sich in Zukunft keine *ausreichende* Sicherung im Alter mehr erreichen. Zum einen hat sich das Verhältnis von *Arbeitsbiographie* und *Rentenbiographie* durch längere Ausbildungszeiten, häufige Frühverrentung und großzügig gewährte Berufs- und Arbeitsunfähigkeitsrenten massiv zu Lasten der Beitragszahler verschoben. Zum anderen führt die längere Lebenserwartung bei gleichzeitigem Geburtenrückgang in eine *demographische Falle,* die spätestens zwischen 2030 und 2040 zuschnappt, weil die Zahl der Beschäftigten im Vergleich mit den mitzuversorgenden Rentnern konstant absinkt.[4] Die Finanzierung der GRV im *Umlageverfahren,* das zu einer annähernden Lebensstandardsicherung im Rentenbereich führen soll, führt unter diesen Bedingungen entweder zu *unzumutbaren Beitragssätzen* oder zu allzu *geringen Renten,* bei ungünstiger Entwicklung des Arbeitsmarktes zu beidem.[5]

2. Das bisherige Alterssicherungssystem der Arbeitnehmer (einschließlich der Beamten) gerät aber auch aus anderen Gründen ins wirtschaftslogische Abseits: Die Individualisierung und weiter steigende *Flexibilisierung der Arbeitswelt* wer-

---

2 Schroeder 1997, S. 2.

3 Vgl. dazu ausführlicher Roos 1995.

4 Bezogen auf die Zahl der „Eckrentner“ (Rentenausgaben dividiert durch Standardrente, wobei sich letztere aus 45 Arbeitsjahren mit durchschnittlichem Verdienst ergibt) steigt der Eckrentnerquotient zwischen 1995 und 2040 um über 70%, d. h. kamen 1995 auf 100 Beitragszahler 39 Eckrentner, dann werden es 2040 schon 67 sein. Vgl. Seffen 1997, S. 45 f.

5 Vgl. Hof 1997.

den in zunehmendem Maße Arbeitsbiographien hervorbringen (durch Zunahme der Teilzeitarbeit, durch einen unterschiedlichen Mix von Erwerbsarbeit und Familienarbeit, von selbständiger und unselbständiger Arbeit usw.), die es problematisch erscheinen lassen, die Altersvorsorge allein oder überwiegend durch Umlagen aus dem laufenden Arbeitsverdienst zu finanzieren. Außerdem haben wir eine sich beschleunigende Zunahme der Zins- und Mieteinkünfte, die inzwischen (1990) bei ca. 10% des Volkseinkommens angelangt sind. Real verbergen sich hinter dieser Zahl zwei große Faktoren: Zum einen ein privates *Immobilienvermögen* von ca. 6 Bio. DM (Nettogrundvermögen) und ein zusätzliches *Nettogeldvermögen* von 4 Bio. DM. Allein aus letzterem wurden 1996 ca. 220 Mrd. DM an Erträgen erwirtschaftet, wovon 180 Mrd. Arbeitnehmern zuflossen. Dies ist mehr als die Hälfte der durch die GRV ausgezahlten Rentenbeträge. Alle diese Vermögen bzw. ihre Erträge spielen derzeit für die Finanzierung der GRV keine Rolle.

3. Das gegenwärtige Umlageverfahren wird in ungefähr zehn Jahren durch den Eintritt geburtenstarker Jahrgänge in das Rentenalter zusätzlich belastet. Dem könnte man entgegenwirken, wenn möglichst umgehend damit begonnen würde, durch die Bildung zumindest von *Teilkapitalreserven* für diesen Zeitpunkt zusätzliche Erträge verfügbar zu haben. Dies gilt insbesondere für die Versorgungswerke des Öffentlichen Dienstes, deren Ausgaben in atemberaubender Weise in den nächsten Jahrzehnten ansteigen werden, was sich am stärksten bei den Bundesländern auswirkt.[6] Einige von ihnen (Rheinland-Pfalz, Schleswig-Holstein) haben deshalb bereits damit begonnen, entsprechende Rücklagefonds zu bilden. In diesem Zusammenhang ist auch genau zu prüfen, inwieweit die Beamten zur Mitfinanzierung ihrer Altersvorsorge herangezogen werden können.

4. Weitere offene Fragen im Bereich der GRV sind die adäquate Anrechnung von *Erziehungs- und Pflegezeiten* zur Begründung von Rentenansprüchen sowie die Überlegung, ob die bisherige „Mitversicherung" des Ehepartners (in der Regel der Ehefrau) und die damit verbundene *„Hinterbliebenenrente"* u. a. wegen des veränderten Erwerbsverhaltens der Frauen noch zeitgemäß ist. Außerdem könnte man fragen, welche ökonomischen „Anreize" sinnvoll und möglich wären, um die in der *„Schattenwirtschaft"*[7] Tätigen und die Arbeitnehmer in „geringfügigen Beschäftigungsverhältnissen" zu bewegen, aus ihren Einkünften Beiträge für die eigene Alterssicherung abzuzweigen, um dadurch das Beitragsvolumen zu erhöhen. Dem gleichen Ziel dienen auch Überlegungen, durch Erhöhung der Bundeszu-

6 Die Pensionen der Beamten und die Zusatzversorgung der Arbeiter und Angestellten der Gebietskörperschaften werden sich zwischen 1996 (48 Mrd. DM) und 2010 (95 Mrd. DM) verdoppeln und bis 2020 (geschätzte 150 Mrd. DM) verdreifachen (GLOBUS Tc-3738 vom 28. 10. 1996).

7 Der Anteil der illegalen Schwarzarbeit an der „Schattenwirtschaft" wird mit 4–6% des Bruttoinlandsproduktes geschätzt, was zu einem Ausfall von Steuern und Sozialabgaben von 55–80 Mrd. DM führt (GLOBUS Kn-3707 vom 14. 10. 1996). Die „Schattenwirtschaft" insgesamt wird für Deutschland auf 15% des Bruttoinlandsproduktes geschätzt (GLOBUS Ka-4311 vom 18. 8. 1997 – Quellen: iw; Prof. Schneider, Universität Linz).

schüsse (die derzeit bereits ca. 20% der Leistungen der GRV abdecken) die sog. *„versicherungsfremden Leistungen"*, die gegenwärtig das Umlageverfahren zusätzlich belasten (Lasten der Wiedervereinigung, Fremdrentengesetz usw.), auszugleichen, um so die Lohnzusatzkosten zu senken.

III. Gegenwärtig diskutierte Reformvorschläge

Diese Probleme unserer Alterssicherung machen deutlich, daß es ohne eine mehr oder weniger grundlegende Reform des gegenwärtigen Systems nicht geht. Darin sind sich (fast) alle einig. Wie aber sehen die bisher vorgelegten, sehr unterschiedlichen Reformkonzepte aus?

1. Der im Bundestag von der Regierung eingebrachte *„Entwurf zum Rentenreformgesetz 1999"* will verhindern, daß die Beitragssätze der GRV wesentlich über 20% angehoben werden müssen, und gleichzeitig erreichen, daß eine angemessene Höhe der Renten garantiert bleibt. Angesichts des „demographischen Faktors" läßt sich allerdings das gegenwärtige durchschnittliche Rentenniveau von 70% des Nettoeinkommens auf längere Sicht nicht halten; es soll sich allmählich bis zum Jahr 2030 auf 64% zubewegen. Aber auch diese Höhe ist nur dann finanzierbar, wenn die Rentenkassen stärker von „versicherungsfremden Leistungen" entlastet und die vorgesehene Anrechnung von Erziehungszeiten aus allgemeinen Haushaltsmitteln finanziert wird. Ob diese Rechnung aufgeht, hängt wesentlich von der zukünftig zur Verfügung stehenden Zahl von Arbeitsplätzen ab. Geht man hier von etwas pessimistischeren Prognosen aus, dann könnte sich auch ein Rentenniveau von 64% als Illusion erweisen.

Der größten Oppositionspartei ist zu diesem Thema bisher kaum mehr eingefallen als die Ablehnung der Regierungsvorlage. Sie wendet sich vehement gegen die Vorstellung einer Obergrenze des durchschnittlichen Rentenniveaus von 64% des letzten Nettoeinkommens, verschleiert aber dabei, daß dies nur um den Preis einer drastischen Erhöhung des Bundeszuschusses vermieden werden könnte, was auf eine konjunkturell und strukturell schädliche massive Steuererhöhung oder weitere Staatsverschuldung hinausliefe.

2. Wenn schon der Staatszuschuß in der Regierungsvorlage und noch viel mehr gemäß den Vorstellungen der Opposition stark erhöht werden muß, dann kann man sich fragen, ob das umlagenfinanzierte Rentensystem nicht allmählich praktisch in eine „Staatsrente" umschlägt, die aus allgemeinen Haushaltsmitteln finanziert wird. Unter diesen Voraussetzungen hat ein hauptsächlich von Kurt Biedenkopf vorgelegter Gedanke durchaus seine Logik. Er schlägt eine steuerfinanzierte *„Grundsicherung"* in Form einer „Bürgerrente" für alle vor, die ein existenzsicherndes Einkommen von derzeit ca. 1.500 DM garantiert, die jedem zusteht, der in Deutschland 25 Jahre lang Steuern gezahlt hat. Für alle darüber hinausgehenden Versorgungsansprüche muß der einzelne selber sorgen.[8] Ähnlich fordert der Leiter

des Bonner Instituts für Wirtschaft und Gesellschaft, Meinhard Miegel, eine „allgemeine, gleiche und steuerfinanzierte Grundsicherung im Alters- und Invaliditätsfall“ für alle Bürger. Damit entfällt – nach dem Auslaufen des jetzigen Umlageverfahrens – der für die GRV aufzuwendende Teil der Lohnnebenkosten. Mit den frei gewordenen Mitteln können die Bürger „nach Belieben ihre Altersversorgung ergänzen“[9].

3. Ein Rentenreformkonzept, das sich in vielen Punkten erheblich von den bisher dargestellten Ansätzen unterscheidet, wurde vom *Bund Katholischer Unternehmer* (BKU) vorgelegt.[10] Die Finanzierung der zukünftigen Altersvorsorge erfolgt nach diesem Modell durch eine *Kombination* des derzeit reinen *Umlagesystems* mit Erträgen aus einem zu bildenden *Rücklagevermögen.* Es sieht im einzelnen folgende Regelungen vor: Sämtliche Erwerbstätige, also auch die Selbständigen und Beamten, zwischen dem 19. und 65. Lebensjahr werden in eine allgemeine gesetzliche Rentenversicherung einbezogen. Jeder wird mindestens zu einem Beitrag verpflichtet, der eine existenzsichernde Grundversorgung gewährleistet. Rentenanwartschaften, die nicht auf Beiträgen beruhen, kann es zwar weiterhin geben, aber nur auf gesetzlicher, aus Haushaltsmitteln finanzierter Grundlage. Dabei werden in jedem Fall Erziehungszeiten als „generativer“ Beitrag rentenbegründend berücksichtigt. – Frauen und Männer bauen durchgängig eine jeweils eigene „Rentenbiographie“ auf, die auch im Falle der Eheschließung beibehalten wird. Dies bedeutet, daß erwerbstätige Ehegatten ihre jeweils eigenen Rentenansprüche (am Ende jedes Beitragsmonats) zur Hälfte auf den anderen Ehegatten übertragen. Durch dieses *Rentenbeitragssplitting* vermindern sich natürlich die Rentenansprüche der innerhalb der Ehe auf diese Art und Weise erworbenen Rechte, sofern nur ein Ehepartner berufstätig ist. Die entsprechenden Minderbeiträge können freiwillig innerhalb des Umlagesystems oder durch private Kapitalbildung aufgefüllt werden. Unter Wegfall der bisherigen Hinterbliebenenrente erhält auch der nicht erwerbstätige Ehepartner künftig aufgrund seiner eigenen Anwartschaft Altersrente bereits mit Eintritt in das Rentenalter. Bei Wiederverheiratung behält der verwitwete Ehepartner seine eigene Anwartschaft bzw. die daraus erwachsene Rente. – Die durch die Erweiterung der Mitgliedschaft und die Auffüllbeiträge erhöhten Einnahmen sollen einem dem politischen Zugriff entzogenen *Rücklagevermögen* zugeführt werden, dessen Ertrag beitragsentlastend bzw. leistungsstabilisierend eingesetzt werden kann. – Der wie bisher vom Arbeitgeber und Arbeitnehmer je hälftig aufzubringende Beitragssatz wird auf maximal 20% begrenzt. Dadurch hängt die auszahlbare Rente als variable Größe von der Anzahl der Beitragszahler und deren Beitrag ab. Damit sinken langfristig, wenn sich die demographische Situation nicht ändert, die zu erwartenden Renten. Insofern empfiehlt der BKU die verstärkte betriebliche Altersvorsorge einschließlich Beteiligung am Produktivvermögen sowie

8 Biedenkopf 1997.

9 Miegel 1996.

10 BKU 1997.

eine zusätzliche private Altersvorsorge, „wofür breiter Wohlstand vielfach zunehmend gute Voraussetzungen bietet“[11].

IV. Das Kapitaldeckungsverfahren als Alternative

In letzter Zeit wird jedoch zunehmend der Ausstieg aus dem Umlageverfahren und sein Ersatz durch ein *Kapitaldeckungsverfahren* gefordert und diskutiert.[12] Seine Befürworter halten den Aufbau von Pensionsfonds zur Sicherung der Alterseinkommen für billiger als die Beibehaltung des bisherigen Umlageverfahrens. Entsprechende Vorschläge wurden von verschiedener Seite in die Diskussion eingebracht, z. B. mehrfach vom „Frankfurter Institut – Stiftung Marktwirtschaft und Politik“[13], von den Ökonomen H. Glismann und E.-J. Horn vom „Kieler Institut für Weltwirtschaft“[14] und von dem Mannheimer Wirtschaftswissenschaftler A. Börsch-Supan[15].

Die Frage, ob wir nicht vom Umlage- auf ein Kapitaldeckungsverfahren umsteigen sollten, ist u.E. im Blick auf die „Zukunftsfähigkeit“ unserer Altersversorgung einer genaueren Betrachtung wert. Axel Börsch-Supan, der diesen Umstieg dezidiert befürwortet, erinnert daran, daß „die deutsche Rentenversicherung von Bismarck als kapitalgedecktes System eingeführt worden“[16] ist, erst 1957 wurde sie auf das Umlageverfahren umgestellt. Weiter ist festzustellen, daß die Selbständigen in unserer Gesellschaft ohnehin ihre Altersvorsorge nach diesem System betreiben. Überwiegend kapitalbasierende Alterssicherungssysteme gibt es in den Niederlanden und in der Schweiz. Großbritannien, das allerdings gegenwärtig nur eine sehr geringe staatliche Altersrente aufweist, plant den „Abschied vom staatlichen Umlagesystem“ zugunsten eines „privatwirtschaftlichen Kapitalstockverfahrens“.[17] Schließlich wurde in Chile mit dem 1. Mai 1981 ein Kapitaldeckungsverfahren eingeführt, das inzwischen in ähnlicher Form die Länder Peru (1993), Argentinien und Kolumbien (1994) übernommen haben.[18] Dies ging auf eine Anregung der Weltbank zurück und wird von dieser inzwischen auch zur Sanierung der Rentenversicherungssysteme in den Industrieländern propagiert.[19] Die längste Er-

---

11 Ebd. S. 7.

12 Vgl. die Übersicht von Buttler 1997, der darauf hinweist, daß auch der „Sachverständigenrat zur Begutachtung der gesamtwirtschaftlichen Entwicklung“ für ein Kapitaldeckungsverfahren eintritt (Sachverständigenrat, 1996, Tz. 404 ff.).

13 Frankfurter Institut 1997a und 1997b.

14 Glismann / Horn 1995; vgl. auch FAZ vom 25. 4. 1997, Nr. 96, S. 21.

15 Vgl. Börsch-Supan 1997 a und b.

16 Börsch-Supan 1997 b.

17 Vgl. FAZ vom 10. 3. 1997, Nr. 58, S. 14.

18 Piñera 1997, S. 21–44.

19 Weltbank 1994.

fahrung mit einem – allerdings sehr speziellen – Kapitaldeckungsverfahren für die gesamte Sozialversicherung gibt es seit 1955 in Singapur.[20]– Wir wollen zunächst die Funktionsweise des Kapitaldeckungsverfahrens skizzieren, dann das „Umstiegsproblem" ansprechen und uns schließlich mit möglichen Einwänden dagegen befassen.

1. Während im Umlageverfahren der heutige Konsum der Rentner aus dem heutigen Einkommen der Beitragszahler finanziert wird, wird bei einer kapitalgedeckten Altersvorsorge solange Geld angespart und angelegt, bis aus den Erträgen eine lebenslange, befriedigend hohe Rentenzahlung möglich ist. Sieht man von der Finanzierung des Übergangs ab, dann gilt: „Um während eines vierzigjährigen Erwerbslebens das Deckungskapital für eine Rente auf dem heutigen Niveau zu sammeln, ist bei einer Kapitalrendite von 5% eine Sparquote von 4,7% notwendig. Im Vergleich mit dem derzeitigen Beitragssatz von mehr als 20% würden unsere Kinder also nicht lange fackeln, wenn sie wählen könnten. Dieser Unterschied erklärt sich aus der langen Ansparzeit, in der das Kapital für den Erwerbstätigen Zins und Zinseszins erbringt und außerdem gesamtwirtschaftlich das Bruttosozialprodukt erhöht."[21] Selbst wenn man diese Kapitalrendite für zu hoch hält, vermindert sich der finanzielle Vorteil nur unwesentlich.

2. Der Haupteinwand gegen die Einführung eines Kapitaldeckungsverfahrens sind die Schwierigkeiten des „Umstiegs", die für die Übergangsgeneration zu zusätzlichen Belastungen führen würde. Da Rentenansprüche gemäß einer Entscheidung des Bundesverfassungsgerichts unter die Eigentumsgarantie des Grundgesetzes fallen, könnte ein Kapitaldeckungsverfahren nur für diejenigen verpflichtend eingeführt werden, die neu in das Arbeitsleben eintreten, während alle anderen einen Rechtsanspruch auf Rentenzahlungen gemäß dem Umlageverfahren haben. Würde man z. B. im Jahr 2005 das Kapitaldeckungsverfahren einführen, dann bestünde die Mehrbelastung der Übergangsgeneration darin, „daß sie auch nach 2005 noch Beiträge zahlen muß, obwohl ihr daraus keine eigenen Rentenansprüche mehr erwachsen. Diese Beitragsbelastung nimmt allmählich ab, da ein immer kleiner werdender Anteil durch das Umlageverfahren finanziert werden muß. Gleichzeitig muß die Übergangsgeneration aber einen immer größeren Teil ihrer Rente selbst ansparen. ... Diese beiden gegensätzlichen Tendenzen führen in den ersten zwanzig Jahren des Übergangs zu einer Mehrbelastung", die sich aber „für den Durchschnittsverdiener auf höchstens 190 DM im Monat" beläuft. „Nach dem Jahr 2025 überwiegt der Entlastungseffekt durch die Beitragssenkung". Nach spätestens fünfzig Jahren ist dann das „Umlageverfahren für die normale Altersrente ausgelaufen". Angesichts der langfristigen Vorteile des Kapitaldeckungsverfahrens sei die vorübergehende Mehrbelastung im Vergleich zu den Unzuträglichkeiten, die langfristig aus dem gegenwärtigen System hervorgehen, gut zu vertreten.[22]

---

20 Vgl. FAZ vom 10. 9. 1997, Nr. 210, S. 20.

21 Börsch-Supan 1997 b.

22 Ebd.

3. Gegen ein Kapitaldeckungsverfahren als Grundlage der Altersversorgung gibt es jedoch auch einige Einwände: Um das gegenwärtige Rentenvolumen der GRV aus Kapitalerträgen zu finanzieren, wäre ein Kapital von ca. sechs bis sieben Bio. DM nötig. Je nach angenommener Kapitalrendite (zwischen 4 und 5%) müßte innerhalb von ca. vierzig Jahren ein solcher Kapitalstock akkumuliert werden. Kann aber der Kapitalmarkt überhaupt solche zusätzlichen Summen „verkraften"? Börsch-Supan weist darauf hin, daß die gegenwärtige Sparquote (die zwischen 12 und 13% liegt) sich lediglich um zusätzliche 3 - 4% erhöhen müßte, ein Umfang, der „keine Kopfschmerzen verursachen" muß, zumal die Sparquote 1975 schon einmal 3% über der heutigen lag.[23] Man könnte auch darauf hinweisen, daß in Chile nach Einführung des Kapitaldeckungsverfahrens die Sparquote auf 27% des Bruttosozialprodukts angewachsen ist bei gleichzeitig kräftigem Wirtschaftswachstum und einer nur fünfprozentigen Arbeitslosenquote.[24] Außerdem wären diese Kapitalien ja nicht unbedingt nur auf dem deutschen Markt unterzubringen. Die Niederlande haben derzeit bereits 20% ihres Deckungskapitals für die Altersversorgung auf dem Weltmarkt positioniert, auf dem ein „kräftiges Wachstum" der Pensionsfonds zu verzeichnen ist, „deren globales Volumen von 4922 Mrd. Dollar 1990 auf 8176 Mrd. Dollar Ende 1995 gestiegen ist."[25]

Ein zweiter Einwand ergibt sich aus den allgemeinen Risiken des Kapitalmarktes und dem Inflationsrisiko. Gerade in Deutschland, dessen Bürger in diesem Jahrhundert zwei Inflationen erlebt haben, ist er psychologisch als sehr gewichtig einzuschätzen. Nun lassen sich katastrophale wirtschaftliche Entwicklungen in keinem Vorsorgesystem wirklich auffangen. Man kann darauf hinweisen, daß sich die Kapitalmärkte seit der Weltwirtschaftskrise „wesentlich weiterentwickelt" haben und daß z. B. selbst der „Kurseinbruch nach dem schwarzen Freitag im Oktober 1987 ... an der Wallstreet binnen weniger als Jahresfrist kompensiert" war. Außerdem vermindert sich das Risiko, je internationaler das entsprechende Kapital angelegt ist. Börsch-Supan verweist auf die „Gelassenheit der niederländischen und schweizerischen Nachbarn ..., deren drei diversifizierte Pensionsfonds den Rentnern ein gleichmäßiges (und hohes) Einkommen bescheren", trotz bestimmter Börsenturbulenzen der letzten Jahre.[26]

Schließlich kann man auch die Frage aufwerfen, ob und wie das zusätzliche Kapital effektiv „kontrolliert" werden kann. Grundsätzlich sind diese Kontrollmöglichkeiten in keinem Fall geringer als bei der übrigen „Kapitalkontrolle". Man kann und sollte sie aber auf jeden Fall verschärfen, wofür das chilenische Beispiel interessante Modalitäten vorgibt: Dort hat sich bei den privaten Rentenversicherungsträgern seit 1981 ein Kapital von 25 Mrd. Dollar, das ca. 40% des chilenischen Bruttosozialprodukts entspricht, was auf deutsche Verhältnisse umgerechnet

23 Ebd.

24 Piñera 1997, S. 23.

25 Vgl. FAZ vom 20. 3. 1997, Nr. 67, S. 33.

26 Börsch-Supan, 1997 b.

ca. 1,3 Bio. DM ausmachen würde, angesammelt. Diese Kapitalien sind in Chile bei ca. fünfzehn Rentenfonds-Verwaltungsgesellschaften angelegt, von denen einige Versicherungskonzernen gehören, während andere sich im Eigentum der Arbeitnehmer befinden oder aber an Gewerkschaften bzw. Industrie- und Gewerbeverbände gebunden sind.[27] Das Finanzgebaren dieser Gesellschaften unterliegt strenger staatlicher Aufsicht. Sie sind verpflichtet, „ausschließlich diversifizierte Wertpapiere mit geringem Risiko zu erwerben". Außerdem sind die Rentenfonds-Verwaltungsgesellschaften und die von ihnen verwalteten Investmentfonds „rechtlich gesehen streng getrennt. Sollte also eine Verwaltungsgesellschaft einmal scheitern, so bleibt das Vermögen der Investment-Fonds, d. h. das von den Arbeitnehmern investierte Geld, davon unberührt." Schließlich steht es den Arbeitnehmern frei, ihre Verwaltungsgesellschaft zu wechseln. „Schon aus diesem Grund konkurrieren die einzelnen auf diesem Markt tätigen Unternehmen untereinander darum, wer die höchste Rendite, den besten Kundendienst oder die niedrigsten Provisionsforderungen hat."[28]

Zusammenfassend läßt sich sagen: Die möglichen Einwände gegen ein kapitalgedecktes Vorsorgesystem sind weder im einzelnen noch insgesamt so gravierend, daß dagegen grundsätzliche ökonomische Bedenken erhoben werden können. Im Gegenteil, so Börsch-Supan: „Ganz im Sinne des Generationenvertrages ist die mittlere Generation verpflichtet, ein Rentensystem einzurichten, das ihren Kindern einen Teil der auf sie zukommenden Alterslast abnimmt, das gesamtwirtschaftliche Wachstum stärkt, und damit einzelwirtschaftlich hohe Renditen ermöglicht."[29] Zur Erreichung dieses Zieles ist das Kapitaldeckungsverfahren grundsätzlich besser geeignet als das Umlageverfahren.

V. Bewertungen und Präferenzen

Eine sozialethische Bilanz der bisher vorgenommenen Analyse der Situation und Zukunft unserer Altersversorgung und der zur Diskussion stehenden Veränderungsvorschläge ist insofern nicht einfach, als in jedem Fall eine ganze Reihe von Unbekannten im Spiel ist. Ob z. B. die jetzt von der Bundesregierung vorgelegte „Rentenreform 1999" tatsächlich im Jahr 2040 zu einer Rentenhöhe von 64% des dann vorhandenen Nettoeinkommens führt, hängt weitgehend vom wirtschaftlichen Wachstum, insbesondere von der Zahl der Arbeitsplätze ab. Ähnliches gilt für die tatsächlich zu erwirtschaftende Rendite einer Altersversorgung auf der Basis eines Kapitaldeckungsverfahrens. Dessen ungeachtet muß wirtschaftsethisch geprüft werden, wie die Argumente für oder gegen ein bestimmtes System nach Maß-

---

27 Vgl. Piñera 1997, S. 14.

28 Ebd., S. 26 f.

29 Börsch-Supan 1997 b.

gabe einigermaßen zuverlässiger Kriterien zu bilanzieren sind. Insbesondere kommt es darauf an, offensichtlich unzutreffende Argumente auszuschließen. Darum soll es nun gehen.

1. Aus der richtigen Feststellung, daß die Aufwendungen für die Altersversorgung der Bevölkerung jeweils aus dem laufenden Sozialprodukt finanziert werden müssen („Mackenroth-These“), läßt sich in keiner Weise ein positives Argument für das Umlageverfahren ableiten. Entscheidend ist lediglich, bei welchem Verfahren die Kosten-Nutzen-Relation größer ist, und hier spricht vieles für das Kapitaldeckungsverfahren. Dies kann jeder schnell feststellen, wenn er die derzeit auf dem Markt befindlichen Angebote der Versicherungsgesellschaften in ihrem Verhältnis von Aufwand und Rentenertrag mit den Beiträgen vergleicht, die er gegenwärtig nach dem Umlageverfahren von seinem Einkommen abführen muß. Es ist auch unrichtig, das eine Verfahren „solidarischer“ zu nennen als das andere. Denn in jedem Fall muß die jeweils mittlere, also in Brot und Arbeit befindliche Generation, einen bestimmten Anteil für die Altersversorgung abzweigen, im Fall des Umlageverfahrens für die derzeitigen Rentner, im Fall des Kapitaldeckungsverfahrens für ihre eigenen Renten, zur Entlastung ihrer eigenen Kinder. Die Vorteile eines Übergangs würde im wesentlichen die jüngste Generation ernten, während jene, die in zehn bis zwanzig Jahren in Rente gehen wird, die höchste Belastung auf sich nehmen müßte. Das Solidaritätsprinzip weist also tendenziell eher in Richtung eines Kapitaldeckungsverfahrens.

2. Dabei ist allerdings einschränkend festzustellen, daß sich die *„versicherungsfremden Leistungen“*, wie sie gegenwärtig in unserem Rentensystem enthalten sind, von einem Kapitaldeckungsverfahren nicht erfassen lassen. Es sei denn, die Gesellschaft stellt jenen, denen man aus Gründen der Solidarität Rentenansprüche ohne entsprechende Leistungsbeiträge zubilligen möchte, die laufenden Prämienaufwendungen zur Verfügung. Dies gilt für alle Personen, die nicht in der Lage sind, ihren eigenen Lebensunterhalt zu verdienen, aber auch im Blick auf die rentenrelevante Anrechnung von Erziehungs- und Pflegeleistungen in der Familie. Dabei ist abzuwägen, ob deren Ansprüche über ein Umlageverfahren oder aus allgemeinen Steuermitteln finanziert werden sollen. Da also die Altersversorgung der Bevölkerung nie restlos über ein Kapitaldeckungsverfahren gewährleistet werden kann, sind *unterschiedliche Kombinationsmöglichkeiten verschiedener Finanzierungsarten* vorstellbar: Eine Möglichkeit wäre die Kombination der bereits erwähnten Vorschläge von Biedenkopf und Miegel mit einem Kapitaldeckungsverfahren. Dies liefe auf eine steuerfinanzierte, das Existenzminimum abdeckende „Grundsicherung“ für die gesamte Bevölkerung hinaus. Alle darüber hinausgehenden Versorgungsansprüche müßten über private Kapitalbildung finanziert werden.

Aber auch wenn man das jetzige Umlageverfahren beibehält, kommt man aufgrund der demographischen Entwicklung nicht daran vorbei, in den nächsten Jahrzehnten verstärkt zwei weitere Säulen hinzuzubauen, nämlich die *private Kapitalversicherung* und nach Möglichkeit auch die zusätzliche *Betriebsrente*. Nach Umfragen sind über 78% unserer Bevölkerung ohnehin schon jetzt davon überzeugt, daß die über das Umlageverfahren zu erwartende Rente in Zukunft nicht ausreichen wird.[30] Schon heute sind die Auszahlungsbeträge der privaten Lebensversicherungen auf ein Volumen angestiegen, das bereits über ein Fünftel (21,5%) des Volumens der gesetzlichen Rentenversicherung erreicht hat.[31]

In diese Überlegungen werden auch zunehmend die *Beschäftigten des Öffentlichen Dienstes* einbezogen, seien sie Arbeiter, Angestellte oder Beamte. Denn die Länderfinanzminister haben erkannt, daß sie die in den nächsten Jahren sprunghaft ansteigenden Pensionslasten immer weniger verkraften können. Inzwischen vom Bundesinnenminister, einigen Bundesländern und Rentenexperten vorgelegte Pläne sehen vor, die Beschäftigten im Öffentlichen Dienst schrittweise bis zu einem Satz von 3% ihres Bruttoeinkommens an der Bildung von Rücklagefonds im Sinne einer zusätzlichen kapitalgedeckten Altersversorgung zu beteiligen.

Überblickt man diese unterschiedlichen Ansätze und Vorschläge, dann stimmen sie bei aller Divergenz in einem Punkt überein: Es gibt kaum mehr jemanden in dieser Gesellschaft, der seine Alterssicherung allein auf das derzeit gültige Umlageverfahren der GRV gründen möchte. Damit stellt sich aber die Frage um so schärfer: Ist eine „Sanierung" dieses Systems überhaupt noch sinnvoll oder müßte man nicht einen „Systemwechsel" vornehmen?

3. Die Hoffnungen, daß wir in Deutschland zu einer wirklichen Reform der Altersvorsorge fähig sind, sind gegenwärtig gering. Insofern kann es in den nächsten Jahren praktisch nur darum gehen, Fehlentscheidungen zu verhindern, um den Weg in eine bessere Zukunft nicht zu verbauen, und im übrigen „Bewußtseinsbildung" für eine solche zu betreiben. In diesem Sinne kann man wohl auch den jüngsten Reformvorschlag interpretieren, den eine „Reformkommission Soziale Marktwirtschaft" im Auftrag der Bertelsmann Stiftung, der Heinz Nixdorf Stiftung und der Ludwig-Erhard-Stiftung vorgelegt hat.[32] Er moniert u. a., daß die *eigentlichen ökonomischen und soziologischen Veränderungen* durch den Regierungsentwurf gar nicht in den Blick kommen, nämlich die „Erosion der Bemessungsgrundlage durch veränderte Formen der Erwerbsarbeit sowie durch eine Verlagerung zu Kapitaleinkommen" und die „zunehmende Mobilität von Kapital und Arbeit im Zuge der Globalisierung". Die Kommission geht weiter davon aus, daß über die GRV auf längere Sicht „keine volle Lebensstandardsicherung erreichbar ist" und daß deshalb deren Reform in jedem Fall „im Rahmen der ergänzenden Sicherungssysteme" erfolgen muß. Grundsätzlich sei die Frage zu stellen, ob die „Anknüpfung des Rentensystems an das Arbeitsverhältnis und den Lohn" überhaupt aufrecht zu erhalten und ob „ein Übergang zur Kapitaldeckung sinnvoll und möglich" sei. Auch werden „begründete Zweifel" darüber geäußert, ob die dem Gedankengebäu-

30 Wolff von Amerongen 1997.

31 Vgl. GLOBUS Nd-3987 vom 10. 3. 1997 (statistische Angaben: GDV / Lebensversicherung).

32 Derzeit als Manuskript über die genannten Stiftungen erhältlich.

de des Regierungsentwurfs zugrunde liegenden „Prognosen ... von einer positiven Entwicklung auf dem Arbeitsmarkt“ eintreten werden.

Die Reformkommission stellt weiter fest, der Vorschlag der Bundesregierung „begünstigt die jeweilige Rentnergeneration zu Lasten der nachfolgenden erwerbstätigen Generation“, was nicht akzeptiert werden könne. Dies wäre zu vermeiden, wenn die erwartete längere Lebensdauer „zu etwa zwei Dritteln für eine verlängerte Erwerbsphase und zu etwa einem Drittel für eine verlängerte Rentenphase genutzt würde“. Es sei allerdings fraglich, ob „eine tatsächliche Verlängerung der Lebensarbeitszeit“ angesichts der heutigen „physischen und psychischen Belastungen“ in der Arbeitswelt „eine realistische Möglichkeit“ darstelle. Der Entwurf hält eine „Absenkung des Rentenniveaus“ für unausweichlich und fordert, auch bei der Beamtenversorgung „entsprechende Konsequenzen“ zu ziehen. Die Senkung des Rentenniveaus sei dessen ungeachtet „aber noch keine angemessene Antwort auf strukturelle Probleme des Rentenversicherungssystems“. Dies alles führt schließlich zu der weitreichenden Feststellung: „Grundsätzlich sollte der Versicherungszwang nicht über eine Mindestabsicherung hinausgehen, so daß der einzelne Bürger selbst entscheiden kann, in welcher Form und in welchem Umfang er eine zusätzliche Altersversorgung aufbauen möchte.“

Dezidiert wendet sich die Stellungnahme gegen die These, die „Berücksichtigung von Kindererziehungszeiten“ als Anspruchsgrundlage für Rentenleistungen seien als „versicherungsfremd“ anzusehen. Unter Hinweis auf die entsprechenden Vorgaben des Bundesverfassungsgerichts wird verlangt, Erziehungszeiten „mit 100% des Durchschnittseinkommens“ rentenwirksam anzurechnen und die entsprechende Höherbewertung „stufenweise“ einzuführen. Der Ausgleich für Kindererziehungszeiten muß also innerhalb des Umlageverfahrens erfolgen, nicht durch Erhöhung des Bundeszuschusses. „Dies bedeutet, daß Personen ohne Kinder künftig mit entsprechend geringeren Renten rechnen und entsprechend stärker auf eigene Vorsorge verwiesen werden müssen. Sie kann ihnen auch zugemutet werden, weil sie keine Belastungen ihres Haushaltseinkommens durch Kindererziehung haben.“ In diesem Zusammenhang wird auch die „Grundregel“ formuliert: „Wenn eine Gesellschaft sich entschließt, weniger Kinder großzuziehen, kann sie auch nur entsprechend verringerte Rentenansprüche an die nachfolgenden Generationen stellen. Soll das Rentenniveau unverändert bleiben, muß bei den gegenwärtigen Geburtenraten etwa ein Drittel der Altersvorsorge durch das Ansparen von Vermögen sichergestellt werden. Das sollte außerhalb des bestehenden Rentensystems geschehen.“ Die Kommission fordert deshalb letztlich eine Reform, die auf ein „Drei-Säulen-System“ (Gesetzliche Rentenversicherung, private Vorsorge, Betriebsrente) hinausläuft. Deshalb müßten „die arbeits- und steuerrechtlichen Bedingungen der betrieblichen Altersvorsorge entscheidend verbessert werden“, die gegenwärtig nur 6% des Rentenvolumens ausmachen.

Die wohl brisanteste Feststellung des Papiers ist das Eingeständnis, das demographische Problem (verlängerte Lebenserwartung plus geringe Geburtenraten) sei

„eine schwer zu bewältigende Ursache für Krisen des Umlagesystems". Um darauf „angemessen reagieren zu können", sei „eine ganze Erwerbstätigkeitsphase von 40 bis 45 Jahren" erforderlich. Da bisher eine entsprechende Anpassung versäumt worden sei, „bleiben nur noch gut zehn Jahre, bis die sich verändernde Relation von Rentnern zu Erwerbstätigen voll auf die Beitragssätze durchschlägt. Vermutlich wird es nicht dabei bleiben, daß die Beitragssätze um fünf bis sieben Prozentpunkte steigen. Vielmehr muß mit Selbstverstärkungsprozessen gerechnet werden, die sich unmittelbar aus Ausweichreaktionen der Beitragszahler sowie mittelbar aus den negativen Wirkungen der hohen Abgabenlast auf die Beschäftigung ergeben." – Damit ist aber – etwas verklausuliert – nichts anderes ausgesagt, als daß sich das gegenwärtige System eigentlich kaum reformieren läßt.

VI. Zwischenbilanz

Als Fazit unserer Überlegungen drängen sich zunächst *drei Einsichten* auf: *Erstens* läßt sich auf der Basis des gegenwärtig praktizierten Umlageverfahrens selbst nach den von der Bundesregierung vorgesehenen (und von der Opposition bekämpften) Reformvorschlägen eine ausreichend hohe Altersversorgung mit erträglichen Beitragssätzen kaum erreichen. Zumindest sind die sich darauf stützenden ökonomischen und soziologischen Prognosen äußerst unsicher. *Zweitens* stimmen alle sonstigen Reformvorschläge darin überein, daß eine zukünftige Alterssicherung nur durch einen verstärkten Aufbau zusätzlicher privater Versorgungsansprüche außerhalb der GRV realisierbar sein wird.[33] Die einzelnen Vorschläge unterscheiden sich nur hinsichtlich der quantitativen Größe der „drei Säulen". Weiter gibt es unterschiedliche Meinungen darüber, ob die erforderliche Grundversorgung auf der Basis des bisherigen Umlageverfahrens oder durch eine steuerfinanzierte Grundsicherung (Biedenkopf, Miegel) erfolgen soll. *Drittens* bleibt als „radikale" Lösung der Umstieg vom Umlageverfahren zu einem Kapitaldeckungsverfahren. Dabei ist klar, daß dies aus rechtlichen und ökonomischen Gründen nur innerhalb einer gesamten Erwerbsbiographie erfolgen kann, daß also erst am Ende dieses Zeitraums das eine Verfahren durch das andere voll ersetzt sein wird. Auch in diesem Fall muß die Altersversorgung bestimmter Personengruppen, nämlich jener, die nicht selber erwerbstätig sein können, über sozialstaatlichen Transfer erfolgen.

Auch wenn vielen die zuletzt genannte Lösung ökonomisch am besten begründet erscheint, politisch leichter realisierbar, aber auch ökonomisch vertretbar dürfte eine Lösung – sozusagen als zweitbeste – sein, die über ein Umlageverfahren, eventuell auch aus Steuermitteln[34], eine Grundversorgung für alle vorsieht, im

33 Vgl. Kroker 1997.

34 In diesem Fall wäre auch über eine „Integration von Einkommenbesteuerung und steuerfinanzierten Sozialleistungen" nachzudenken (vgl. Mitschke 1996, Schulte 1996).

übrigen eine kapitalgedeckte Finanzierung über private Vorsorgemaßnahmen erreicht.

Zur ökonomischen, soziologischen und sozialethischen Begründung dieser Position seien bereits angedeutete Argumente zusammengefaßt: Wir halten die durch die Beibehaltung des Umlageverfahrens auch bei gewissen Korrekturen absehbare Belastung der zukünftigen jüngeren Generation für zu hoch. Es erscheint uns fahrlässig, angesichts der Ungewißheit zukünftiger Wachstumsraten und des Umfangs verfügbarer Arbeitsplätze und auch angesichts einer weiteren Pluralisierung der Arbeitsbiographien, insbesondere eines wachsenden Anteils von Teilzeitarbeit, die Alterssicherung primär von Ansprüchen abzuleiten, die allein an das Arbeitsverhältnis anknüpfen. Angesichts der hohen Staatsverschuldung und der sprunghaft ansteigenden Versorgungslasten der öffentlichen Arbeitgeber (ähnliches gilt auch für andere Großorganisationen ohne Erwerbscharakter, z. B. die Kirchen) erscheint eine Finanzierung der Altersversorgung der im Öffentlichen Dienst Beschäftigten allein aus laufenden Steuereinnahmen eine abenteuerliche Vorstellung. Es bleibt insofern gar kein anderer Weg, als mindestens große Teile, wenn nicht sogar den Großteil der zukünftigen Altersversorgung aus Kapitalerträgen zu finanzieren. Dies ist angesichts der Höhe und der Verteilung[35] der bereits erwähnten Einkommen der privaten Haushalte aus Geld- und Immobilienvermögen einer breiten Mehrheit der Bevölkerung zumutbar, zumal wir inzwischen eine „Erbengeneration" haben, die zusätzlich in hohem Ausmaß über schuldenfreies Wohneigentum verfügt.[36]

---

35 Dies ergibt sich auch aus der umfangreichen Antwort der Bundesregierung auf eine Große Anfrage der SPD-Fraktion und weiterer Abgeordneter vom 28. 02. 96 (Drucksache 13 / 3885 Deutscher Bundestag 13. Wahlperiode). Das dort ausgebreitete Zahlenmaterial widerlegt auch eindeutig die Behauptung: „Geld- und Grundvermögen ist in zunehmendem Maße ungleich verteilt, so daß die breite Bevölkerungsmehrheit auch in Zukunft nicht über ein ausreichendes Vermögen zur Absicherung der elementaren Lebensrisiken verfügen wird", wie in dem Wort der Kirchen „Für eine Zukunft in Solidarität und Gerechtigkeit" vom 28. 02. 1997 unter Nr. 178 behauptet wird.

36 Die Einkommen der privaten Arbeitnehmer-Haushalte aus Geldvermögen betrugen 1995 je Haushalt bei Rentnern 4700,–, bei Pensionären 7000,–, bei Angestellten und Beamten je 5500,– und bei Arbeitern, die nur noch ca. 30% der Arbeitnehmer ausmachen, 3100,– DM. Hinzu kommen für über 50% aller Haushalte Einkommen aus Grundvermögen von nochmals mindestens der gleichen Höhe, da das Grundvermögen etwa 1,5 mal so groß ist wie das Geldvermögen. „Wie das Geldvermögen, so ist auch der Haus- und Grundbesitz auf weite Teile der Bevölkerung verteilt". So sind 48,6% der Arbeiter, 51,2% der Angestellten und 63,9% der Beamten Grundeigentümer (vgl. Schröder 1997, S. 79–82). Bedenkt man, daß die Deutschen im letzten Jahr allein für Tourismus 83 Mrd. DM ausgegeben haben und daß ein heute 30jähriger mit 100,– DM monatlicher Einzahlung ab dem 65. Lebensjahr eine lebenslange Zusatzrente von fast 1300,– DM erhält (so z. B. das derzeitige Angebot der ÖVA), dann wird deutlich, daß wir durchaus in der Lage wären, in größerem Umfang privat für das Alter vorzusorgen. Dabei ist hinzuzufügen, daß das Inflationsrisiko bei einer überwiegend investiven Anlage der Pensionsrücklagen durchaus beherrschbar ist.

VII. Die Chance der „Versöhnung" von Arbeit und Kapital

Ein solcher Weg enthielte auch eine realistische Lösung eines alten Problems, das seit dem Beginn der Industriegesellschaft – wir erwähnten es bereits – diskutiert wird: die „Versöhnung" von Arbeit und Kapital.

1. Wir haben eingangs darauf hingewiesen, daß sich Sozialreformer insbesondere aus dem Bereich des sozialen Katholizismus schon seit „Rerum novarum" (1891) mit der Frage beschäftigen, wie die für die „kapitalistische" Wirtschaftsweise typische Trennung von „Arbeit" und „Kapital" durch eine strukturelle Verbindung dieser beiden Produktionsfaktoren modifiziert werden könnte. Dieses Thema zieht sich durch alle Sozialenzykliken und drückt sich z. B. in der „Anregung" des gegenwärtigen Papstes aus, „das *Miteigentum* an den Produktionsmitteln, die Mitbestimmung, die Gewinnbeteiligung, die Arbeitnehmeraktien u.ä." („Laborem exercens" 14) zu fördern. Immer wieder wurde und wird an der „Konzentration" vor allem des Produktivkapitals Kritik geübt und dessen breitere Streuung gefordert.[37] Die entsprechenden Postulate erhalten in der gegenwärtigen wirtschaftlichen Situation neue Aktualität. Bei hoher Arbeitslosigkeit und Rückgang der sozialstaatlichen Verteilungsmasse und bei gleichzeitig auf hohem Niveau gehandelten Aktien und entsprechenden Gewinnbilanzen mancher Unternehmen wird die Frage verständlich, ob hier nicht „am System" etwas falsch sei.

2. Um die ethische Angemessenheit einer bestimmten Verteilung des Produktivkapitals beurteilen zu können, muß man zum einen die Verteilung sämtlicher Vermögensformen (Gebrauchseigentum, Sparkapital, Grundstückseigentum, eigentumsgleiche Rechtsansprüche an das System der sozialen Sicherung und Produktivkapital) betrachten und zum anderen bedenken, in welchem ursächlichen Verhältnis das Produktivkapital zu den anderen Vermögensarten steht. Zusammen mit der ausführenden Arbeit der Arbeitnehmer und der dispositiven Arbeit der Unternehmer ist das Produktivkapital die Voraussetzung jeglicher marktfähiger Produktion und insoweit die Quelle sämtlicher anderer Vermögensarten. Nur in dem Maße, wie das Produktivkapital ökonomisch effektiv eingesetzt wird, können Arbeitsentgelte bezahlt werden, aus denen sich das Verbrauchs- und Gebrauchseigentum bildet sowie Spargelder zurückgelegt und Grundstücke erworben werden können. Nur so sind die nötigen Abgaben und Steuern zu erwirtschaften, die das System der sozialen Sicherung, insbesondere die Rentenzahlungen „speisen". Andernfalls versiegen die Quellen des Wohlstandes und die damit gekoppelte wirtschaftliche Sicherheit sämtlicher Vermögensformen. Die jahrzehntelange Kapitalfehlleitung und Kapitalvernichtung in den kommunistischen Ländern liefert hierfür einen traurigen Beweis.

Der Nutzen des Produktivkapitals für alle hängt also zunächst einmal nicht von seiner Verteilung ab, sondern von seinem ökonomisch erfolgreichen Einsatz. Dies

37 Vgl. dazu Roos 1995 sowie BKU 1996.

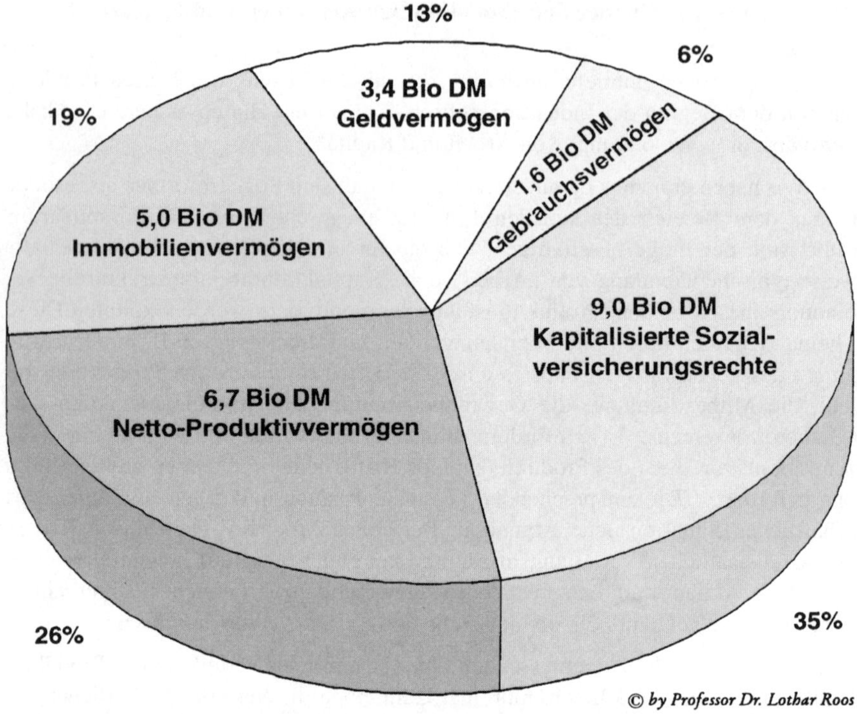

Formen und Geldwerte des Eigentums (Vermögen)
Summe Vermögenswerte 1994: 25,7 Bio DM

gilt auch im Hinblick auf die Zahlungsfähigkeit der GRV. Sie ist abhängig von der „Ergiebigkeit" der jeweils aktiven Produktionsfaktoren, also auch des investierten Kapitals. Da die Rechtsansprüche an das System der sozialen Sicherung verfassungsrechtlich zum Eigentum zählen, ist es durchaus legitim, diese Versorgungsansprüche rechnerisch zu „kapitalisieren", also so zu tun, als ob sie – wie bei den Selbständigen – über ein Kapitaldeckungsverfahren abgesichert werden müßten. Auf diese Weise käme man auf einen Kapitalfonds zugunsten der nicht selbständig Erwerbstätigen im Wert von ca. 9 Bio. DM. Diese Kapitalsumme ist um ein Drittel höher als das gesamte investierte Produktivkapital. Bezieht man die Ansprüche an das System der sozialen Sicherung als tatsächliches Eigentum in die Vermögensverteilung ein, dann ergibt sich ein ganz anderes Bild, als gewöhnlich gezeichnet wird (vgl. Grafik). Die Rechtsansprüche der Arbeitnehmer auf Alterssicherung über die GRV stellen faktisch den größten einzelnen Eigentumstitel in unserer Gesellschaft dar. Allerdings, und das ist nun für unseren Zusammenhang entscheidend: Der Wert dieses Eigentums mindert sich zunehmend in dem Maße, wie die Ansprüche auf Altersversorgung auf der Basis des bestehenden Umlagesystems an

Wert verlieren. Genau dies wäre der entscheidende Grund, nach einer besseren, d. h. „wertbeständigeren" Alternative Ausschau zu halten.

3. Das Geldvermögen der privaten Haushalte ist zu insgesamt 80% bei Banken, Versicherungen und in festverzinslichen Wertpapieren angelegt und nur zu 14% in Aktien und Investmentfonds (bei 6% sonstigen Anlagen).[38] Über das Bankensystem und die Versicherungswirtschaft wird der größte Teil dieses Geldkapitals investiert und in den Bilanzen der Unternehmen als Fremdkapital ausgewiesen. Der Eigenkapitalanteil der deutschen Unternehmen beträgt derzeit nur ca. 17,5 Prozent. Indirekt, d. h. über ihre Ersparnisse, ist die breite Masse der Bürger damit über das Fremdkapital am Investivkapital beteiligt, ohne allerdings – wegen dieser „Vermittlung" – einen Einfluß auf die Geschäftspolitik der Investoren nehmen zu können. Insofern hat auch kein so „entmündigter" Sparer das „Gefühl", über seine Ersparnisse am Produktivkapital beteiligt zu sein. An diesem Zustand wird sich auch trotz aller bisher vorgelegten Ideen wenig ändern, weil man niemand dazu zwingen kann und darf, seine Ersparnisse in Produktivkapital anzulegen. Denn jeder Investitionsvorgang setzt die Freiheit des Kapitalgebers und des Kapitalnehmers voraus, weil nur dadurch die notwendige Haftung begründet werden kann.

Dessen ungeachtet ist eine breitere Streuung des Produktivkapitals wünschenswert und mit geeigneten Mitteln auch erreichbar. Sie könnte eine Reihe ökonomisch und ethisch wichtiger Effekte haben. So würden sich z. B. die bisherigen Verteilungskonflikte tendenziell von gruppenantagonistischen in innermenschliche Konflikte verwandeln. Arbeitnehmer, die zugleich Produktionsmittel besitzen, müssen sich mehr mit volkswirtschaftlichen Zusammenhängen befassen oder sich entsprechend treuhänderisch beraten lassen. Hier läge auch eine mögliche Zukunftsaufgabe moderner Gewerkschaften. Dies könnte allmählich zu einem Wirtschaftsbürger führen, der fähig ist, sich an allen wesentlichen wirtschaftlichen Aktivitäten, also auch am Investieren, zu beteiligen, und der damit zugleich auch ein Einkommen aus sämtlichen Vermögensarten, gerade auch aus Produktivkapital, bezieht. Der „Gegensatz" von Arbeit und Kapital würde tendenziell verschwinden.

4. Damit kommen wir zur letzten und in diesem Zusammenhang wichtigsten Frage: Bestünde nicht der beste und sich gerade angesichts der heutigen und zukünftigen Problematik unserer Altersversorgung naheliegende Weg, das eben genannte Ziel zu erreichen, in einer grundsätzlichen Umstellung unserer Altersversorgung auf ein Kapitaldeckungsverfahren, etwa nach dem Beispiel Chiles? Damit würden die Arbeitnehmer in einem verhältnismäßig überschaubaren Zeitraum über Pensionsfonds Miteigentümer eines erheblichen Teils des investierten Kapitals, sofern die Pensionsfonds einen beträchtlichen, wenn nicht sogar den größten Teil der angesparten Gelder investiv anlegen.[39] Da diese Anlage nicht an nationale Grenzen gebunden ist, könnte die weltweite Mobilität des Kapitals – heute von vielen

---

38 Vgl. FAZ vom 12. 9. 1997, Nr. 212, S. 20.

39 In den USA entfallen rund 60% der Pensionsrückstellungen der Unternehmen auf Pensionsfonds (vgl. Zeyer 1996).

eher als Unsicherheitsfaktor angesehen – die Sicherheit der Altersversorgung erhöhen. Die entsprechenden Rentenfonds-Verwaltungsgesellschaften könnten durchaus, wie in Chile, auch von Arbeitnehmern bzw. ihren Treuhändern verwaltet werden. Die Kapitalrendite würde langfristig eine Senkung der Beiträge und damit der Personalzusatzkosten des auslaufenden Umlagesystems ermöglichen.

Der chilenische Minister für Arbeit und soziale Sicherheit, José Piñera, der für die Privatisierung der Altersversorgung in Chile verantwortlich war, kann bereits nach relativ kurzer Laufzeit des neuen Systems feststellen: „Die Arbeitnehmer schätzen die Durchschaubarkeit des Systems und haben dank ihrer Rentensparkonten inzwischen ein direktes Interesse an der Wirtschaft entwickelt. Da die privaten Rentenfonds ganz beträchtliche Anteile an den großen Unternehmen in Chile halten, investieren die Arbeitnehmer auf diese Weise ihr Kapital zugleich in die Zukunft des Landes ... Für die Chilenen verkörpert ihr Rentensparkonto ganz reale und greifbare Eigentumsrechte – es bildet die Grundlage für ihre Sicherheit im Ruhestand. Nach 16 Jahren Erfahrung mit dem neuen System ist der wichtigste Besitz des durchschnittlichen chilenischen Arbeitnehmers nicht mehr sein Gebrauchtwagen oder sein kleines Haus, auf dem vermutlich eine Hypothek lastet, sondern das auf seinem Rentenkonto angesparte Kapital.“[40] Das chilenische Beispiel sei die „Geschichte eines Traums, der Wirklichkeit geworden ist. Letztendlich können wir daraus lernen, daß auch in der heutigen Gesellschaft große, in die Zukunft weisende Veränderungen möglich sind, wenn dem einzelnen Menschen wieder genügend Vertrauen entgegengebracht und entsprechende Verantwortung eingeräumt wird.“[41]

5. Ein in der Politikberatung erfahrener Wissenschaftler erklärte unlängst bei einem Kongreß zum Thema „Reform des Sozialstaats“, von der Formulierung einer gut begründeten Reformidee bis zu deren politischer Realisierung müsse man mindestens mit zehn Jahren rechnen. Ob in Deutschland überhaupt eine grundlegende Systemänderung der Altersversorgung im Sinne des Umstiegs vom Umlageverfahren in ein Kapitaldeckungsverfahren möglich ist, kann man mit guten Gründen bezweifeln. Dies mag auch mit bestimmten deutschen Charaktereigenschaften zusammenhängen wie Ängstlichkeit und Harmoniebedürfnis. Die Reformunfähigkeit deutscher Politik, die derzeit vor allem durch die Blockade der Regierungsmehrheit durch den Bundesrat verursacht (politische Ordnungen, bei denen aus einem Mehrheitswahlrecht starke Regierungen hervorgehen, tun sich hier leichter) und durch einen typisch deutschen Konsens-Immobilismus verstärkt wird, löst inzwischen weltweit immer mehr Kopfschütteln aus. Dies kommt etwa in der diesjährigen Konsultation des Internationalen Währungsfonds (IWF) zum Ausdruck, der im Blick auf Deutschland „die tief verwurzelten strukturellen Unbeweglichkeiten“ hinsichtlich des Arbeitsmarktes, der Steuergesetzgebung und der Altersversorgung kritisiert.[42] Es ist also kaum damit zu rechnen, daß man sich in Deutschland ernst-

40 Piñera 1997, S. 42 f.

41 Ebd., S. 44.

haft z. B. mit dem chilenischen Modell beschäftigen wird. Klar ist aber auch, daß die jetzt von der Bundesregierung vorgeschlagene Rentenreform, sofern sie überhaupt zustande kommt, nicht lange vorhalten wird. Insofern sollte man bei den Reformdebatten verstärkt jene Lösungswege bedenken, die zumindest in die richtige Richtung weisen und Fehlentscheidungen verhindern.

Insbesondere sind dabei drei Elemente vordringlich: *Zum einen* die Einbeziehung möglichst aller Bürger, einschließlich der Beamten und Selbständigen in ein solidarisches System der Altersversorgung, das aber immer nur eine Grundsicherung verpflichtend vorschreiben kann. *Zum andern* die Verwirklichung eines gerechten Familienleistungsausgleichs im Bereich der Altersvorsorge einschließlich der Lösung des Problems der „Hinterbliebenenrente", was beides nur durch eine eigenständige Rentenbiographie für alle Frauen gemäß den Vorschlägen des BKU und der Regelung in der Schweiz[43] zu erreichen wäre. *Schließlich* muß mit Nachdruck das „Drei-Säulen-System" dergestalt entwickelt werden, daß die private und betriebliche Altersvorsorge einen größeren Raum einnimmt, ja auf längere Sicht quantitativ die Versorgung gemäß dem Umlagesystem übertrifft. Die Art und Weise, wie die „zweite und dritte Säule" finanziert wird, ist dabei nicht unwichtig. Sie müßte tendenziell in einer Weise erfolgen, *die immer mehr Bürger über ihr eigenes Altersvorsorgesystem zu Miteigentümern am Produktivkapital* macht. Dabei müssen alle Vorsorgeleistungen – natürlich mit einer sinnvollen Obergrenze – steuer- und abgabenfrei bleiben, dafür sind alle Alterseinkünfte gemäß dem geltenden Tarif zu besteuern.

6. Die wirtschafts- und sozialethischen Argumente für eine solche „Systemveränderung" unserer Altersversorgung lassen sich kurz so zusammenfassen: Die subsidiäre Basis unseres Sozialstaats ist zu schmal geworden, um den solidarischen Überbau im bisherigen Umfang auf Dauer zu sichern. Wir brauchen deshalb eine *Kurskorrektur in Richtung auf mehr persönliche Selbstverantwortung.* Denn gemäß dem Subsidiaritätsprinzip hat jeder einzelne nicht nur das Recht, sondern auch die Pflicht, all das selber zu tun, was er aus eigener Kraft zu leisten vermag. Alle sozialstaatlichen Leistungen müssen deshalb anhand der drei Maximen überprüft werden, welche Solidarleistungen um der Würde des Menschen willen unverzichtbar, welche durch zumutbare Eigenleistungen ersetzbar und welche zusätzlich von der sozialen Gerechtigkeit gefordert sind. Im letzten Fall ist vor allem an die vollständige Erfüllung der Auflagen des Bundesverfassungsgerichts hinsichtlich des Familienleistungsausgleichs zu denken. Bei der Verwirklichung dieser drei Maximen führt kein Weg daran vorbei, daß die Summe sämtlicher Einzelposten unter dem bisherigen Sozialleistungsniveau liegen muß und kann.[44] – Die unabdingbare Senkung der Lohnzusatzkosten muß in allen in Frage kommenden Einzelelementen bedacht werden, auf jeden Fall aber bei ihrem größten Posten, den Beiträgen

---

42 Vgl. FAZ v. 1. 9. 1997, Nr. 202, S. 15.

43 Vgl. Peter 1997, S. 126.

44 Vgl. dazu ausführlicher Roos 1997.

zur GRV. – Aufgrund des inzwischen erreichten „Gleichheitsgrades" der Einkommen in unserer Gesellschaft kann und sollte man in der GRV auf beitragsfinanzierte Umverteilungen verzichten. Hält man solche für nötig („versicherungsfremde" bzw. „politische" Leistungen), dann ist es besser, diese über Konsumsteuern statt über Sozialversicherungsabgaben zu finanzieren. – Eine stärkere oder überwiegende Finanzierung der Altersversorgung über ein Kapitaldeckungsverfahren bringt eine Reihe unbestreitbarer ökonomischer Vorteile. Da sie in jedem Fall Freiheit und Selbstverantwortung stärkt, ist sie schon aus diesem Grund zu befürworten. Die dem Solidaritätsprinzip entspringende Sozialversicherung wurde einst deshalb eingeführt, weil die elementaren Lebensrisiken (Krankheit, Invalidität, Alter, Arbeitslosigkeit, Pflegebedürftigkeit) unter den Bedingungen einer Industriegesellschaft vom einzelnen nicht mehr zu tragen waren. Dies trifft in der heutigen Wohlstandsgesellschaft nicht mehr in dem Umfang zu, wie dies unser Sozialstaat derzeit praktiziert. – In einer Zeit des Verblassens moralischer Standards steigt umgekehrt proportional dazu die egoistische Ausnutzung des Solidarsystems. Auch aus diesem Grund muß das Äquivalenzprinzip verstärkt werden, d. h. der innere Zusammenhang zwischen den eigenen Leistungen und der zu erwartenden Versorgung innerhalb des Solidarsystems. Je mehr Elemente der Selbsthilfe und der Selbstverantwortung der „Generationenvertrag" enthält, desto sicherer ist seine Zukunft. – Das immer wieder diskutierte Problem einer breiteren Streuung des Produktivkapitals läßt sich mit den bisher diskutierten Ideen kaum lösen, insbesondere nicht mit der Idee eines „Investivlohns". Ein ökonomisch richtiger und psychologisch erfolgversprechender Ansatz zu einer breiten Beteiligung aller Bürger am Produktivkapital der Wirtschaft (im eigenen Land und weltweit) könnte eine zunehmende Finanzierung der Altersversorgung durch Kapitalerträge werden. Investive Lohnanteile, die ja immer einen entsprechenden Konsumlohnverzicht implizieren, sind für Arbeitnehmer nur attraktiv, wenn sie für persönlich greifbare Lebensziele wie ein Eigenheim oder die Altersvorsorge stehen. Für die Unternehmen sind sie am ehesten in der Form der Gewinnbeteiligung zu verkraften, wie sie erstmals in dem jüngsten Tarifvertrag in der Chemie-Industrie vereinbart wurde.[45] – Je länger man angesichts der demographischen Trends unserer und vergleichbarer Gesellschaften mit der Umorientierung wartet, desto schwieriger und kostspieliger wird sie werden, je früher man damit beginnt, desto kostengünstiger kann sie ausfallen.

Literaturverzeichnis

Biedenkopf, K. (1997): Das System ist ungerecht. Rentenreform / Interview mit Sachsens Ministerpräsident Kurt Biedenkopf, in: Rheinischer Merkur v. 18. 4. 1997, Nr. 16, S. 14

---

45 Eine interessante Lösung dieser Art gibt es schon länger bei VW, wo auf der Basis einer im eigenen Unternehmen investierbaren Gewinnbeteiligung im Laufe eines Arbeitslebens eine zusätzliche monatliche Rente von über 400,– DM zustande kommt.

Börsch-Supan, A. (1997 a): Germany: A social security system on the verge of collapse (Vortragsmanuskript Kiel)

– (1997 b): Eine umfassende Verpflichtung zur Solidarität, in: FAZ v. 14. Juli 1997, Nr. 135, S. 15

Bund Katholischer Unternehmer (1997): Vorschlag zur Reform der Gesetzlichen Rentenversicherung (GRV) vom 8. Juli 1997, Köln

– (Hg.) (1996): Beteiligung der Bürger am Produktivvermögen – Verpflichtendes Ziel der Katholischen Soziallehre, Trier

Buttler, G. (1997): Alterssicherung im Umlageverfahren und im Kapitaldeckungsverfahren, in: Reform des Sozialstaats, a. a. O., S. 84 - 108

Frankfurter Institut – Stiftung Marktwirtschaft und Politik (Hg.) (1997a): Rentenkrise. Und wie wir sie meistern können, Bad Homburg

– (Hg.) (1997b): Rentenreform – Lehren von draußen. Mit Beiträgen von G. Dahlmanns, K. Morath und J. Piñera, Bad Homburg

Glismann, H. / *Horn*, E.-J. (1995): Die Krise des deutschen Systems zur staatlichen Alterssicherung, in: ORDO. Jahrbuch für die Ordnung von Wirtschaft und Gesellschaft. Bd. 46 (1995), S. 309 - 344

Hof, B. (1997): Gesetzliche Rentenversicherung in der demographischen Klemme, in: Reform des Sozialstaats, a. a. O., S. 135 - 202

Kroker, R. (1997): Schlußfolgerungen und Empfehlungen, in: Reform des Sozialstaats, a. a. O., S. 203 - 228

Miegel, M. (1996): Steuergelder für den Ruhestand? In: Rheinischer Merkur v. 9. 2. 1996, Nr. 6, S. 10

Mitschke, J. (1996): Probleme einer Integration von Einkommenbesteuerung und steuerfinanzierten Sozialleistungen, in: Schriftenreihe des Bundesministeriums der Finanzen, H. 59, Bonn

Peter, W. (1997): Reformbemühungen in anderen Ländern, in: Reform des Sozialstaats, a. a. O., S. 109 - 134

Piñera, J. (1997): Auf dem Weg zum mündigen Bürger: Reform der Altersversorgung am Beispiel Chile, in: Frankfurter Institut – Stiftung Marktwirtschaft und Politik (Hg.), Rentenreform – Lehren von draußen, a. a. O., S. 21 - 44

Reform des Sozialstaats: Vorschläge, Argumente, Modellrechnungen zur Alterssicherung (1997): Hg. Institut der deutschen Wirtschaft, Köln (mit Beiträgen von Seffen, A. / Schröder, Ch. / Buttler, G. / Peter, W. / Hof, B. / Kroker, R. und ausführlichen Literaturhinweisen)

Roos, L. (1995): Vom Arbeitnehmer zum Wirtschaftsbürger. Das Anliegen der Beteiligung am Produktivkapital, Reihe „Kirche und Gesellschaft", hg. von der Katholischen Sozialwissenschaftlichen Zentralstelle Mönchengladbach, Nr. 224, Köln

– (1997): Der Sozialstaat im Spannungsfeld von Solidarität und Subsidiarität, Reihe „Kirche und Gesellschaft" hg. von der Katholischen Sozialwissenschaftlichen Zentralstelle Mönchengladbach, Nr. 240, Köln

Schröder, Ch. (1997): Mehr Spielraum für Eigenvorsorge durch wachsenden Wohlstand, in: Reform des Sozialstaats, a. a. O., 70 - 83

Schroeder, R. (1997): Das Kapital flieht, in: Die politische Meinung 42 (1997) H. 334, S. 15 - 19

Schulte, E. (1996): Bürgergeld sprengt Armutsfalle, in: BKU-Rundbrief 2 / 1996 (Gelbe Seiten Nr. 32)

Seffen, A. (1997): Sozialstaat in der Krise, in: Reform des Sozialstaats, a. a. O., S. 17 - 69

Weltbank (1994): Averting the Old Age Crisis, Oxford University Press

Wolff von Amerongen, O. (1997): Den Kern des Sozialstaats sichern, in: FAZ v. 14. 2. 1997, Nr. 38, S. 14

Zeyer, F. (1996): Chancen mit Pensionsfonds, in: FAZ v. 11. 10. 1996, Nr. 237, S. 17

Ökologie und Technik in sozialethischer Perspektive

Von Wolfgang Ockenfels

Die Entstehung der Umweltproblematik läßt sich vor allem daraus erklären, daß die angeblich unbegrenzt vorhandenen und scheinbar kostenlosen natürlichen Ressourcen technisch so verarbeitet werden, daß ökonomische Knappheitssituationen als leicht überwindbar erscheinen. Umweltschäden entstehen also aus einer spezifisch technischen Form der Arbeit und ihrer ökonomischen Organisation, und zwar besonders dann, wenn es keine die ökologische Knappheit signalisierenden Preise für die Nutzung natürlicher Ressourcen gibt.

Ein starkes neuzeitliches Motiv zur technischen Beherrschung der Natur lag darin, daß man ihre Launen und Ausbrüche nicht mehr als Werk des Schicksals oder der Vorsehung gläubig annahm, sondern als naturwissenschaftlich berechenbar und technisch domestizierbar ansah. Wenn sich Naturkatastrophen nach wie vor und teilweise verstärkt ereignen, so werden sie inzwischen bereits als technisches Versagen, als technisch vermeidbare Störfälle – oder als Ergebnisse verfehlter technischer Vorkehrungen gedeutet, wobei sich auch der Faktor des „menschlichen Versagens" immer auf den Umgang mit Technik bezieht.

Ökologische Probleme, die wir als Katastrophen wahrnehmen, scheinen untrennbar mit technischen Problemen zusammenzuhängen – wie auch umgekehrt Probleme der Technik meist in ihrer unweltschädigenden Wirkung wahrgenommen werden. Der ökologische Streit hat sich weitgehend zu einem Streit um die „richtige" Technik entwickelt. Technische Totalverweigerer, die ganz „zurück zur Natur" wollen, bilden eine sehr kleine Minderheit und werden politisch nicht ernst genommen. Der politisch geforderte „ökologische Umbau" der Gesellschaft und einer Marktwirtschaft, die neben dem Attribut „sozial" nun auch das Adjektiv „ökologisch" erhalten hat, impliziert immer auch bestimmte technologische Optionen. Gerade diese aber sind höchst umstritten. Es zeigt sich, daß Ökologie und Technik in einem Spannungsverhältnis stehen, das nicht ohne weiteres harmonisierbar ist.

I. Zur Signatur der Gegenwart

Die Signatur der Gegenwart ist von starken Vorbehalten gegenüber einer verwissenschaftlichten und technisierten Lebenswelt geprägt, die von vielen als kalt und seelenlos empfunden wird. Ein Großteil der Bevölkerung glaubt nicht mehr naiv an die Segnungen des technischen Fortschritts, sondern fürchtet oft den Fluch der technischen Tat, die Natur und Menschheit zu zerstören droht. Alte Mythen werden wiederbelebt: Die moderne Technik erscheint als ein unseliger, unkontrollierbarer Geist aus der Flasche, in die er wieder eingesperrt werden muß. Naturwissenschaftler und Techniker treten in Gestalt des Zauberlehrlings auf, der in Abwesenheit des alten Hexenmeisters allerlei Unheil anrichtet, bis daß dieser wieder zurückkommt und den Spuk beendet.

Schon zu Beginn der siebziger Jahre konnte man deutliche Anzeichen einer Wende des modernen Zeitgeistes wahrnehmen. Der aufklärerische Fortschrittsglaube an die wissenschaftliche und technische Machbarkeit einer idealen Welt war an seine naturalen Grenzen gestoßen. Mit dem „Club of Rome" sprach plötzlich alle Welt von den „Grenzen des Wachstums", von Grenzen, die sich auch durch den „Ölschock" überdeutlich im öffentlichen Krisenbewußtsein auftürmten. Das zuvor grenzenlos erschienene Wachstum wurde nun mit Grenzen konfrontiert, die das Entropie-Gesetz der Thermodynamik physikalisch markiert (Treibhauseffekt). Damit erwuchs auch den bisher geläufigen technisch-industriellen Methoden eine politisch-ökologische Grenze.

Ökologische Katastrophen bahnten sich an und nährten den Zweifel an der technischen Beherrschbarkeit von Natur und Gesellschaft. Apokalyptische Ängste erfassen in Wellen das Land und werden von politischen Bewegungen auch manipuliert und ausgebeutet. Mythen, Mysterien und Gefühle werden kulturell rehabilitiert. Auch das religiöse Interesse scheint zu wachsen, wenn auch nicht in christlicher Orientierung und kirchlicher Bindung. Manchmal flüchtet es sich in eine mystische Einheit mit der Natur, von der man die heile Welt erwartet.

Besonders bei Literaten und Philosophen, die wie Seismographen die Erschütterungen des Zeitgeistes wahrnehmen oder ahnend voraussagen, ist der alte technologische Fortschrittsglaube verflogen, der sein „Prinzip Hoffnung" (*Ernst Bloch*) auf immer modernere Techniken setzte, vermöge derer alle menschlichen Probleme lösbar und alle Zukunftsvorhaben plan- und machbar seien. *René Descartes* hatte zu Beginn dieses Zeitalters angenommen: „Nichts liegt so fern, daß man es nicht schließlich erreicht, und nichts ist so verborgen, daß man es nicht am Ende entdeckt."

Diese allzu optimistische Annahme wurde im Lauf der Zeit von Naturwissenschaftlern und Technikern, die ihre eigenen Grenzen erkannten, immer stärker dementiert. Die Naturwissenschaften verloren ihren „Verheißungsglanz" (*Hermann Lübbe*) und die Technik ihre moralische Unschuld. Die „Wunder" der Technik werden zunehmend entmythologisiert und im „postmodernen Epochenwandel" durch neue Mythen ersetzt. Inzwischen reden Philosophen vom „Ende der Neuzeit", konstatieren Soziologen einen Wertewandel hin zu „postmateriellen" Werten, kreieren Literaten und Architekten einen „postmodernen" Stil, prophezeien Ökonomen die „postindustrielle" Gesellschaft. Solche Diagnosen und Prognosen deuten lediglich die „Zeichen der Zeit“ darauf hin, daß wir uns am Ende einer Epoche zu befinden scheinen. Sie können aber noch nicht viel über die Signatur des neuen Zeitalters aussagen.

II. Wertewandel

Überhaupt ist es problematisch, die Geschichte fein säuberlich in „Epochen“ einzuteilen. Wie auch die Annahme höchst fragwürdig wäre, der Wandel der Werte oder des Wertbewußtseins folgte notwendig einem vorgegebenen Geschichtsgesetz oder werde von unsichtbarer Hand gesteuert. Als einen vorherrschenden Trend hat man den Wandel von sozialen Pflichtwerten zu individuellen Selbstverwirklichungswerten ausgemacht. Die Individualisierungs- und Pluralisierungstendenzen verleihen der Gesellschaft stark hedonistische Züge. Jenseits aller rein materialistischen und idealistischen Erklärungsmodelle läßt sich mit guten Gründen pragmatisch darlegen, daß dieser Wertewandel stark von der technischen Entwicklung ermöglicht und geprägt wird, die sich ihrerseits besonders nachhaltig in der Arbeitswelt auswirkt. Daß umgekehrt auch die technisierte Arbeitswelt vom Wertewandel geprägt wird, kann kaum bezweifelt werden. Hier scheint also ein gegenseitiges Bedingungsverhältnis zwischen der technischen Form der Arbeit und dem Wertewandel vorzuliegen.

Wenn wir uns infolge des technischen Fortschritts zu einer von *Daniel Bell* so genannten „postindustriellen“ Gesellschaft entwickeln, bedeutet das nicht den Abschied von der industriellen Massenproduktion, sondern lediglich die durch Technik ermöglichte und freigesetzte Verlagerung des Schwerpunktes auf den Dienstleistungsbereich. Damit ergeben sich für die Zukunft erhebliche Nachfrageverschiebungen, und mancher Unternehmer wäre froh, wenn er jetzt schon wüßte, welche Werte er künftig produzieren und anbieten könnte. Das gilt auch für die sogenannten „postmateriellen“ Werte, die nicht gratis zu haben sind und durchaus ihren materiellen Preis haben, wenn er sich auch nicht immer auf dem freien Markt bildet. Das Bedürfnis nach sauberer Umwelt muß erhebliche materielle Werte aufbringen, um die nicht „unberührte“ Natur wieder aufzubereiten. Und die gesuchten Freizeitwerte, die vom Arbeitswert abgezogen werden, verursachen zusätzliche Kosten. Davon mag vor allem die Freizeit- und Vergnügungsindustrie profitieren.

III. Technik zwischen Akzeptanz und Angst

Die euphorische, quasireligiöse Hoffnung der „Moderne“ auf eine technisch machbare Weltverbesserung droht nun gelegentlich – besonders in Deutschland – in ein anderes Extrem umzuschlagen, nämlich in eine zuweilen apokalyptisch anmutende Angst vor technischen Modernisierungsprozessen.

Angst gilt seit *Martin Heidegger* als „Grundbefindlichkeit menschlichen Daseins", einer Existenz also, die als vielfach bedroht und ungesichert empfunden wird. Angst stellt sich vor allem dort ein, wo die Situation als „zu eng" empfunden wird. Aber auch Situationen der grenzenlosen Weite erzeugen Angst: als Gefühl des Ausgeliefertseins, der Kälte, der Beziehungslosigkeit, der Unüberschaubarkeit. Der Mensch hat, mit *Heidegger* gesprochen, Angst vor dem Abträglichen, das „als Drohendes noch nicht in beherrschbarer Nähe ist".

Als besonders bedrohlich gelten heute vor allem die Kernenergie und die Gentechnik, weil sie den meisten Menschen unvorstellbar, gespenstisch, grenzenlos erscheinen – und vielen auch als unbeherrschbar. Weniger gefürchtet ist inzwischen die Mikroelektronik, die gegen starke Widerstände ihren Siegeszug durch alle Wirtschaftszweige angetreten hat, aber immer noch als „Jobkiller" angesehen wird.

Die mangelnde Akzeptanz vor allem jener Techniken, die im Ruf stehen, die naturale Umwelt zu gefährden und damit auch negativ auf die Arbeitswelt zu wirken, ist z.T. auch auf das mangelnde Vertrauen zurückzuführen, das hierzulande Politiker und Wissenschaftler genießen. Es nützt nichts, wenn Politiker besänftigend auf das Volk einreden und es von der Gefahrlosigkeit bestimmter Techniken überzeugen wollen. Politiker (wie auch Theologen) leben in dieser Frage nur von einer geborgten wissenschaftlichen Kompetenz. Aber auch die Vertreter der Wissenschaft verlieren ihren Überzeugungskredit, wenn sie über mögliche Gefahren unterschiedliche Auffassungen vertreten. Erschwerend hinzu kommt das Unvermögen anerkannter Wissenschaftler, von ihrer Sachkompetenz einen populär-verständlichen Gebrauch zu machen. Bei den immer komplizierter werdenden Zusammenhängen sind die meisten Bürger einfach überfordert und sehen den Wald vor lauter Bäumen nicht mehr. Wenn sie dann noch fast täglich von den Medien durch Schreckensmeldungen schockiert werden, reagieren sie mit Panik – oder stumpfen auf die Dauer zur Gleichgültigkeit ab.

Panik und Gleichgültigkeit können aber nicht als verantwortbare Haltungen gegenüber möglichen oder tatsächlichen Gefahren gelten, die vor allem wissenschaftlich abgeschätzt, technisch minimiert und politisch kontrolliert werden müssen. Verantwortlich geht man mit der Angst um, wenn man ihre Ursachen, vor allem die realen Risiken und Gefahren, zu erkennen und zu beseitigen sucht. Diese Aufarbeitung bedeutet freilich nicht die Utopie eines völlig angstfreien Zustandes. Angst muß auch als positives Alarmsignal gewertet werden, das auf Lebensrisiken reagiert.

IV. Bewertungsfragen und Ambivalenzen

Die angesprochenen Sorgen und Ängste markieren nicht nur ein sozialpsychologisches, sondern vor allem ein sozialethisches Problem. Denn ob und wieweit diese Ängste rational und praktisch bewältigt werden können, hängt wesentlich davon ab, ob es vernünftig-plausible sozialethische Maßstäbe und ordnungspolitische Regeln und Institutionen gibt, die der technischen Entwicklung Sinn und Ziel geben, ihr aber auch deutliche Grenzen setzen.

Kompliziert wird die ethische Angstbewältigung vor allem dadurch, daß wir es mit zwei gegenläufigen Angsttendenzen zu tun haben. Die einen haben Angst, im globalen Wettbewerb den Anschluß an den technischen Fortschritt zu versäumen und sehen Deutschland in Fragen bestimmter Zukunftstechnologien bereits auf der internationalen Verliererseite. Die anderen sehen gerade in diesem Bestreben, die deutsche Konkurrenzfähigkeit naturwissenschaftlich-technologisch abzusichern, eine unabsehbare Gefährdung für Mensch und Natur.

Angesichts der radikalen Verwerfungen ist die Frage nach dem ethischen Sinn und Zweck der sich ständig wandelnden Technik und ihrer zukünftigen gesellschaftlichen Rolle besonders drängend. Es bedarf vielleicht immer erst der radikalen Kritik von außen, die die Pragmatiker überhaupt dazu herausfordert, sich ethisch zu legitimieren. Solange die moderne Technik überwiegend als segensreich erfahren wurde, gab es freilich kaum einen Grund, über sie Rechenschaft abzulegen.

So ist auch die Kirche als Moralinstanz erst dann auf den Plan getreten, als die zwiespältigen Folgen der Technik sichtbar wurden. Das war in Ansätzen ziemlich früh der Fall. Spätestens seit *Leo XIII.* hat die Kirche immer wieder gefordert, die technischen Errungenschaften an sittlichen Maßstäben zu messen, was ihr dann auch den Vorwurf einbrachte, daß sie mit ihrer ethisch abwägenden Skepsis eher ein fortschrittshemmendes Element sei. Die Katholische Soziallehre, hier verstanden als das Kontinuum lehramtlicher Aussagen seit *Leo XIII.*, hat sich allerdings nicht systematisch, sondern nur sporadisch zu diesem Problem geäußert. Eine eigene Sozialenzyklika zu diesem Thema steht noch aus.

Als Technik kann man (nach *Karl Rinner*) einerseits das Bemühen des Menschen bezeichnen, die Kräfte und Stoffe der Natur für seine Zwecke nutzbar zu machen. Andererseits umfaßt „Technik“ auch die Summe der Methoden, Werkzeuge und Maschinen, die notwendig sind, um diese Tätigkeit auszuüben. Es kann als weitgehend plausibel gelten, daß Technik im allgemeinen Sinne ein kraft- und effizienzsteigerndes Instrument in der Hand des Menschen bedeutet – und als solches ein unentbehrliches Lebensmittel für den Menschen und einen Bestandteil seiner Kultur darstellt. Der Mensch hat sich immer schon bestimmter Techniken bedient, um seine Arbeit ergiebiger und sein Leben humaner zu gestalten: vom steinzeitlichen Faustkeil bis hin zum modernen Computer, der uns in wenigen Jahren als völlig veraltet erscheinen kann. Von daher erscheint eine generelle Technikfeindlichkeit als gefährlicher Unsinn, weil der Mensch, um zu überleben, immer auf irgendeine Technik angewiesen bleibt.

Sinnlos erscheint auch die Alternative, unter die die Technik oft gestellt wird: sie bedeute Segen *oder* Fluch, Chance *oder* Risiko, Weg *oder* Irrweg. Mit diesem polarisierenden Entweder-Oder ist es freilich nicht getan, es sei denn, man ist daran interessiert, eine Technik von vornherein zu legitimieren oder zu diskriminieren. In einer differenzierenden Bewertung kommt es vielmehr auf ein abwägendes Einerseits-Andererseits an. Wie ambivalent der technische Fortschritt und damit auch der dadurch stimulierte Wertewandel ist, läßt sich an folgenden Beispielen aufzeigen:

1. Durch technische Rationalisierung sind die Arbeitsbedingungen einerseits erheblich verbessert oder auch „humanisiert" worden. Vor allem die körperliche Arbeitslast konnte erleichtert, die Arbeitszeit verkürzt werden. Andererseits kann die Automatisierung auch zur Eintönigkeit, zum Sinnverlust der Arbeit führen. Überdies droht der Verlust von angestammten Arbeitsplätzen. Mit der Vision einer menschenleeren Fabrik kursiert die Angst, daß die Technik menschliche Arbeit überflüssig macht.

2. Mit Hilfe der technisch erzeugten Produktivität der Arbeit konnten einerseits die materiellen Lebensbedingungen massiv verbessert werden. So hat sich das Bruttosozialprodukt der Bundesrepublik nach dem letzten Weltkrieg verdreifacht. Andererseits aber hat dieser gesteigerte Lebensstandard auch eine materialistische Anspruchsgesellschaft begünstigt, die zum verschwenderischen Konsum, zu einer Wegwerfmentalität tendiert.

3. Durch die technisch modernisierte Form der Arbeit konnten die Bodenschätze und Energiequellen im großen Umfang für den Menschen nutzbar gemacht werden. Andererseits ist dadurch die natürliche Umwelt teilweise zerstört, verschmutzt und ausgebeutet worden.

4. Die technische Beherrschung von Raum und Zeit versetzt den Menschen in die Lage, räumliche Entfernungen immer schneller einzuholen – und die Zeit so zu organisieren, daß er immer mehr davon zu seiner freien Verfügung hat. Andererseits jedoch werden Raum und Zeit des Menschen von den sogenannten Sachzwängen der Technik beherrscht, so daß auch die wachsende Freizeit immer mehr von ihr geprägt wird. Der Mensch ist also nicht nur Herrscher über die Technik und Souverän über Zeit und Raum, sondern läßt sich auch von technischen Prozessen beherrschen.

5. Einerseits hat die Rationalität der Technik zu einer größeren Durchschaubarkeit der einzelnen Dinge und Prozesse geführt. Durch technische Vermittlung wird dieses Wissen auch allen Interessierten verfügbar gemacht. Andererseits aber ist dadurch die Komplexität des technologischen Wissens derart gesteigert worden, daß der einzelne (auch der einzelne Wissenschaftler) kaum mehr in der Lage ist, den Sinnzusammenhang des Ganzen und die technologiekomplexen Handlungsfolgen zu überblicken.

6. Der technische Fortschritt hat uns ein Mehr an freier Zeit und verfügbarem Geld beschert, auf wessen Kosten auch immer. Gegenwärtig erleben wir noch – solange man sich das leisten kann – eine Hochkonjunktur für Selbstverwirkli-

chungswerte, die uns ungeahnte Möglichkeiten eröffnen. Diese neue Wertschätzung der Freiheitswerte ist dadurch erklärbar, daß unsere Freiheitsräume und Wahlmöglichkeiten enorm erweitert worden sind, und zwar durch den technischen Produktivitätsfortschritt und durch die höhere Lebenserwartung der Menschen. Dadurch haben wir mehr Zeit und Geld zu unserer eigenen Verfügung gewonnen: Mehr Freizeit und weniger Berufstätigkeit als zwingende Lebensnotwendigkeit; mehr Geld und damit mehr Gestaltungsmöglichkeiten.

Aber dieser zeitliche und materielle Mehrwert, für den wir immer weniger arbeiten müssen, garantiert noch nicht die Erfüllung des ersehnten Glücks. Wir müssen uns verstärkt selbst entscheiden und verantworten können, was wir mit „unserer" Zeit und „unserem" Geld, kurzum mit unseren Freiheitsmöglichkeiten anfangen. Mehr Wahlmöglichkeiten bedeuten noch nicht ein Mehr an Freiheit, sondern oft nur verwirrte Ratlosigkeit angesichts des riesigen Angebots. Wie aber kann die „Selbstverwirklichung" gelingen und die Freiheit sinnvoll gebraucht werden, ohne daß in ihrem Vollzug die ökologisch-biologische Lebensgrundlage schwindet?

V. Sozialethische Problematik

Die moderne Technik ist also in den meisten Fällen ihrer Anwendung und Auswirkung ambivalent. Diese Doppelwertigkeit liegt nicht in der Technik selber, sondern im Menschen begründet, der in seiner Unvollkommenheit immer nur eine provisorische Technik hervorbringt – und sich ihrer auf mangelhafte Weise und oft auch zu zweifelhaften Zwecken bedient.

Damit läßt sich keine generelle Technikfeindlichkeit begründen, wohl aber die ethische Bewertungsfrage stellen, wenn nach dem Handeln des Menschen, des Subjekts der Technik, gefragt wird: Ob nämlich der Mensch sein eigenes kraftpotenzierendes Handlungsmittel noch beherrscht – oder ob er nur passives Objekt anonymer technischer Prozesse und sogenannter „Sachzwänge" ist und sich von ihnen beherrschen läßt. Dieses Problem wurde hierzulande bereits vor Jahrzehnten unter dem Stichwort „Technokratie" diskutiert. Schon die anhaltende Problematisierung der „technokratischen" Gefahr weist darauf hin, daß technischer Fortschritt nicht als eine völlig autonome Systementwicklung angesehen werden kann, sondern Wertungen unterliegt und der Eingliederung in eine ethische Ordnung bedarf, von der er seine Legitimation bezieht.

Eine solche Ordnung rational zu begründen, damit sie von allen als vernünftig anerkannt und nachvollzogen werden kann, ist Hauptanliegen einer Ethik, die nicht erst den Glauben voraussetzt und dann auch nur die Gläubigen verpflichtet. Das gilt besonders für eine *Sozial*ethik, die das Handeln des Sozialwesens Mensch innerhalb gesellschaftlicher Ordnungsstrukturen und hinsichtlich der Veränderung dieser Strukturen reflektiert und praktisch anleitet, und zwar unter den Bedingungen einer weitgehend säkularisierten Gesellschaft.

Als vernünftig-evident kann z. B. der Grundsatz gelten, daß die Technik dem Menschen zu dienen hat und nicht der Mensch der Technik. Diese Sollensaussage über den von der Katholischen Soziallehre betonten Dienstwert des technischen Fortschritts[1] mag zwar trivial oder gar tautologisch klingen, sie provoziert uns aber zu selbstkritischen Fragen: Haben wir das Bewußtsein, Technik nur zu „bedienen" – oder dient sie uns wirklich? Dient sie allen – oder nur wenigen? Können wir die Technik, mit der wir es zu tun haben, überhaupt noch kontrollieren? Haben wir sie so im Griff, daß sie uns nicht über den Kopf wächst und daß wir noch die Verantwortung für sie übernehmen können? Begeben wir uns nicht nur in der Arbeitswelt, sondern auch in der gesamten Lebenswelt in eine immer größere Abhängigkeit von der Technik und von denen, die sie beherrschen, instandhalten und weiterentwickeln? Wie hilflos sind wir etwa, wenn der Strom einmal ausfällt? Zweifellos wächst die Verantwortung der Techniker in dem Maße, wie die hilflose Abhängigkeit derer zunimmt, die die Technik nur nutzen, ohne von ihr eine Ahnung zu haben.

Die hier vor allem interessierende Hauptfrage betrifft die bewußte, gezielte und verantwortete Anwendung bestimmter Techniken: *Ob* sie überhaupt, wenn ja, *wie* und zu welchem *Zweck* sie angewandt werden dürfen – unter besonderer Berücksichtigung der gesamtgesellschaftlichen *Folgen*, die sie hervorrufen können. Dieser Fragenkomplex bietet immer neuen Stoff für umfassende interdisziplinäre Forschungsprogramme. Im folgenden gehe ich nicht auf einzelne Techniken ein, sondern beschränke mich auf einige Kriterien, die für die Bewertung und Anwendung von Techniken gesellschaftlich relevant sind. Und zwar geht es dabei aus sozialethischer Perspektive vor allem um die Technikfolgen hinsichtlich der naturalen Umwelt und auch der Arbeitswelt.

Daß die Arbeitswelt und ihre Störungen im Zentrum der sozialen Frage stehen, mit der sich die Kirche zu befassen hat, ist vor allem mit *Laborem exercens* (1981) deutlich geworden. Aber während die Arbeitswelt (wie die gesamte Ökonomie) eine *soziale*, d. h. zwischenmenschliche Ordnungseinheit darstellt, die in einem sozialethischen Sinnzusammenhang steht, bezieht sich Ökologie auf eine dem Menschen vorgegebene, ihn umgreifende *naturale* Ordnung, die in sich noch nicht sozialethischer Qualität ist. Erst im Falle einer vom Menschen und seiner Technik herbeigeführten nachhaltigen Störung der natürlichen Umweltordnung, die negativ auf den Menschen und seine sozialen Ordnungen zurückwirkt, wird das ökologische Problem zu einer sozialen Frage ersten Ranges. Beide sozialen Fragen, die der Arbeit und die der Umwelt, hängen sehr eng zusammen, weil beide in hohem Maße technisch bedingt sind, und weil das Umweltproblem durch eine spezifisch technische Form der Arbeit entstanden ist und vielleicht dadurch auch gelöst werden kann.

---

1 Vgl. Gaudium et spes Nr. 35 u. 65 und Redemptor hominis (1979) Nr. 15 f.

VI. Orientierende Grundsätze

Vor jeder Lösung konkreter Einzelprobleme sind zunächst allgemeine Wertorientierungen gefragt, die einem vernünftigen Diskurs und gesellschaftlichen Konsens zugänglich sind. Aus der Katholischen Soziallehre lassen sich für die Bewertung und Gestaltung einer sich ständig wandelnden Technik folgende vier Grundsätze oder Ansätze rekonstruieren, die nicht nur naturrechtlich, sondern auch schöpfungstheologisch begründet sind – insofern Natur immer als Schöpfung vorverstanden wird. Ich fasse sie wie folgt zusammen und versehe sie mit einigen Anmerkungen.

Erster Satz: Die Schöpfung ist *allen Menschen und Völkern* zur technischen Nutzung und Pflege anvertraut. Dabei sind sie zur universalen *Solidarität* verpflichtet.[2]

Das betrifft vor allem das Elend und Leiden in der „Dritten Welt". Je mehr Menschen die Erde bevölkern, desto stärker sind sie auf technische Fortschritte angewiesen. Für fünf Milliarden Menschen gibt es keine „ökologischen Nischen", bemerkte *Wilhelm Korff*. Die Probleme der „Dritten Welt" (aber auch die der vormaligen „Ostblock"-Länder) lassen sich nicht ohne verstärkten technischen Einsatz lösen, worauf vor allem die Enzyklika *Populorum progressio* (1967) hinweist; andererseits, und das hebt besonders die Enzyklika *Sollicitudo rei socialis* (1988) hervor, kommt es auf die moralische Dimension der Entwicklung(shilfe) an. Entscheidend ist, ob die Menschen mit den Fortschritten der Technik schritthalten können und gleichzeitig auch in moralischer Hinsicht Fortschritte machen – zu mehr Solidarität und Gerechtigkeit. Dabei ist Entwicklungshilfe nicht bloß eine Frage des quantitativen Technologietransfers, vor allem nicht in reine Prestigeprojekte hinein, sondern eine Frage der Bildung und einer auf die jeweiligen Notlagen zugeschnittenen Technik, die beherrschbar und reparierbar ist. Die verrotteten und irreparablen Fortschrittsruinen in manchen Entwicklungsländern sind Denkmäler einer verfehlten Industriepolitik.

Zur universalen Verantwortung sind wir auch dort verpflichtet, wo einzelne technische Eingriffe (z. B. Abholzen der Urwälder) globale negative Auswirkungen (z. B. Klimaveränderungen) annehmen können. Wenn alle Entwicklungsländer so energieaufwendig leben würden wie die technisch hochgerüsteten Industrienationen, so könnte die Menschheit wohl nicht lange überleben. Allerdings haben die Entwicklungsländer dasselbe Recht oder Unrecht, pro Kopf so viel Kohle, Erdöl und Gas zu verbrennen wie die Industrieländer. Diese können sich aber nicht über das Abholzen der Urwälder z. B. in Brasilien beklagen, wenn sie nicht bereit sind, für den bisher kostenlos importierten klimatischen Nutzen einen Preis zu zahlen.

Zweiter Satz: Die Schöpfung ist den Menschen *aller Zeiten* anvertraut, soll also auch den künftigen Generationen zur Verfügung stehen.

---

2 Vgl. das Dokument der Bischofssynode (1971) De iustitia in mundo 64, 7.

Hier sind wir also zur Solidarität mit denen verpflichtet, die nach uns kommen. Diese *Zukunftsverantwortung* verbietet den gegenwärtigen Generationen einen technischen Raubbau an den natürlich begrenzten, nicht regenerierbaren Rohstoff- und Energiequellen. Und sie gebietet Sparsamkeit im Umgang mit den Ressourcen, wenn nicht gar eine gewisse Askese. Bereits *Pius XII.* kritisierte den „unvernünftigen Verbrauch der Reserven und Naturschätze“[3], lange bevor die Zukunft der Umwelt zu einem Thema des Apostolischen Briefs *Octogesima adveniens* (1971) wurde[4], ein Thema, das dann vom „Club of Rome“ (1972) sehr nachhaltig aufgegriffen wurde.

Dritter Satz: Der biblische Schöpfungsauftrag, sich die Erde „untertan“ zu machen, ist kein Freibrief zur willkürlichen Ausnutzung und Verschmutzung der Natur. „Herrschaft“ über die Natur durch Arbeit und Technik bedeutet vielmehr pflegliche Nutzung, Erhaltung und Wiederherstellung des natürlichen Lebensraumes und seiner Schätze.

Die biblischen Schöpfungsberichte lassen hier zwei Perspektiven erkennen. Im priesterschriftlichen Schöpfungsbericht (Gen 1,28) heißt es: „Macht euch die Erde untertan“, und im jahwistischen Bericht (Gen 2,15) ist von „bebauen und bewahren“ die Rede. Beide Aussagelinien gehören zusammen und müssen gemeinsam beachtet werden. Überdies wird deutlich: Gott hat den Menschen nach seinem Bild geschaffen und über die übrige Schöpfung gesetzt. Das jüdisch-christliche Menschenbild legitimiert dabei keinen Anthropozentrismus im Sinne einer völlig von Gott losgelösten kreativ-konstruktivistischen Autonomie, sondern im Sinne einer theonomen Integration.

Die elementare Unterscheidung zwischen Schöpfer und Geschöpf weist auf ein bleibendes Grundmerkmal hin, das der Mensch mit allem Geschaffenen teilt: die Mitgeschöpflichkeit. Die Ähnlichkeit allen Seins mit Gott gebietet dem Menschen Ehrfurcht vor der übrigen Schöpfung. Der Mensch soll ein Verantwortungsbewußtsein für die gesamte Natur und eine lebensdienliche Einstellung ihr gegenüber entwickeln. Dem Menschen sind Grenzen gesetzt, er ist Kreatur und damit zugleich zur Bescheidenheit aufgerufen, zum Konsumverzicht und zur Machtbegrenzung. Durch den Schöpfungssabbat wird schließlich darauf hingewiesen, daß zu einem wahrhaft menschlichen Leben auch andere Ziele gehören als Machbarkeit und Nutzen, nämlich die Freude an der guten und schönen Schöpfung Gottes.

Dieses biblische Schöpfungs- und Herrschaftsverständnis, wie es auch in *Redemptor hominis* (1979)[5] zum Ausdruck kommt, bleibt an den Willen Gottes gebunden und läßt immer noch eine gewisse Ehrfurcht vor den Spuren Gottes in der Schöpfung erkennen, ohne daß die (vormenschliche) Natur pantheistisch vergöttlicht oder als Träger eigener Rechte angesehen wird. Hat eine veraltete Technik in

---

3 UG 6353.

4 UvG IV 912.

5 Vgl. Nr. 15 f.

ihren Nebenwirkungen zur Umweltzerstörung beigetragen, so ist in Konsequenz des geläuterten Herrschaftsbegriffs darauf zu drängen, daß eine verbesserte Technik solche Schäden beseitigt und vermeidet. Um die negativen Folgen der Technik abzuwenden, bedarf es wiederum der Technik.

Vierter Satz: Die Grenzen des technischen Fortschritts liegen dort, wo das Leben des Menschen, seine Würde und Rechte, bedroht werden. Jeder Mensch, auch der ungeborene, hat ein Recht auf Leben und Unversehrtheit.[6]

Dieses Recht hat Vorrang vor einem Recht auf technische Verwertung und Veränderung der Schöpfung. Ein Konflikt zwischen beiden Rechten bahnt sich etwa in der Gentechnik an, wo bereits im wissenschaftlichen Experiment Techniken in ihrer Anwendung inhuman sein können, ohne daß man ihre möglichen Folgen abwarten muß. Die schöpfungstheologische Hauptfrage ist hier, wie weit Eingriffe in die Natur des Menschen als Geschöpf und Ebenbild Gottes erlaubt sind. Durch die Gentechnik wird es möglich, Gene neu zu kombinieren und neue Lebewesen zu konstruieren. Aus schöpfungstheologischer Sicht verstoßen solche Experimente mit menschlichen Embryozellen, die auf die Züchtung und Klonierung „optimierter" Menschen hinauslaufen, gegen die personale Unantastbarkeit.

Dieses Recht hat auch Vorrang vor dem Recht auf Arbeit und Eigentum. Ein Konflikt zwischen diesen Rechten wäre etwa dann gegeben, wenn eine Arbeitsplatz- und Wachstumspolitik zu einer derartigen Verschmutzung und Verknappung natürlicher Ressourcen führte, daß sich die Frage des Überlebens stellte. Andererseits ist auch der Fall denkbar, daß durch allzu rigorose Technikbeschränkung das Recht auf menschenwürdiges Leben sowie das Recht auf Arbeit und Eigentum tangiert wird.

VII. Probleme der Güter- und Übelabwägung

In solchen besonders für die Wirtschaft relevanten Fällen geht es konkret um Fragen der Güterabwägung und einer sozialen Verantwortungsethik, die die möglichen und wahrscheinlichen Folgen einer technischen Innovation und deren Unterlassung bedenken.

Bei den eben vorgestellten Grundsätzen der Katholischen Soziallehre handelt es sich um soziale Wertorientierungen auf hoher Abstraktionsebene und mit großer Konsensfähigkeit. Sie sind notwendig für die Entscheidungsfindung und die Handlungsmotivation, weil sie die Richtung weisen, in der nach konkreten Lösungen zu suchen ist. Aber sie reichen nicht aus. Es genügt nicht, wünschenswerte Dinge wie saubere Umwelt und Vollbeschäftigung möglichst gleichzeitig und überall haben zu wollen. Wer will das nicht? Alle wollen die Optimierung von Zielgütern, wenn sie auch verschiedene Prioritäten annehmen. Den Verantwortlichen kann kaum un-

---

6 Vgl. z. B. Pacem in terris (UvG XXVIII 104).

terstellt werden, daß sie die Luftverschmutzung und die Arbeitslosigkeit absichtlich herbeigeführt haben. In den meisten Schadensfällen handelt es sich um unbeabsichtigte Nebenwirkungen.

Die Notwendigkeit einer Verantwortungsethik, die die Folgen einer Handlung abwägt, ergibt sich aus der allgemeinen Erfahrung, daß auch gutgemeinte Handlungen zuweilen schlimme Folgen haben können, während schlechte Absichten gelegentlich positive Folgen hervorbringen. Das Problem der Verantwortungsethik besteht nun nicht allein darin, die faktisch schon eingetretenen negativen Folgen irgendwie wieder rückgängig zu machen. Wenigstens im nachhinein sind wir meist klüger und haben aus den Fehlern der Vergangenheit gelernt.

Das Hauptproblem liegt darin, vorher, vor einer technischen Innovation, die möglichen und wahrscheinlichen Folgen für Mensch und Umwelt abzuschätzen. Die Entscheidungsregel dazu lautet (nach *W. Korff)*, daß wir uns für das geringere Übel in den Folgen zu entscheiden haben, und zwar nach der Frage: Ist die zu erwartende Nebenfolge einer technischen Innovation weniger schlimm als die Folge der Unterlassung einer technischen Innovation?

Diese Abwägungsregel klingt leichter, als ihre Befolgung in Wirklichkeit ist. Sie setzt nämlich einen Blick in die Zukunft voraus. Wir können aber nie genau wissen, was die Zukunft bringt – etwa an weiteren technischen Erfindungen, an gesellschaftlichen und naturalen Veränderungen usw. Es sind Kombinationen möglich, von denen wir jetzt noch keine Ahnung haben, Imponderabilien, die sich unserer Berechnung entziehen. Weil alles mit allem irgendwie zusammenhängt und die Komplexität der Verhältnisse eher zunimmt, ist die Vorhersehbarkeit beschränkt und müssen wir auch mit unabwägbaren Nebenfolgen rechnen, zumal die größte Unsicherheit wohl im fehlbaren Verhalten des Mängelwesens Mensch liegt.

Erschwerend hinzu kommt die Schwierigkeit, die tatsächlichen, möglichen und wahrscheinlichen Schäden zu quantifizieren, sie meßbar zu machen und zu qualifizieren, um sie dann miteinander vergleichen zu können. Darum ist z. B. der Vergleich zwischen der Kernenergie und dem Verbrennen fossiler Stoffe so umstritten. Trotz bestimmter Tabus wird man fragen müssen, wie viele Opfer die Förderung, der Transport, der Gebrauch und die „Entsorgung" von Kohle und Öl für Mensch und Umwelt gekostet haben und voraussichtlich noch kosten werden. Doch über diese Schäden erhält man kaum Auskunft, so daß ein Vergleich mit den Schäden der Kernenergie sehr erschwert wird.

Die qualitative Bewertung der Folgen hängt oft vom Interessenstandpunkt des Betrachters ab. Während die Gewerkschaften dazu neigen, den technischen Fortschritt von der isolierten Zielgröße der Vollbeschäftigung aus zu betrachten, beschränken sich die Unternehmer oft darauf, ihn aus dem Blickwinkel der Rentabilität zu beurteilen, während die Grünen ihn lediglich nach seinen ökologischen Wirkungen beurteilen. Hinzu kommen noch weitere Desiderate: Bieten die technischen Modernisierungen geringere oder größere Chancen zu neuem qualitativen Wachstum? Behindern oder ermöglichen sie verbesserte Produktionsmethoden,

Produkte und Dienstleistungen? Dienen sie der Einsparung und dem Ersatz kostbarer Rohstoffe oder nicht?

Bei allen Erkenntnisschwierigkeiten, die sich hier auftürmen, können wir uns nicht davon dispensieren, Entscheidungen für die Zukunft zu treffen. Wir müssen wenigstens versuchen, das Ganze der absehbaren Wirklichkeit in den Blick zu bekommen, und müssen uns davor hüten, den technischen Fortschritt nur von einzelnen isolierten Zielwerten her zu beurteilen.

So legitim diese Interessen- und Wertprioritäten im einzelnen auch sind, bedürfen sie jedoch der Integration in eine Gemeinwohlordnung, die die gesamtgesellschaftliche Wirklichkeit im Blick hat und für einen gerechten Ausgleich der Ansprüche sorgt. Damit ist bereits die Notwendigkeit einer *institutionellen* Regelung dieses sozialethischen Problems angesprochen, nämlich entscheidungs- und handlungsfähige Gremien, die über die nötige technische Sachkompetenz und ethische Verantwortungskompetenz verfügen. Darauf wird noch näher einzugehen sein.

VIII. Zusätzliche Entscheidungskriterien

Bei allem Vertrauen auf die positiven Möglichkeiten der Technik kann man in der Abschätzung der Technikfolgen nie ganz auf „Nummer sicher" gehen. Es gibt keine völlige Entscheidungssicherheit. Hinsichtlich der abzuwägenden Folgen sind wir auf Wahrscheinlichkeits- und Annäherungswerte verwiesen. Und weil es keine konfliktfreien Lösungen gibt, sind wir auf Kompromißlösungen angewiesen. Bei der Entscheidungsfindung gilt vor allem der Grundsatz der *Risikominimierung*, d. h. Risiken müssen möglichst beschränkt, können aber nie ganz ausgeschlossen werden. Bei Ausschluß jeden Risikos wäre freilich kein Fortschritt mehr möglich. Der ohnehin schon kritische Status quo könnte nicht einmal konserviert werden, sondern müßte sich weiter verschlechtern.

Zur Risikobeschränkung gehört zunächst einmal die *Revidierbarkeit* einer technischen Neuerung, die, wenn sie überwiegend negative Folgen zeitigt, rückgängig gemacht werden muß. Hier gilt die von *Karl Raimund Popper* eingeschärfte Regel von „trial and error" in der besonderen Weise, daß man aus Fehlern dergestalt lernen sollte, daß man sie revidiert. Es gibt keine endgültigen technischen Lösungen. Technische Großprojekte (wie der Assuan-Staudamm) lassen sich allerdings nicht so ohne weiteres wieder abreißen, wenn sich herausstellen sollte, daß sie eher schädlich als nützlich sind.

Ein weiterer Grundsatz ist die *Kontrollierbarkeit* einer Technik, d. h. sie muß – wenigstens von den Fachleuten – beherrschbar sein. Wenn man nicht verlangen kann, daß jeder jede Technik beherrscht, muß man das Angewiesensein auf Experten in Kauf nehmen und darauf vertrauen können, daß sie verantwortlich handeln. Wer aber kontrolliert die Kontrolleure?

Mit diesem Problem aufs engste verknüpft ist das Kriterium der *Überschaubarkeit* eines technischen Prozesses in Raum und Zeit. Je umfassender ein technisches Projekt ist und je schneller und radikaler es realisiert wird, desto größer ist das Risiko für die Allgemeinheit. Deshalb ist auch hier den kleineren und korrekturfähigen Einheiten der Vorzug zu geben, die sich schrittweise und dosiert durchsetzen. Technische Großeinheiten, hinter denen sich oft genug reine Prestigesucht und Gigantomanie verbergen, provozieren den Ruf nach öffentlichen Kontrollen, auch wenn sie bereits unter staatlicher Regie laufen. Der dramatische Begriff der „industriellen Revolution" ist unter den genannten Gesichtspunkten äußerst fragwürdig, und es wäre besser, sich auf „technische Reformen" zu beschränken, die das rechte Maß einhalten.

IX. Konkrete Entscheidungsträger

Wer aber tritt als konkreter Entscheidungs- und Handlungsträger in Erscheinung, wer übernimmt die Verantwortung für den technischen Fortschritt und kommt für die Folgen auf? Grundsätzlich trägt jeder einzelne die Verantwortung für das, was er tut und unterläßt, und muß auch für die Folgen aufkommen, ob er nun als Techniker, Produzent oder Konsument agiert.

Die ethisch verantwortliche Aufgabe des Ingenieurs bedeutet aus der Sicht dieser Grundsätze etwa, daß technische Anlagen oder Verfahren möglichst in einen Stand gehalten oder versetzt werden, von dem aus keine Schäden für Mensch und Umwelt ausgehen können. Letzten Endes geht es um die Instandhaltung des Menschen und seiner naturalen und kulturellen Umwelt. Eine durchaus „wertkonservative" Haltung, die aber nicht zu verwechseln ist mit dem restaurativen Bemühen, alte und überlebte Zustände um jeden Preis zu erhalten oder wiederherzustellen. Vor allem im Bereich der Technik kann Instandhaltung natürlich nicht bei der Pflege musealer Relikte stehenbleiben, wenngleich Industriemuseen mit restaurierten Eisenbahnwaggons und Flugzeugen durchaus ihre kulturelle Bedeutung haben.

Andererseits drängt die konservative Werthaltung geradezu nach einer technischen Modernisierung, die im Sinne einer humanen und naturalen Wert- und Weltbewahrung zweckmäßig funktioniert. Mit dieser Haltung wiederum ist nicht vereinbar jene heute weitverbreitete Wegwerfmentalität und Ressourcenverschwendung in einer Konsum- und Überflußgesellschaft, die zur Verschwendung neigt und den nachkommenden Generationen gewaltige Müllberge hinterläßt. Geradezu frevelhaft zu nennen ist die Mode- und Marktattitüde, technische Geräte nur für einen kurzlebigen Gebrauch so herzustellen, daß ihre Reparatur nicht möglich oder lohnend ist, so daß sie zwangsläufig auf den Müll wandern. Dabei wird oft übersehen, daß die Herstellung von Dingen, deren Instandhaltung sich lohnt, zwar teurer sein mag, dafür aber gerade im Dienstleistungsbereich Arbeitsplätze für Instandhalter schafft.

Natürlich haftet nach dem Verursacherprinzip besonders der Produzent. Je größer und riskanter jedoch ein technisches Vorhaben ist und je mehr davon potentiell betroffen sind, desto stärker ist der einzelne und auch das einzelne Unternehmen überfordert, die Folgen abzuschätzen und eine Haftung für Fehlschläge zu übernehmen, und desto mehr sind gesellschaftliche Institutionen gefordert. Hier müßte im Sinne einer „Institutionenethik" gefragt werden, welche Anreizmechanismen wirksam in der Lage sind, ein moralisch erwünschtes Verhalten der Produzenten und Konsumenten zu stimulieren, aber auch, welche rechtlichen Verbotsregeln sowie geeignete Kontroll- und Sanktionsmöglichkeiten als notwendig erscheinen.

Allgemein einzurichten sind beispielsweise wirksamere Sicherungssysteme im Sinne einer technisch immanenten Sicherheit, um den Hauptrisikofaktor, nämlich das „menschliche Versagen", zu reduzieren. Ist eine technische Nachrüstung älterer Anlagen nicht möglich, empfiehlt sich deren baldige Stillegung. Die Erzwingung von mehr Sicherheit geht auch von privaten Versicherungen aus, und es wäre zu überlegen, ob technische Anlagen wie etwa Kernkraftwerke nicht dem Prinzip der Versicherbarkeit (im Sinne einer Versicherungspflicht, nicht einer Pflichtversicherung) unterworfen werden müßten.

In diesen Fragen erweist sich das Subsidiaritätsprinzip der Katholischen Soziallehre als aktuell und hilfreich, wonach die jeweils kleineren gesellschaftlichen Einheiten von den jeweils größeren „Hilfe zur Selbsthilfe" erhalten sollen. Aus diesem Grund sollte man nicht sofort nach dem Staat rufen und eine umfassende Kontrollbürokratie fordern. Andererseits wäre es auch fatal, die Einführung neuer Techniken nur den Privatleuten zu überlassen oder vom öffentlichen Meinungsdruck bestimmter Gruppen abhängig zu machen. Vielleicht wäre es ratsam, dem amerikanischen Vorbild zu folgen und einen unabhängigen Sachverständigenrat (technology assessment) ins Leben zu rufen, der sich bemüht, sämtliche Technikfolgen abzuschätzen, festzustellen und zu bewerten – und damit die Entscheidungen über die Durchführung oder Ablehnung der technischen Vorhaben vorzubereiten.

Nach dem kompetenzverteilenden Prinzip der Subsidiarität obliegt es in letzter Verantwortung dem Staat, gesamtgesellschaftlich verbindliche Regelungen zu erlassen. Die Minimierung globaler Gefahren ist im übrigen Aufgabe aller Staaten und kann nur durch internationale Abmachungen gewährleistet werden. Hier ist die europäische Einigung nur ein erster, aber doch bedeutsamer Schritt. Wie schwierig es ist, die von der Katholischen Soziallehre geforderte internationale Solidarität wirksam und auf Dauer auch rechtlich zu institutionalisieren, zeigt sich gegenwärtig besonders in der Frage einer gerechteren Weltwirtschaftsordnung, die eigentlich ohne eine globale Rechts- und Machtordnung kaum zu realisieren ist.

Wie gefährlich sich ein Mangel an international rechtlichen Verbindlichkeiten erweist, zeigt die seltsam anarchische Aktivität einer Umweltschutz-Gruppe wie „Greenpeace", einer privaten Organisation, die kaum einer öffentlichen Kontrolle zugänglich ist und weder demokratisch noch durch besondere Sachkompetenz legitimiert ist. Ihre weltöffentliche Reputation erlangte diese Gruppe durch spektakuläre, höchst medienwirksame, symbolische Widerstandsaktionen, die den Mangel an einer internationalen Umweltpolizei spontan zu kompensieren schienen. Allerdings bewiesen die „Greenpeace“-Kampagne gegen die Versenkung der Ölbohrinsel „Brent Spar“ und die Boykott-Aufrufe gegen „Shell“ gerade jene ökologische Gefährdung und ideologische Manipulationsanfälligkeit, vor denen weltweit zu warnen und rechtlich zu schützen wäre. Das internationale Vakuum des rechts- und machtfreien Raums, in dem Willkürgruppen wie „Greenpeace“ ebenso ungestraft agieren können wie privatwirtschaftliche Firmen, ist aus der Sicht eines ökologischen Völkerrechts nicht tragbar.

X. Vor neuen Herausforderungen

Inzwischen gelten umweltschonende oder energiesparende Produktionsverfahren und Technikprodukte als zukunftsträchtige Exportschlager. Umweltschutz ist nicht nur aus der Kostenperspektive zu betrachten, sondern bietet auch eine Vielzahl von ökonomischen Chancen. In Deutschland ist eine leistungsfähige Umweltschutzgüterindustrie entstanden, vor allem aufgrund öffentlich regulierter Auflagen und Aufträge, die allein im Jahre 1993 einen Umfang von über 60 Milliarden DM für ökologische Güter und Dienstleistungen annahmen. Der Weltmarkt für Umweltschutz ist zu einem der dynamischsten Wachstumsmärkte geworden. Nach den USA nimmt Deutschland eine Spitzenreiterrolle beim Export von Umwelttechnik mit einem Welthandelsanteil von 18,3 Prozent ein.

Viele Unternehmen können durch Umweltschutz ihre Kosten erheblich reduzieren und dadurch auch ihre Wettbewerbsfähigkeit steigern. Das ist vor allem dort der Fall, wo aufgrund eines fehlenden Umweltmanagements Energie vergeudet, übermäßiger Abfall produziert und somit Rohstoffe verschwendet werden oder zu viel Wasser verbraucht wird und zuviel Abwasser entsteht. Ein vorausschauender, systematisch betriebener Umweltschutz ist in der Lage, die ökologischen Schwachstellen mit Hilfe einer Umweltkostenrechnung aufzuspüren und durch ökologisch und ökonomisch gewinnbringende Maßnahmen zu beheben. Somit kann Umweltschutz sogar zu einem Standortvorteil werden. Vorausgesetzt freilich, daß Umwelt-Standards im Lauf der Zeit auch international angeglichen werden. Denn Umweltschäden machen bekanntlich nicht an Staatsgrenzen halt. Die internationale Harmonisierung von ökologischen Schutzanforderungen muß deshalb im langfristigen Interesse der Völkergemeinschaft sein.

Zu den modernen „Öko-Technologien“ der Weltwirtschaft zählen insbesondere die neuen Informations- und Kommunikationstechnologien, die unsere Arbeits- und Lebenswelt immer stärker prägen. Ob diese Tendenz – weg von der Industrie- und hin zur Informations- und Dienstleistungsgesellschaft – auch zur nachhaltigen Lösung der Umweltprobleme beitragen wird, bleibt eine berechtigte Hoffnung.

Innerhalb einer Arbeitnehmergesellschaft wie der unseren stellt sich angesichts des rapiden technischen Wandels die Frage nach der Zukunft der Arbeitswelt. Die Arbeitswelt stellt nach wie vor einen großen, wenn auch schwindenden Teil unserer Lebenswelt dar – und enthält immer noch den Hauptzündstoff für soziale Fragen, die mit der anhaltenden Massenarbeitslosigkeit eine traurige Aktualität erreicht haben – und durchaus in der Lage sind, das ökologische Problembewußtsein zu relativieren.

Meines Erachtens zeichnen sich für die Zukunft vor allem folgende Herausforderungen ab, an denen sich die sozialethische Problemlösungskompetenz bewähren muß. Da ist zunächst die Frage der andauernden Arbeitslosigkeit. Ob neue Techniken per saldo mehr Arbeitsplätze schaffen oder zerstören, läßt sich kaum mit Sicherheit sagen. Aber schon aus Gründen der Exportabhängigkeit und Konkurrenzfähigkeit der deutschen Wirtschaft läßt sich jetzt schon absehen, daß der einseitige Verzicht auf technische Modernisierung noch mehr Arbeitslosigkeit produziert – und sogar die Gefahr einer neuen Armut heraufbeschwört. Es zeigt sich, daß der Wegfall von alten industriellen Arbeitsplätzen wenigstens teilweise kompensiert werden kann, und zwar besonders im Dienstleistungsbereich, der gerade auch aus ökologischem Interesse besondere Aufmerksamkeit und Förderung verdient.

Zwei weitere, noch nicht bewältigte Problemfelder im Gefolge des technischen Fortschritts sehe ich in der Zunahme der Sonntagsarbeit sowie in der wachsenden Freizeit. In diesen beiden Punkten wird der Kirche eine besondere religiöse *und* moralische Kompetenz von der Gesellschaft eingeräumt und zugesprochen. Deshalb, so scheint mir, stehen die Wirkungschancen für eine kirchliche Neuprägung der religiösen Sonntagskultur und einer „Ethik der Freizeit" nicht schlecht, und gerade die kirchlichen Sozialverbände könnten hier zu neuen Ufern vorstoßen, wenn sie in ihren religiösen Freizeitangeboten gerade die Schönheit der Schöpfung erlebbar und die ökologische Verantwortung erlernbar machen könnten.

XI. Verantwortungskompetenz

Kommen wir auf die Frage der Akzeptanz zurück. Diese Frage läßt sich nicht allein durch wissenschaftlich-technische Aufklärung der Bevölkerung lösen, sondern ist vorrangig ein sozialethisches Problem der Verantwortung. Technik muß für möglichst alle Bürger konsensfähig sein, insofern sie auch von den möglichen Auswirkungen betroffen sind. Der technische Fortschritt ist nicht nur eine soziale, sondern auch eine politische Frage geworden, über welche die Bürger demokratisch mitbestimmen können, z. B. in Sachen Energiepolitik. Gerade hinsichtlich der Willensbildung auf politischer Ebene kommt es darauf an, daß Politiker, Wissenschaftler, Techniker und Unternehmer ihre Entscheidungen plausibel vor der Öffentlichkeit sozialethisch legitimieren. Zwischen Sachkompetenz und ethischer Verantwortungskompetenz darf es keinen Widerspruch geben.

Bei dem rasanten Fortschritt der Technik, der nicht automatisch auch eine verbesserte humane Lebensgestaltung eröffnet, gibt es aber immer mehr „Zurückgebliebene", die trotz Aufklärung und Bildung nicht mehr mithalten können. Ständig wächst die Abhängigkeit der Bürger und Politiker vom Sachverstand der Fachleute. Die Akzeptanz wird immer mehr zur Vertrauenssache – und diese hängt wesentlich von der moralischen Integrität und Glaubwürdigkeit der Fachleute ab, die durch Spezialisierung immer weiter voneinander abrücken. Um so dringlicher erscheint die Suche nach einem gemeinsamen Sinnbestand im Dialog der kirchlichen Sozialethik mit denen, die die Weichen des technischen Fortschritts stellen, und jenen, die Gefahr laufen, von der Entwicklung überrollt zu werden.

Für das Leben mit dem technischen Fortschritt gilt, was der Dichter *Novalis* vor 200 Jahren gesagt hat: „Wenn die Menschen einen einzigen Schritt vorwärts tun wollen zur Beherrschung der äußeren Natur durch die Kunst der Organisation und der Technik, dann müssen sie vorher drei Schritte der ethischen Vertiefung nach innen getan haben."

Literaturverzeichnis

Alemann, U. v. / *Schatz,* H. (1986): Mensch und Technik. Grundlagen und Perspektiven einer sozialverträglichen Technikgestaltung, Opladen

Beck, U. (1986): Risikogesellschaft. Auf dem Weg in eine andere Moderne, Frankfurt a. M.

Bell, D. (1975): Die nachindustrielle Gesellschaft, Frankfurt a. M.

Lenk, H. / *Ropohl,* G. (Hg.) (1988): Technik und Ethik, Stuttgart

Meadows, D. u. a. (1973): Die Grenzen des Wachstums. Bericht des Club of Rome zur Lage der Menschheit, Stuttgart

Ockenfels, W. (Hg.) (1985): Technik und Gewissen, Köln

Papst Johannes Paul II.: Enzyklika „Redemptor hominis" vom 4. März 1979, in: Sekretariat der Deutschen Bischofskonferenz (Hg.), Verlautbarungen des Apostolischen Stuhls 6

Römische Bischofssynode (1971): „De iustitia in mundo", in: Bundesverband der Katholischen Arbeitnehmerbewegung Deutschlands – KAB (Hg.), 8. erw. Aufl. 1992, Texte zur katholischen Soziallehre, Kevelaer, S. 495 ff.

Ropohl, G. (1985): Die unvollkommene Technik, Frankfurt a. M.

Utz, A. / *Galen,* B. v. (Hg.) (1976): Die katholische Sozialdoktrin in ihrer geschichtlichen Entfaltung. Eine Sammlung päpstlicher Dokumente vom 15. Jahrhundert bis in die Gegenwart, Band I, Aachen (= UvG)

– (1976): Die katholische Sozialdoktrin in ihrer geschichtlichen Entfaltung. Eine Sammlung päpstlicher Dokumente vom 15. Jahrhundert bis in die Gegenwart, Band IV, Aachen (= UvG)

Utz, A. / *Groner,* J.-F. (Hg.), (1961): Aufbau und Entfaltung des gesellschaftlichen Lebens. Soziale Summe Pius XII., III. Band, Freiburg (Schweiz) (= UG)

Zweites Vatikanisches Konzil, Pastoralkonstitution „Gaudium et spes“ vom 7. Dezember 1965, in: Bundesverband der Katholischen Arbeitnehmer Bewegung Deutschlands – KAB (Hg.), 8. erw. Aufl. 1992, Texte zur katholischen Soziallehre, Kevelaer, S. 291 ff.

Die Rolle der Geldwertstabilität für die politische und gesellschaftliche Kultur

Von Hans Tietmeyer*

I. Geldwertstabilität und die Rolle des Staates

Die Güte einer Währung, also ihr Maß an dauerhafter Stabilität und das Vertrauen der Menschen darauf, ist weder Schicksal noch eine Frage von Glück oder Pech. Sie resultiert vielmehr vor allem aus dem Handeln (oder Nicht-Handeln) der Verantwortlichen der Geldpolitik, aber auch der Finanz- und der Tarifpolitik, wobei allerdings die Effekte dieses Handelns (oder Nicht-Handelns) auch von den in der jeweiligen Gesellschaft vorherrschenden Präferenzstrukturen und Verhaltensweisen beeinflußt werden.

Diese Feststellung der primären Verantwortung der Politik verweist jedoch auf zwei unterschiedliche Ebenen. Zunächst auf die Handlungsebene der Einflußnahme auf den laufenden Prozeß, wo die Verantwortlichen für die verschiedenen Politikbereiche in konkreten Situationen entscheiden müssen. Die Notenbank muß hierbei einen monetären Rahmen setzen und steuern, der mit einem potentialgerechten Wirtschaftswachstum bei Geldwertstabilität vereinbar ist. Damit steckt sie zugleich auch einen Rahmen ab für die Handlungsräume der anderen Politikbereiche. Und sie darf diesen Rahmen nicht opportunistisch anpassen, wenn die monetäre Vorgabe zu eng wird, weil Fehlentwicklungen in anderen Bereichen zu Preissteigerungen führen. Dann kann, ja muß die auf das Ziel der Geldwertstabilität verpflichtete Notenbank zumindest teilweise Korrekturen solcher Fehlentwicklungen praktisch erzwingen.

Dieses Verständnis von der Rolle der Notenbank als unbestechlicher Währungshüter verweist damit zugleich auf die vorgelagerte Ordnungs- oder Regelebene, also dorthin, wo eine Gesellschaft die Spielregeln festlegt, wo sie das Gefüge der Institutionen, ihre Kompetenzen und ihre Entscheidungsprozeduren niederschreibt. Auf dieser Ordnungsebene stehen sich als Idealtypen für das Geldwesen zwei grundlegende Konzepte gegenüber. Auf der einen Seite steht *das Konzept eines politischen Geldes*, bei dem die politische Zentrale das Geldwesen einreiht in eine Menge anderer Kompetenzen. Die Zentrale erhält hierdurch nicht nur weitgehend

* Der Autor dankt Herrn Dr. Bernd Amann für seine wertvolle Mitarbeit bei der Vorbereitung dieses Textes.

die technische Verfügung über das Geldwesen, sondern auch die Autorität, das originäre Ziel des Geldwesens, die Geldwertstabilität, diskretionär – zeitweilig oder ständig – anderen politischen Zielen unterzuordnen, je nach Opportunität. Dem steht gegenüber *das Konzept eines unpolitischen Geldes*, bei dem die Wirtschaftsordnung bewußt das Geldwesen aus der unmittelbaren politischen Kompetenz entfernt, die Autonomie dieses Teilbereichs festschreibt, um so das aus der Eigengesetzlichkeit des Geldwesens folgende Ziel eines stabilen Geldes vor einer Vermengung mit anderen Prioritäten zu bewahren.

Diese grundlegende Unterscheidung zwischen politischem und unpolitischem Geld führt weit über eine wirtschaftliche Dimension hinaus. Dahinter steht, ob bewußt oder unbewußt, letztlich ein unterschiedliches staatsphilosophisches Verständnis über die Rollenverteilung zwischen Staat und Gesellschaft. Das politische Geld, das dem Staat die Option einräumt, das Geldwesen nach seinen jeweiligen Prioritäten zu instrumentalisieren, impliziert meist eine konstruktivistische Sicht, wonach der Staat Gesellschaft und Wirtschaft detailliert nach seinen Vorstellungen organisieren kann und soll. Damit bejaht diese Sichtweise sowohl die Frage nach der Machbarkeit als auch nach der Wünschbarkeit einer weitgehenden staatlichen Führungsrolle in der Gesellschaft. Daraus folgt nicht notwendigerweise, daß politisches Geld regelmäßig inflationär sein wird oder daß für marktwirtschaftliche und wettbewerbliche Prozesse generell kein Platz wäre. Aber in diesem Ordnungskonzept bleiben Geldwertstabilität und Marktwirtschaft letztlich nur bloße Mittel zum Zweck, den der Staat jeweils festlegt und verfolgt. Solange sie der aktuellen Lage adäquat erscheinen, gelten Geldwertstabilität und Marktwirtschaft als nützliche Instrumente, sie stehen aber zur Disposition, wenn – aus welchen Gründen auch immer – eine Zeitlang andere Prioritäten in den Vordergrund drängen. Das Funktionieren des Geldwesens, wozu insbesondere ein langfristiges Vertrauensverhältnis der Bürger zum Geld gehört, wird dabei freilich nicht nur in Zeiten gefährdet, in denen tatsächlich höhere Inflationsraten auftreten, sondern allein die Drohung, Geldwertstabilität potentiell zur Disposition zu stellen, behindert das Geld darin, seine Funktionen optimal zu erfüllen.

Das Konzept eines unpolitischen Geldes ist im Gegensatz hierzu verankert in einer Grundposition, die Wirtschaft und Gesellschaft nicht als Konstrukt versteht, das die Politik detailliert zu formen hat, sondern als ein sich organisch entwickelnder, weitgehend selbst regulierender Bereich. Die Politik hat hier wohl die Aufgabe, einen Ordnungsrahmen zu setzen, in dem sich die Entwicklung der Wirtschaft und der Gesellschaft abspielen kann. Sie kann in Teilbereichen unter Beachtung dieses Ordnungsrahmens auch gestaltend eingreifen. Sie soll aber die wirtschaftliche und gesellschaftliche Entwicklung nicht im Detail steuern, sondern lediglich flankieren. Dahinter steht die Überlegung, daß in einer freiheitlich orientierten und subsidiär verfaßten Gesellschaft Selbstbestimmung und Eigenverantwortung im Vordergrund stehen und daß die Repräsentanten des Staates zu einer den sich ständig verändernden Bedingungen und Interessen Rechnung tragenden Detailsteuerung auch gar nicht in der Lage sind. Folgerichtig setzt diese Konzeption dem Staat selbst enge Grenzen, und zwar nicht nur im Bereich der klassischen Bürgerrechte, sondern auch auf dem wirtschaftlichen und monetären Feld. Die wettbewerblich verfaßte Wirtschaft mit einem stabilen Geld und einer unabhängigen Notenbank, die den Auftrag und die Kompetenz hat, die Geldwertstabilität institutionell abzusichern, sind nicht nur Mittel zum Zweck der Wohlstandssteigerung, sondern zugleich das ordnungspolitische Äquivalent zur begrenzten Rolle des Staates.

II. Geldkonzept und Gesellschaftsordnung

Wie kaum ein anderer hat Wilhelm Röpke in seinen Betrachtungen „Jenseits von Angebot und Nachfrage“ die beschriebene Dichotomie der „zwei Typen des sozialen Denkens“ herausgearbeitet.[1] Angesichts der Bedeutung der Scheidelinie zwischen dem, was Röpke *Zentrismus* und *Dezentrismus* nennt, mag es vielleicht überraschen, warum ausgerechnet an der Ausgestaltung des Geldwesens der Graben zwischen den beiden Denkweisen und Traditionen so erkennbar wird. Das liegt daran, daß einerseits das Konzept eines unpolitischen Geldes und seine Umsetzung mit Hilfe einer – insbesondere von der politischen Zentrale (Regierung und Parlament), aber auch von speziellen Interessengruppen – unabhängigen Notenbank erfahrungsgemäß besser in der Lage ist, einen dauerhaft stabilen Geldwert hervorzubringen, und daß andererseits Geldwertstabilität nicht nur die ökonomische Funktionsweise, also die Effizienz der Marktwirtschaft berührt, sondern entscheidenden Anteil daran hat, inwieweit ein marktwirtschaftliches System auch die gesellschaftlichen Werte von Freiheit und Gerechtigkeit umsetzen kann.

1. Geldwertstabilität und Marktwirtschaft

Der technische Zusammenhang zwischen Geldwertstabilität und Funktionsfähigkeit der Marktwirtschaft verweist zunächst auf vielfältige Kosten, die Inflation unnötig verursacht.

- Eine richtig prognostizierte, im Ausmaß relativ gewisse Inflation
  - führt zu Informationskosten, um die Prognose zu erstellen,
  - führt zu Preisanpassungskosten, um die einzelnen Preise in bestimmten Intervallen an die allgemeine Entwicklung anzupassen,
  - führt bei unterschiedlichen Preisanpassungskosten dazu, daß die Preise nicht in den gleichen Zeitintervallen angepaßt werden, so daß eine Verzerrung der Relativpreise entsteht. Die Relativpreise geben dann die Knappheitsrelationen der Güter und Dienstleistungen nicht mehr korrekt wieder, so daß die Steue-

---

[1] Röpke 1958, 5. Kapitel: Zentrismus und Dezentrismus; 1. Scheidelinien der Sozialphilosophie und der Wirtschaftspolitik.

rung der volkswirtschaftlichen Produktion über den Preismechanismus nicht optimal funktioniert.

- Eine zwar erwartete, aber im Ausmaß relativ ungewisse Inflation
  - führt zu Risikoprämien beim Abschluß von Verträgen,
  - führt deshalb dazu, daß die Menschen eine Festlegung durch längerfristige Verträge tendenziell vermeiden,
  - führt zu einer aufgeblähten, artifiziellen Nachfrage nach inflationsgeschützten Sachwerten,
  - führt zu Strategien zur Umgehung von Inflation bzw. zum Kampf um Inflationsgewinne, deren Entwicklung und Durchführung hohe Kosten verursacht.
- Eine überraschende, unvorhersehbare Inflation entzieht vorangegangenen Entscheidungen die dafür geltende Kalkulationsgrundlage, so daß sie sich im nachhinein als Fehler erweisen.

Inflation beschädigt somit die Funktionsfähigkeit der Marktwirtschaft, weil sie den Informationsgehalt des Preissystems verwässert – und damit falsche Signale setzt – und weil sie die Anreize der Menschen zu produktivem Verhalten schwächt. Dies beeinträchtigt die Wachstums-, Einkommens- und Beschäftigungschancen. Soweit kann auch derjenige für stabiles Geld plädieren, der in einer Marktwirtschaft nichts weiter sieht als eine zweckdienliche „Wohlstandsmaschine".

Charakteristisch für die Marktwirtschaft ist jedoch nicht nur das hohe Maß an Effizienz im Ergebnis, sondern auch der Koordinationsmechanismus selbst. Marktwirtschaft ist das ordnungspolitische Pendant zu einer freiheitlich orientierten, primär auf die individuelle Entscheidungsbefugnis bauenden Gesellschaft. Sie verankert das Recht der wirtschaftlichen Wahlfreiheit, die freie Disposition über Geld bis hin zur freien Berufswahl. Im Gegenzug fordert sie freilich die Verantwortung des einzelnen und die Eigeninitiative. Verantwortung heißt dabei insbesondere, daß das Individuum auch morgige Konsequenzen aus seinem heutigen Handeln und seiner heutigen ökonomischen Entscheidungen über Beruf, Konsum und Sparen trägt. Ohne ein stabiles und berechenbares Geldwesen kann ein Bürger jedoch die längerfristigen Folgen seiner ökonomischen Entscheidungen kaum abschätzen. Er hat auch nicht den Anreiz, für seine persönliche wirtschaftliche Zukunft selbst zu sorgen. Ludwig Erhards eindringliche Warnung über den Verlust an Freiheit durch Inflation sollte nicht vergessen werden: „Es gilt, alle Geister wachzurütteln und aufzuzeigen, daß wir die Freiheit verlieren, wenn wir dem inflationistischen Übel nicht entgegentreten. Der immer mehr wahrzunehmende Hang und Drang breiter Bevölkerungsschichten nach Schutz in kollektiver Sicherheit ist freiheitlich gesinnten Menschen nicht angeboren, sondern wesentlich Teil einer Entwicklung, die besonders mittelständischen Existenzen und freiberuflich Tätigen fragen und daran zweifeln lassen, ob angesichts des Geldschwundes ihre Lebensarbeit und -leistung zu einer Daseinsfürsorge ausreichen. (...) Wenn der Bürger nicht mehr die Überzeugung hegt – und dieses Bewußtsein muß zwangsläufig in einem inflationären Prozeß verlorengehen –, sein Schicksal aus eigener Kraft gestalten zu können, dann verkümmert auch der Mut zu einem freien Bekenntnis. (...) Auf diesem Wege werden freie Bürger zu Untertanen degradiert."[2]

Die Bedeutung stabilen Geldes für die gesellschaftliche und politische Kultur reicht aber über Freiheit und Selbstverantwortung hinaus. Geldwertstabilität ist auch eine wichtige Grundlage für soziale Gerechtigkeit und damit letztlich für die Legitimation der Marktwirtschaft und des freiheitlichen Staates überhaupt. Es gibt vermutlich kaum etwas, was das Vertrauen der Bürger in den Staat und seine Institutionen sowie in das privatwirtschaftliche System so grundlegend erschüttert, wie Inflation dies tut. Denn Inflation bohrt den Stachel der Ungerechtigkeit tief in das Fleisch der Menschen. Und dieser Vertrauensverlust hat durchaus einen realen Hintergrund.

Inflation bedeutet willkürliche Umverteilung, und sie ist damit in doppeltem Sinne ungerecht; zum einen in der Art und Weise, also im *Prozeß*, wie die Umverteilung *zustandekommt*, und zum anderen im *Ergebnis*, was die Umverteilung *bewirkt*.

- Der Verstoß gegen die Prozeßgerechtigkeit beruht darauf, daß die Inflation nachträglich die Grundlage von längerlaufenden Verträgen manipuliert, die künftige Zahlungsverpflichtungen in nominalen Geldeinheiten fixieren. Die realen Konditionen eines Vertrages entsprechen nicht mehr dem, was die Vertragspartner in freier Übereinkunft vereinbart haben.
- Inflation verstößt gegen die Verteilungsgerechtigkeit, weil sie sich tendenziell vor allem gegen die Schwachen und im Bereich der Finanzen weniger Kundigen wendet. Sie trifft besonders diejenigen, die aufgrund höherer Informationskosten Inflation schwerer antizipieren können und die typischerweise einen relativ hohen Anteil ihres Vermögens in Geld halten. Negativ betroffen sind meist auch die Bezieher fester Einkommen wie Löhne und Renten, die nicht selten auf einer anderen Kalkulationsgrundlage vereinbart wurden. Und Inflation trifft erfahrungsgemäß besonders auch die politisch Schwächeren, die nicht-organisierten Gruppen angehören und die somit nicht in der Lage sind, Kompensation gegen die erlittenen Schäden einzufordern und zu erpressen.
- Inflation bedeutet insgesamt, daß die Marktwirtschaft durch die Verzerrung der Preise, der Gewinn- und Einkommenschancen und der Verhaltensweisen der Wirtschaftsakteure ihres Potentials beraubt wird, Eigennutz und Gemeinwohl zu versöhnen.

Geldwertstabilität ist somit kein gesellschaftspolitisches Neutrum. Ihre Wertschätzung hängt entscheidend davon ab, welches konzeptionelle Denken für die Gestaltung von Wirtschaft und Gesellschaft jemand verfolgt. Derjenige wird den Wert der Geldwertstabilität hoch einschätzen, der eine Wirtschaft wettbewerblich

---

2 Erhard 1971, S. 1049.

organisieren will, der das Individuum eher unabhängiger vom Kollektiv sehen möchte und der dem Staat auf dem Weg zur sozialen Gerechtigkeit eine korrigierende, eine unterstützende oder subsidiäre Rolle einräumt. In dieser gesellschaftspolitischen Konzeption ist Geldwertstabilität unverzichtbar. Umgekehrt wird derjenige Geldwertstabilität eher zur Nebensache erklären, der ohnehin häufig gegen den Preismechanismus intervenieren möchte oder gar staatliche Planung von Produktion und Konsum anstrebt, der das Individuum eher enger an das Kollektiv anbinden möchte, und der dem Staat zutraut, soziale Gerechtigkeit durch eine umfassende Einkommenspolitik, also durch eine weitreichende Wirtschaftssteuerung und einen umfassenden Sozialstaat, dauerhaft zu garantieren. Stabiles Geld wäre in einer solchen Gesellschaft objektiv von geringerer Bedeutung. Doch der erstgenannte Entwurf einer Gesellschaftsordnung dürfte auf längere Sicht leistungsfähiger sein, letztlich weil er der Natur des Menschen näherkommt. Er entspricht sicher auch in größerem Maße der persönlichen Würde des Menschen und der damit verbundenen Selbstbestimmung und Eigenverantwortung.

2. D-Mark und Stabilitätskultur in Deutschland

Der Erhalt der Geldwertstabilität ist deshalb nicht nur ein ökonomisches Datum, sondern auch von hoher gesellschaftspolitischer Relevanz. In Deutschland haben darauf in der Nachkriegszeit insbesondere neoliberale Ökonomen wie Eucken, Böhm, Röpke, Rüstow, Müller-Armack oder Erhard immer wieder hingewiesen. Ihre Kardinalfrage war, wie eine Wirtschafts- und Gesellschaftsordnung funktionsfähig und zugleich freiheitlich und menschenwürdig sein kann, um einen Rückfall sowohl in einen hemmungslosen Laisser-faire-Liberalismus als auch in ein totalitäres Staatsregime zu verhindern. Sie haben das im Nachkriegsdeutschland entstandene Grundkonzept der *Sozialen Marktwirtschaft* entscheidend geprägt. Umso überraschender und fragwürdiger ist die in manchen Kreisen erneut aufkommende Praxis, das Adjektiv „neoliberal" im Sinne von „einseitig und extrem kapitalistisch" zu benutzen.[3] Wer – gerade in Deutschland – die originär soziale und freiheitliche Ausrichtung des neoliberalen Gedankenguts verkennt und als „Kapitalismus pur" bezeichnet, dokumentiert damit nur seine offensichtliche Unkenntnis sowohl der Quellen und der Motive als auch der Inhalte der neoliberalen Denkschule.[4]

Es ist wohl kaum Zufall, daß sich im Nachkriegsdeutschland sowohl die neoliberalen Ideen insbesondere in den akademischen Zirkeln als auch eine ausgeprägte

---

3 Vgl. die Replik zu dieser Kritik in Schlecht 1997.

4 Mit einigen konzeptionellen Gemeinsamkeiten und Unterschieden zur katholischen Soziallehre hat sich der Verfasser dieses Beitrags bereits 1957 in seiner im Institut für Wirtschaftspolitik an der Universität zu Köln (unter Leitung von Prof. Dr. Alfred Müller-Armack) angefertigten Diplomarbeit zum Thema „Der ORDO-Begriff in der katholischen Soziallehre" befaßt.

Stabilitätskultur in der breiteren Öffentlichkeit entwickelt und erhalten haben. Sicherlich spielten dabei die historischen Erfahrungen eine Rolle; sowohl die kollektive Erinnerung an die beiden Katastrophen der Hyperinflation in der ersten Hälfte unseres Jahrhunderts, die das Geldvermögen breiter Bevölkerungsschichten entwertet haben, als auch die ermutigende Erfahrung, als nach der Währungs- und Preisreform von 1948 mit dem neuen Geldwesen auch der ökonomische Aufstieg der jungen Bundesrepublik begann. Es gibt aber auch tiefere Traditionen in Deutschland, die das Ausbreiten einer Stabilitätskultur erleichtern. Die im Vergleich zu anderen Ländern stärkere dezentrale Tradition Deutschlands zusammen mit der mehrmaligen Erfahrung, daß die Zerrüttung der Währung jeweils vom Staat ausgegangen war, hat in Deutschland das Konzept eines unpolitischen Geldes ohne Zweifel attraktiver gemacht. Dies erklärt sicherlich mit, warum auch im heutigen Deutschland, das ja ansonsten eher Züge einer Konsens- und Kooperationsgesellschaft trägt, eine unabhängige, im Falle der Gefährdung der Preisstabilität konfliktbereite Notenbank akzeptiert wird. Hinzu kommt aber auch, daß in Deutschland geldnahe Anlagen (bspw. auf Bankkonten oder Sparbüchern) im Vergleich zu anderen Vermögensarten (insbesondere gegenüber dem Aktienbesitz) eine relativ große Rolle spielen, so daß die soziale Kohäsion, die bei uns zu Recht ein wichtiges Thema ist, besonders stark von einem stabilen Geld abhängt. Damit soll gewiß nicht ausgesagt werden, daß Deutschland ein Monopol auf Geldwertstabilität hat. Aber man muß doch sehen, daß der längerfristige Stabilitätserfolg der D-Mark letztlich ein Zusammenspiel mehrerer Faktoren ist: das institutionelle Gefüge mit der unabhängigen Notenbank, die Ausfüllung des Stabilitätsauftrages – auch im Konfliktfall mit der Politik – durch die handelnden Personen und eine gesellschaftliche Kultur, die eine grundlegende Stabilitätsorientierung trägt, und zwar weitgehend unabhängig von Tageseinflüssen.

3. Bedeutung einer europäischen Stabilitätskultur für die künftige Währungsunion

Das Vorhandensein dieser Faktoren und ihr Zusammenspiel werden auch den künftigen Erfolg des Euro in einer Europäischen Währungsunion weitgehend bestimmen. Die Unabhängigkeit der künftigen Europäischen Zentralbank ist im Vertrag von Maastricht festgelegt. Es wird darüber hinaus auf die Personen ankommen, die dort Verantwortung übernehmen, und darauf, daß die Teilnehmerländer eine relativ homogene, gefestigte Stabilitätskultur mitbringen. Manche Ökonomen neigen dazu, die Rolle von Tradition und Kultur eher geringer einzuschätzen. Ihr Kalkül lautet: Geldwertstabilität bringt doch handfeste wirtschaftliche Vorteile, die zu realisieren im Grunde im Interesse jedes Landes liegt. Und muß deshalb nicht jedermann mit gesundem Menschenverstand gutes Geld dem schlechtem Geld vorziehen, so wie er, wenn er die Wahl hat zwischen einem guten und einem schlechten Auto, letzteres präferiert? Abstrakt gesehen ist das sicherlich richtig. Die Währungsgeschichte zeigt aber, daß die Aufgabe, den Geldwert stabil zu halten, obgleich sie sich grundsätzlich natürlich permanent stellt, sich doch immer wieder prononciert in konkreten Situationen zuspitzt. Das sind Situationen, in denen der Erhalt der internen Geldwertstabilität zumindest kurzfristig in Konflikt gerät mit anderen wirtschaftspolitischen Zielen wie etwa stabilen Wechselkursen oder der Konjunkturentwicklung, selbst wenn dieser Konflikt sich mittelfristig nicht nur auflöst, sondern stabiles Geld sogar das nachhaltige Erreichen anderer gesamtwirtschaftlicher Ziele fördert. Das ändert aber nichts daran, daß die Notenbank dann, wenn sie konkrete Entscheidungen fällen muß, nicht selten auf Widerstände trifft. Dann kommt es sehr wohl darauf an, wie die Öffentlichkeit die Stabilitätspolitik einschätzt und bewertet. Die Geschichte der Bundesbank hat immer wieder gezeigt, wie wichtig die Unterstützung der Öffentlichkeit in solchen kritischen Momenten sein kann. Die von Erfahrungen geprägte, in der Gesellschaft vorherrschende Präferenz spielt dann eben doch eine wichtige Rolle.

Nun ziehen sich manche Ökonomen auf den Standpunkt zurück: Die Notenbank muß ohnehin tun, was der Notenbank ist. Die Europäische Zentralbank ist rechtlich unabhängig, hat ein klares Stabilitätsmandat und verfügt über die monetären Instrumente, um den Geldwert auf lange Sicht notfalls „gegen den Rest der Welt" zu verteidigen; das ist genug. Freilich, in dieser Sicht steckt sicher ein Schuß Naivität, denn eine Notenbank ist keine Insel innerhalb der Gemeinschaft. Und vor allem, selbst wenn die Europäische Zentralbank die Stabilität gegen den starken Druck und gegen den erklärten Willen einzelner oder mehrerer Teilnehmerländer durchsetzen würde, was bedeutete das dann für das Klima der Währungsunion und insbesondere für die Hoffnung auf weitere Integrationsschritte in Europa? Ein Land, dessen Gesellschaft und Politik die Stabilitätsorientierung der Europäischen Zentralbank auf Dauer nicht teilen, würde sich natürlich die Frage stellen, ob seine Teilnahme an der Währungsunion und ihrer Weiterentwicklung eigentlich auf Dauer in seinem Interesse liegt. Zumindest würde es versuchen, die Zentralbank zu einer anderen Politik zu drängen oder von den Partnern Kompensationen zu erreichen. Eine zu heterogene gesellschaftliche und politische Haltung zum Geld könnte jedenfalls zu problematischen Konflikten in der Währungsunion führen – so oder so. Deshalb braucht die Europäische Währungsunion eine möglichst homogene, gefestige Stabilitätskultur in allen Teilnehmerländern.

III. Geldwertstabilität und christliche Soziallehre

Es läge im Grunde nahe, eine Wurzel für eine solche gesamteuropäische Stabilitätskultur in dem gemeinsamen christlichen Erbe des Abendlandes zu suchen. Diese Gemeinsamkeit gibt aber leider für die Einschätzung der Bedeutung der Geldwertstabilität nur wenig her. Bedauerlicherweise hat nämlich die katholische Soziallehre der letzten hundert Jahre die Bedeutung der Geldwertstabilität lange Zeit hindurch kaum beachtet und herausgearbeitet. Erst die jüngeren päpstlichen Sozialenzykliken *Mater et magistra* und *Centesimus annus* erwähnen zumindest die Bedeutung einer stabilen Währung für die Funktionsfähigkeit der Marktwirtschaft und damit auch für die Sozialordnung. In Deutschland hat 1991 auch die Denkschrift der EKD *Gemeinwohl und Eigennutz* immerhin die gesetzliche Verpflichtung einer unabhängigen Notenbank zum Erhalt der Geldwertstabilität gewürdigt. Und das gemeinsame Wort der Evangelischen Kirche in Deutschland und der Deutschen Bischofskonferenz *Für eine Zukunft in Solidarität und Gerechtigkeit* von 1997 erwähnt die Erhaltung der Stabilität der Währung als unverzichtbares Element einer modernen Gesellschaftsordnung. Doch hat dieser Verweis eher insularen Charakter", jedenfalls ist der Aspekt eines stabilen Geldes kaum argumentativ verzahnt mit den eigentlichen Anliegen des gemeinsamen Wortes: die Zukunftsfähigkeit und die Nachhaltigkeit unserer Gesellschaft.

Diese noch immer verbreitete Tendenz zur Marginalisierung des Themas Geldwertstabilität in vielen sozial- und wirtschaftspolitischen Verlautbarungen der Kirchen erstaunt aus zwei Gründen. Zum einen betrifft die Geldwertstabilität mit ihrer Bedeutung für soziale Gerechtigkeit und für die freiheitliche Entfaltung des Individuums doch gerade zentrale Aspekte des christlichen Verständnisses vom Menschen und vom Gemeinwesen. Und zum anderen gibt es sehr wohl eine aus dem Mittelalter herrührende Tradition von herausragenden christlichen Denkern und Würdenträgern, welche die häufigste mittelalterliche Spielart der Inflation, die Geldentwertung durch Münzverschlechterung, sittlich verurteilt haben.[5] Ein besonderes Beispiel an Stringenz der Analyse bilden dabei die Schriften von Nicolaus Oresmius, Bischof von Lisieux, aus dem 14. Jahrhundert.[6] Systematisch identifiziert er die schädlichen Wirkungen münzpolitischer Instabilität: die willkürlichen Verteilungswirkungen zu Lasten des gemeinen Volkes und der Sparer, die Beeinträchtigung des Handels sowie die Destabilisierung der staatlichen Ordnung, weil die Münzverschlechterung durch den Fürsten das allgemeine Rechtsbewußtsein untergräbt. Oresmius zieht daraus übrigens einen interessanten Schluß. Denn er beläßt es nicht etwa beim Appell an eine bessere individuelle Fürstenmoral, sondern er sucht nach einem institutionellen Arrangement, das Münzwertstabilität dauerhaft absichert. Er möchte die Münzhoheit dorthin verlagern, wo er vermutet, daß das Eigeninteresse an stabilen Münzverhältnissen hoch und damit die Mißbrauchsgefahr niedrig ist. So fordert er, die Münzhoheit dem Fürsten zu entziehen und der Gemeinschaft *(communitas)* zu übertragen.[7]

---

5 Vgl. Beutter 1965; insb. S. 52 - 65.

6 Vgl. hierzu auch Tietmeyer / Lindenlaub 1995.

7 Beutter 1965, S. 53 f, führt aus, daß Oresmius dabei an noch ältere Überlegungen der Päpste Innozenz III., Ende des zwölften, und Innozenz IV., Mitte des dreizehnten Jahrhunderts, anknüpfen kann, die festhielten, daß eine Änderung am Geld der Zustimmung des Volkes bedürfe.

1. Kirche und Geldwesen

Warum knüpft die moderne katholische Soziallehre so wenig an diese tiefsinnige und engagierte Auseinandersetzung mit dem Geldwesen und seinen gesellschaftspolitischen Implikationen an? Ein Hindernis, um die zentrale Rolle der Geldwertstabilität stärker in der christlichen Soziallehre zu verankern und zu fundieren, könnte vielleicht eine gewisse grundsätzliche Reserviertheit der Kirche gegenüber dem Geld- und Kreditwesen gewesen sein. Den Hintergrund bilden nicht zuletzt eine Reihe von Bibelstellen, an denen das Geld als Symbol für unnützen, ungerechten Reichtum sowie als Verführer und Blender, der die Menschen vom rechten Weg abbringt, dasteht. Die frühe und mittelalterliche Kirche entwickelte in der Rezeption der aristotelischen Geldlehre eine duale Sicht vom Geld. Geld als Tauschmittel und Wertmaßstab, das den Güteraustausch der Haushalte erleichtert, galt als notwendig und sinnvoll. Das krämerhafte Geschäft mit Geld, insbesondere der Kredit mit dem Zins als dessen Entgelt, wurden hingegen sittlich verpönt. Diese Sicht von der Ruchlosigkeit des Zinses hatte ihren ökonomischen Rückhalt in den Bedingungen der Agrargesellschaft, unter denen das Zinsverbot dem sozialen Schutz der Schwachen diente. In der agrarisch, stark auf Subsistenz ausgerichteten, stationären Wirtschaft erfüllte der Kredit keine wesentliche gesamtwirtschaftliche Funktion. Er diente im allgemeinen nicht zu Produktivzwecken, trug also nicht dazu bei, Realkapital zu bilden, um damit die künftigen Produktionsmöglichkeiten zu erweitern. Statt dessen entsprang der Wunsch nach Kredit zumeist der Not und der alltäglichen Schwierigkeit, den unmittelbaren Bedarf zu decken. Das Kreditgewähren erschien somit als ein hartnäckiges Verweigern der Christenpflicht, den Nächsten zu lieben und Almosen zu geben.

Doch mit zunehmender Arbeitsteilung und stärker verflochtenen Handelsbeziehungen paßte das Zinsverbot immer weniger zur ökonomischen Realität. Indem es allmählich in Widerspruch geriet mit der wirtschaftlichen und sozialen Entwicklung, führte es zu mindestens drei bedenklichen Folgen:

– Erstens, das Verbot des Zinsnehmens konnte überhöhte Zinsen faktisch nicht verhindern. Es schuf im Gegenteil geradezu die Grundlage dafür, weil es das Kreditangebot verknappte und damit den Preis für den Kredit, den Zins, erst recht in die Höhe trieb.

– Zweitens, das Fehlen eines funktionierenden Kreditmarktes brachte oft gerade wirtschaftlich weniger Starke, wie kleine Handwerker oder Gewerbetreibende, in Bedrängnis. Der fehlende Zugang zu Krediten gefährdete besonders frische, noch „wacklige" Existenzen, die neu in den Markt eintreten wollten.

– Und drittens blieb das Kreditgeschäft als unfein gebrandmarkt, den Ausgestoßenen überlassen. Vor allem die Juden, denen andere Betätigungsfelder größtenteils verwehrt blieben, rückten so in die exponierte Stellung als Finanzier, womit oft genug die unheilvolle Rolle als Sündenbock in Krisenzeiten vorprogrammiert war.

2. Geld als gesellschaftliche Institution

Dieser kurze geschichtliche Exkurs veranschaulicht, daß ein Geld- und Kreditwesen, dessen eigengesetzliche, sachgerechte Entwicklung artifiziell daran gehindert wird, mit den sich ändernden Bedürfnissen der Wirtschaft und der Gesellschaft Schritt zu halten, nicht nur wirtschaftlichen Schaden verursacht, sondern auch sozial und gesellschaftlich problematische Tendenzen hervorruft. Der Grund hierfür läßt sich eigentlich recht leicht verstehen. Geld ist kein Fremdkörper in einer Gesellschaft, keine von außen oktroyierte Institution. Im Gegenteil, Geld erfüllt zentrale Funktionen, wozu vor allem gehören:

- Erstens: Geld als Tauschmittel; Geld vereinfacht erheblich den Tausch und ermöglicht erst arbeitsteiliges Wirtschaften.
- Zweitens: Geld und Preise als Recheneinheiten; Geld macht ökonomisch relevante Dinge kommensurabel. Die Preise von Gütern und Dienstleistungen sowie Gewinne und Verluste steuern, wie und was eine Gesellschaft produziert.
- Und drittens: Geld und Geldkapital als Mittel zur Wertaufbewahrung; Konsumverzicht geschieht in der modernen Wirtschaft zunächst durch Sparen von Geld. Das steht am Anfang einer Kette, die das Ersparte in Investitionen transformiert.

Jede Gesellschaft braucht eine Institution, die diese drei Funktionen (Tauscherleichterung, Steuerung von Produktion, Wertaufbewahrung) übernimmt, wobei eine freiheitliche Marktwirtschaft sogar keine andere Option hat, als hierfür Geld zu verwenden. Wenn das Geld diese Funktionen (oder auch nur eine davon) nicht hinreichend erfüllt, dann führt dies nicht nur zu unmittelbarem wirtschaftlichen Schaden, sondern die unausgefüllten Funktionen lassen ein Vakuum entstehen, dessen Sog unter Umständen deformierte Ersatz- und Ausweichlösungen, wie etwa Schwarzmärkte oder „Betongold", ansaugt.

Zwar gehört es leider auch zu unserer heutigen Gesellschaftskultur, daß eine Fundamentalkritik am Geld in Teilen der Gesellschaft noch immer hoffähig und in Mode ist, ja teilweise sogar als besonders intellektuell gilt. Manche setzen Geld gleich mit Geiz und Gier, sie beklagen eine Art „Monetarisierung" der Gesellschaft. Hier wird dem Geld etwas angelastet, was ganz andere Ursachen hat, auf die hier nicht näher eingegangen werden kann. Das Paradoxe an dieser Zulastung ist, daß gerade ein funktionsfähiges Geld mit dazu beiträgt, daß die Funktionen, die es erfüllt, eben keine totalitäre, alles dominierende Bedeutung annehmen. „Wenn alles gut läuft, bemerkt man die Geldordnung kaum."[8] Aber je mehr das Geld gehindert wird, funktionsfähig im Sinne der zuvor genannten Funktionen zu sein, umso mehr müssen sich die Menschen in der Folge damit auseinandersetzen, wie sie mit dieser Situation umgehen. Ein instabiles Geld drängt z. B. solche Fragen in den Vordergrund: Wie organisiert man Kauf und Verkauf? Was macht jemand, wenn sein Wohlstand weniger davon abhängt, wie er arbeitet und was er

---

8 Kramer 1996, S. 12.

produziert, sondern wie raffiniert er Wertschwankungen des Geldes ausnutzt? Wie schützt man sein Vermögen? Wohl in diesem Sinne lassen sich die Worte von Wilhelm Gerloff verstehen: „Der Geldsinn ist verdächtig. Gemeint ist freilich nur der krankhafte Geldsinn, von dem der Apostel Paulus im ersten Thimotheus-Brief spricht, wenn er sagt ‚Eine Wurzel aller Übel ist die Geldgier'. Der gesunde Geldsinn hingegen wird sich zwar des Geldes bedienen, aber ihm nicht dienen. Er wird es zwar brauchen, aber nicht mißbrauchen. Der gesunde Geldsinn setzt freilich auch ein gesundes Geld voraus. Wo aber das Gift der Inflation das Geldwesen entarten läßt, da pflegt, wie die Geschichte immer wieder gezeigt hat, auch der Geldsinn zu entarten."[9]

IV. Geldwertstabilität und Beschäftigung in der Welt von heute

Natürlich hat nicht nur die bisherige Distanz der christlichen Kirchen gegenüber dem Geld- und Kreditwesen dazu beigetragen, daß die Rolle der Geldwertstabilität für die politische und kulturelle Kultur nicht immer adäquat gesehen wird. Darüber hinaus spielen sicher auch Überlegungen auf der inhaltlichen, argumentativen Ebene eine Rolle, die bei manchen eine gewisse Verunsicherung verursachen, wie das wirtschaftspolitische Ziel der Preisstabilität zu gewichten und zu bewerten ist. Drei Gedankengänge erscheinen dabei gegenwärtig besonders verdächtig, die Geister zu verwirren. Der Advocatus Diaboli würde sie vielleicht so formulieren: Erstens, ist die Inflation angesichts der niedrigen Preissteigerungsraten, die derzeit viele Länder aufweisen, sowie angesichts struktureller Veränderungen nicht ohnehin auf absehbare Zeit keine realistische Gefahr mehr? Zweitens, selbst wenn es zu einer Gefährdung des Ziels der Geldwertstabilität käme, lohnt sich angesichts der offensichtlich vorrangigen Aufgabe, die Lage am Arbeitsmarkt zu bessern, überhaupt ein anti-inflationärer Kampf? Und drittens, selbst wenn stabiles Geld die Funktionsweise und die Effizienz von Güter- und Arbeitsmärkten verbessert, sind überhaupt effizientere, leistungsfähigere Märkte noch erstrebenswert oder zeigt nicht die Globalisierung, wie ein solches Marktsystem sich gegen die Menschen selbst wendet? Es ist wichtig zu sehen, daß solche Überlegungen, so brillant sie auch bisweilen formuliert sein mögen, letztlich in der Substanz nicht treffen. Geldwertstabilität ist niemals ein für allemal gesichert. Sie zu bewahren verbessert gerade die Aussichten, Arbeitsplätze zu schaffen. Und Globalisierung bedeutet zwar, daß sich der Wettbewerb verschärft. Jede Verschärfung des Wettbewerbs hat aber immer zwei Seiten. Einerseits müssen sich die Produzenten und ihre Mitarbeiter mehr anstrengen, um kompetitiv zu bleiben. Aber andererseits ist das verstärkte Anstrengen beim Produzieren letztlich die Quelle für gesteigerten Wohlstand. Dennoch dürfte es sich lohnen, diesen Fragen noch etwas eingehender nachzugehen.

---

[9] Gerloff 1952, S. 254.

1. Ausmaß der Inflationsgefahr

Heute herrscht in vielen Industrieländern ein im historischen Vergleich relativ hohes Maß an Preisstabilität. Darin kommt sicher auch zum Ausdruck, daß das Konzept des unpolitischen Geldes weltweit an Einfluß gewonnen hat. Der Versuch einer Reihe von Ländern in den siebziger Jahren, das Geld zu instrumentalisieren und durch eine lockere Geldpolitik die Folgen der Ölpreiserhöhung intern abzufedern, hat damals offensichtlich fehlgeschlagen. Diese Länder erlitten nicht nur höhere Inflation, sondern am Ende auch mehr Arbeitslosigkeit. So hat das Ziel der Geldwertstabilität im Laufe der achtziger Jahre sowohl in der akademischen als auch in der öffentlichen Diskussion eine Aufwertung erlebt, und nicht zuletzt deshalb hat eine Reihe von Zentralbanken in letzter Zeit mehr Unabhängigkeit erlangt.

Eine interessante Frage lautet aber auch, inwieweit veränderte äußere Bedingungen durch die Globalisierung Preisstabilität heute begünstigen. So üben die internationalen Finanzmärkte eine zunehmend stärkere Kontrolle aus. Sie disziplinieren, weil sie stabilitätswidriges Verhalten schnell und hoch bestrafen können. Hinzu kommen technische Innovationen in der Datenverarbeitung und Kommunikation, die die Kostenseite entlasten. Und vor allem in den angelsächsischen Ländern begrenzt ein recht flexibler und wettbewerbsmäßig verfaßter Arbeitsmarkt das Aufkommen kostentreibender Lohnabschlüsse. Insbesondere die Erfahrung in den USA, wo der wirtschaftliche Aufschwung nun schon geraume Zeit anhält, ohne daß übermäßige Verspannungen auftreten, hat manche Beobachter ermuntert, den Tod der Inflation zu verkünden.

Was ist davon zu halten? Grundsätzlich ist es sicher eine interessante Überlegung, daß die Globalisierung als ein Prozeß des Verstärkens von Wettbewerb den Raum für Preissteigerungen verengt und somit der Notenbank helfen kann, den internen Geldwert zu sichern. Allerdings hängt dieser Effekt entscheidend davon ab, wie die Länder in ihrer internen Wirtschafts- und Sozialpolitik auf die Herausforderungen antworten. Wenn die Globalisierung – wie in den USA – intern auf flexible Strukturen trifft, dann kann sie den Kostenauftrieb verlangsamen und dadurch Inflationsgefahren mildern. Wenn aber ein Land versucht, der Globalisierung nicht durch Flexibilisierung der internen Strukturen, sondern beispielsweise durch teure Modelle der Frühverrentung oder Altersteilzeit zu begegnen, die vor allem die Folge haben, die Arbeitskosten in die Höhe zu treiben, dann ist die Frage unter Umständen anders zu sehen. Insofern muß man genau auf die jeweiligen nationalen Bedingungen achten. Aber selbst wenn die These stimmt und die Globalisierung in absehbarer Zeit die nicht-monetären Faktoren (also eine undisziplinierte Finanzpolitik oder überhöhte Lohnabschlüsse), die den Geldwert bedrohen können, stärker im Zaum hält, so würde dies die Notenbanken natürlich nicht davon entbinden, ihrerseits dafür zu sorgen, daß die monetäre Seite, also die Geldmengenentwicklung, mit Preisstabilität kompatibel bleibt. Denn die nicht-monetären Faktoren können zwar die Geldwertstabilität kurzfristig gefährden, längerfristig ist Inflation aber immer ein monetäres Phänomen, dessen Beherrschung voraussetzt, Geld knapp zu halten. Und diese Aufgabe bleibt der Notenbank natürlich erhalten.

Übrigens gibt es immer wieder auch kritische Stimmen, wonach die Verantwortlichen in den Zentralbanken die steigende Arbeitslosigkeit teilweise durchaus als eine nicht unerwünschte Entwicklung ansähen, weil dann die Lohnsteigerungen moderat ausfallen und die Inflationsgefahren gering bleiben. Solche Verdächtigungen sind nach dem Urteil des Autors eindeutig falsch und unzutreffend. Im Gegenteil, den europäischen Zentralbankverantwortlichen bereitet die Entwicklung am Arbeitsmarkt große Sorge, nicht zuletzt auch im Hinblick auf die künftige Europäische Währungsunion. Denn eine funktionsfähige Währungsunion, die das Instrument der Wechselkursanpassung abschafft, braucht dringend funktionsfähige Arbeitsmärkte, die flexibel auf Veränderungen in der jeweiligen nationalen Wettbewerbsfähigkeit reagieren. Die derzeit hohe Arbeitslosigkeit in Europa ist sicher eine Belastung für die Glaubwürdigkeit des Versprechens auf einen dauerhaft stabilen Euro, von der volkswirtschaftlichen Vergeudung an menschlicher Arbeitskraft und von der individuellen Belastung der Betroffenen ganz abgesehen.

2. Beitrag stabilen Geldes zu mehr Beschäftigung

Das derzeit durchgängig relativ hohe Maß an Preisstabilität bietet gerade in Europa vielen Zentralbanken die Chance, mehr Glaubwürdigkeit und Reputation aufzubauen und die teilweise noch aus den siebziger Jahren stammenden Inflationserwartungen nachhaltig zu brechen. Dies ist besonders wichtig in einer Zeit, in der einigen von ihnen mehr Unabhängigkeit von der Politik eingeräumt wird. Zugleich mag es aber auch eine Versuchung mit sich bringen, die erreichte Geldwertstabilität als selbstverständlich anzusehen und die Ausrichtung der Geldpolitik auf dieses scheinbar gesicherte Ziel in Frage zu stellen. Solches Ansinnen berührt die technischen Beziehungen zwischen Geldwertstabilität und den anderen wirtschaftspolitischen Zielen. Ein wichtiges Ergebnis ist hierbei, daß zumindest mittel- und langfristig die Ziele stabiles Geld und hoher Beschäftigungsgrad nicht rivalisieren, sondern komplementär sind. Denn:

- Stabiles Geld fördert ein angemessenes Wachstum. Es ermutigt das Sparen der Menschen und erhöht damit das für Investitionen bereitstehende Kapitalangebot. Es stimuliert zugleich die Investitionsbereitschaft, weil der Unternehmer durch Geldwertstabilität mehr Planungssicherheit hinsichtlich der Rendite auf seine Investition erhält. Bei der Interaktion von Ersparnisangebot und Kreditnachfrage können beide Seiten auf eine gesonderte Risikoprämie gegen einen schwer kalkulierbaren Geldwert verzichten, und sie können entsprechend ihren Präferenzen auch langfristige Kreditbeziehungen eingehen. Die Förderung der internen Investitionsbedingungen wirkt verstärkt in der modernen Welt globaler Finanzmärkte. Die Bereitschaft internationaler Kapitalanleger, einem Land Kapital zu vergleichsweise günstigen Konditionen bereitzustellen, hängt entscheidend von dem Vertrauen auf die dauerhafte Stabilität der Währungsverhältnisse ab.

- Über diesen Prozeß der Förderung und Stimulierung von Investitionen trägt stabiles Geld dazu bei, daß Unternehmen Arbeitsplätze schaffen und sichern können. Zugleich erhöht stabiles Geld den Anreiz, Arbeit zu suchen und aufzunehmen, weil die Arbeitnehmer „gutes" Geld als Einkommen bekommen, das allerdings durch Abgaben nicht allzu sehr belastet sein darf.
- Interne Geldwertstabilität ist darüber hinaus eine unerläßliche Voraussetzung für stabile ökonomische Außenbeziehungen. Währungsturbulenzen haben oft ihre Ursachen in auftauchenden Unsicherheiten über den Stabilitätskurs eines Landes. Und insbesondere bei festen Wechselkursen führen über längere Zeit bestehende Inflationsdifferenzen leicht zu Ungleichgewichten in den Handelsströmen, die an den Finanzmärkten oftmals Anlaß zu krisenhaften Zuspitzungen geben. Die Forderung nach interner Geldwertstabilität folgt daher gerade aus der internationalen Verantwortung.

In der älteren Wirtschaftstheorie hat es mehrfach auch – zeitweilig sogar dominant – die Überlegung gegeben, daß eine höhere Inflationsrate die Beschäftigung durchaus fördern könnte. Denn – so der Gedankengang – soweit Inflation überraschend eintritt, verbessert sie die Ertragslage der Unternehmen, weil zum einen die Schuldenlast aus der Finanzierung der vorangegangenen Investitionen real weniger drückt und weil zum anderen der in Tarifverträgen festgeschriebene Nominallohn nun real unter das Niveau fällt, das beim Abschluß der Tarifverträge erwartet war. Dies könnte die Wirtschaftsaktivität der Unternehmen und damit ihre Arbeitsnachfrage steigern. Ganz abgesehen von der zweifelhaften Ethik dieser Argumentation, Arbeitsplätze schaffen zu wollen durch eine Maßnahme, die gegen die Vertragsgerechtigkeit verstößt, kann dieser Effekt natürlich nur kurzfristig wirken. Denn eine Steigerung der Inflationsrate kann die Menschen nur kurz überraschen. Sobald alle Wirtschaftseinheiten ihre Erwartungen angepaßt haben, verpufft die Wirkung. Der einzige bleibende Effekt wird sein, daß bald niemand mehr bereit ist, überhaupt längerfristigere Verträge mit fester Fixierung einer Nominalgröße für Preis, Lohn oder Zins einzugehen. Zwangsläufig ist daher vor allem in den siebziger Jahren der Versuch einer Reihe von Ländern gescheitert, sich mehr Wachstum und Beschäftigung durch eine Relativierung des Stabilitätsziels zu erkaufen. Und dies obwohl die Arbeitslosigkeit in den siebziger Jahren noch zu einem erheblichen Teil konjunktureller Natur war. Unter den veränderten Bedingungen der neunziger Jahre, da die Arbeitslosigkeit überwiegend struktureller Natur ist, wäre der Versuch, mehr Beschäftigung gegen weniger Preisstabilität zu tauschen, eher noch prekärer.

Ein in der aktuellen Diskussion vor allem in der angelsächsischen Welt stärker beachtetes Argument lautet, daß „etwas" Inflation als eine Art Schmiermittel für das marktwirtschaftliche System durchaus nützlich sein könnte. Hintergrund ist die Überlegung, daß vor allem die einzelnen Nominallohnsätze nach unten recht starr sind, so daß es lange dauert, bis die regionale, sektorale und berufliche Lohnstruktur sich veränderten Nachfrageverhältnisse an den diversen Arbeitsmärkten anpaßt. Etwas Inflation – so das Argument – könnte helfen, diesen Anpassungsprozeß der relativen Lohnstruktur zu beschleunigen und somit die Funktionsfähigkeit der Arbeitsmärkte zu verbessern. Das mag zwar abstrakt einleuchtend klingen. In der Praxis kann diese These jedoch leicht in die Irre führen. Gerade in Kontinentaleuropa hat die ungenügende Differenzierung und Flexibilisierung der Lohnstruktur sicherlich ihre Ursachen insbesondere auch in den institutionellen Realitäten am Arbeitsmarkt mit der nicht unproblematischen Praxis, einzelnen Tarifabschlüssen eine Pilotfunktion zu verleihen. Es ist nicht erkennbar, wie etwas mehr Inflation hier irgendwie hilfreich sein könnte. Im Gegenteil, sie könnte die strukturellen Probleme eher noch verschärfen und verhärten.

3. Soziale Marktwirtschaft im Zeichen der Globalisierung

Der Erhalt eines möglichst hohen Grades an Geldwertstabilität ist zweifellos der beste Beitrag, den die Geldpolitik für die Beschäftigung leisten kann. Und dieser Beitrag ist keine Quantité négligeable, sondern eine fundamentale Voraussetzung für ein hinreichendes Angebot an Erwerbsarbeit und ihrer tatsächlichen Nutzung. Die Analyse, die zu diesem Ergebnis führt, geschieht allerdings sozusagen systemimmanent, also vor dem Hintergrund der Funktionsweise der Sozialen Marktwirtschaft. Nun ist aber schwerlich die Furcht mancher Kirchenkreise zu übersehen, daß die heutige Globalisierung das marktwirtschaftliche System, indem sie angeblich die Möglichkeit zur nationalen Sozialstaatlichkeit weitgehend begrenzt, zurückwirft auf eine Art technologisch frisierten Frühkapitalismus. Aufgrund solcher Befürchtungen glaubt sich mancher auf die kirchliche Tradition der Kapitalismuskritik[10] stützen zu können und dem marktwirtschaftlichen System erneut eine Absage erteilen zu können. Jedenfalls kehren in der Rezension der Globalisierung seit einiger Zeit Vorbehalte gegen das marktwirtschaftliche System wieder, die mit *Centesimus annus* eigentlich überwunden schienen. Diese Fundamentalkritik an der Marktwirtschaft im Zeichen globaler Märkte könnte im Ergebnis möglicherweise auch dazu führen, dem Ziel der Geldwertstabilität als konstitutivem Element der Wettbewerbsordnung den Boden zu entziehen. Aber sie trifft in der Substanz nicht zu.

Globalisierung ist ein breiter Prozeß, der sich vor allem aus drei Quellen speist:[11] die Aufhebung zwischenstaatlicher Wirtschaftsgrenzen in Güterhandel und Kapitalverkehr, die interne Hinwendung einer Reihe von Ländern zum marktwirtschaftlichen System sowie einen rasanten technischen Wandel auf den Gebieten der Datenverarbeitung und der Kommunikation. Globalisierung läßt sich weder aufhalten noch umkehren, weil niemand den technischen Fortschritt einfangen

---

10 Dargestellt bspw. in Rauscher 1994.

11 Vgl. bspw. Paqué 1995.

oder die internen Politikentscheidungen anderer Länder von außen entscheidend beeinflussen oder gar revidieren kann. Gewiß, die Politik kann und soll die Globalisierung im Rahmen des Möglichen ohne Beeinträchtigung ihrer positiven Effekte zu gestalten versuchen. Aber im Zusammenspiel mit vielen anderen Ländern und unterschiedlichen Kulturkreisen dürften nur solche Regeln politikfähig sein, die den globalen Wettbewerb effizienter und funktionsfähiger machen und die somit in aller Interesse liegen. Regelungen, wie etwa hohe, überall gleiche Sozialstandards, die allenfalls einigen europäischen Ländern nutzen würden, aber die Wettbewerbsfähigkeit anderer Länder gefährden könnten, sind auf absehbare Zeit nicht durchsetzbar. Soweit sie die wirtschaftliche Entwicklung von Schwellenländern behinderten, wären sie übrigens auch ethisch von zweifelhaftem Wert.

Nun geht vielfach die Angst um, die Globalisierung würde fordern, das Prinzip des Sozialstaates zu opfern. Diese Furcht ist weder durch die bisherigen Erfahrungen noch durch die theoretische Analyse gerechtfertigt. Zunehmende wirtschaftliche Integration war und wird nicht wie eine Dampfwalze alle nationalen Unterschiede in Kultur und Tradition niederrollen. Auch in der zusammenwachsenden Welt von morgen werden Unterschiede in der Wirtschafts- und Sozialordnung je nach den entstandenen Traditionen und den vorherrschenden Präferenzen und Werten bestehen. Ein wohlverstandener Sozialstaat westeuropäischer Prägung hat darin genauso seinen Platz wie der amerikanische Traum unbegrenzter individueller Möglichkeiten oder die asiatische Synthese aus Kollektivismus und Marktwirtschaft. Die Globalisierung drängt nicht auf eine Vereinheitlichung der Strukturen, sie verlangt aber, daß die interne Ordnung der Länder *im Ergebnis* ein hinreichendes Maß an Wettbewerbsfähigkeit hervorbringt. Das Prinzip der sozialstaatlichen Einflußnahme und Gestaltung der Wirtschaftsordnung steht dem nicht entgegen. Im Gegenteil, die Idee des Sozialstaats umfaßt ja nicht nur das soziale Ziel, den einzelnen zu schützen. Indem die sozialstaatliche Aktivität die Härten des Umbruchs und des Wandels individuell abmildert, übernimmt sie zugleich die gesamtwirtschaftliche Funktion, eben diesen Wandel sozial zu erleichtern und wirtschaftliche Dynamik zu fördern. Was die Globalisierung in erster Linie wirklich schwieriger macht, ist ein Konstrukt eines Sozialstaates durchzuhalten, der, anstatt Anpassungen zu erleichtern, das Gegenteil anstrebt, nämlich den Wandel zu ersticken und den Status quo aufrechtzuerhalten. Die Globalisierung löst den Reformbedarf für unsere Arbeitsmarkt- und Sozialordnung nicht aus, aber sie verschärft die Notwendigkeit, deren Funktionsfähigkeit wieder zu stärken. Dazu gehören eine Reihe detaillierter, konkreter Maßnahmen; dazu gehört aber vor allem auch eine politische und gesellschaftliche Kultur, in der die individuelle Leistung und die Eigenverantwortung des Bürgers den ihnen zustehenden Rang in der Werteskala einnehmen.

Die vielleicht entscheidende ökonomische und gesellschaftliche Frage der nächsten Jahrzehnte wird sein, dieses Mehr an Eigenverantwortung zu stimulieren und tatsächlich durchzusetzen. Das bedeutet insbesondere, die Anreize zur Arbeit und zur Leistung zu stärken und eine höhere Eigenvorsorge für das Alter sowie gegen die Lebensrisiken zu erreichen. Zugleich geht es auch darum – und hierauf verweisen die Kirchen völlig zu Recht –, in diesem Prozeß der stärkeren Betonung der individuellen Verantwortung nicht die notwendige soziale Kohäsion zu verlieren. Vor dem Hintergrund der beiden großen gesellschaftlichen Aufgaben – Stärkung der individuellen Verantwortung und Erhalt der sozialen Kohäsion – muß die Rolle der Geldwertstabilität für die politische und gesellschaftliche Kultur neu akzentuiert werden. Stabiles Geld ist die Voraussetzung, damit Menschen die Folgen ihrer ökonomischen Entscheidungen vorher abschätzen und kalkulieren können. Individuelle Verantwortung im wirtschaftlichen Handeln kann die Politik glaubwürdig nur einfordern, wenn sie den Menschen auch ein stabiles Geld bereitstellt.[12] Zugleich wird die Gesellschaft stabiles Geld brauchen, um einer sozialen Fragmentierung zu begegnen. Niemand kann heute seriös ausschließen, daß eine Reihe von Entwicklungen wie arbeitssparender technischer Fortschritt, die ökonomische Entwertung einfacher Tätigkeiten, die Veränderung der relativen Knappheit von Arbeit zu Kapital sowie die rasch zunehmende Mobilität des Kapitals nicht zumindest eine Zeitlang Druck auf die Einkommens- und Vermögensverteilung ausübt. Geldwertstabilität ist gerade unter diesen Bedingungen unverzichtbar, um die Chance auf Wohlstand für alle weiterhin zu sichern. Den Geldwert dauerhaft stabil zu halten ist und bleibt eine der zentralen wirtschaftlichen und gesellschaftlichen Aufgaben unserer Zeit und für die Zukunft.

Literaturverzeichnis

Beutter, F. (1965): Zur sittlichen Beurteilung von Inflationen, Freiburg

Erhard, L. (1971): Das Ordnungsdenken in der Marktwirtschaft, in: Hohmann, K. (Hrsg.), Ludwig Erhard, Gedanken aus fünf Jahrzehnten, Düsseldorf, 1988, S. 1040 ff.

Gerloff, W. (1952): Geld und Gesellschaft, Frankfurt am Main

Kramer, R. (1996): Die Ethik des Geldes, Berlin

Paqué, K. (1995): Weltwirtschaftlicher Strukturwandel und die Folgen, in: Politik und Zeitgeschehen, B. 49/1995, S. 3 ff.

Rauscher, A. (1994): Soziale Marktwirtschaft – Zum Verständnis von Eigeninteresse und Gemeinwohl, in: Bocklet, P./Fels G./Löwe H. (Hrsg.), Der Gesellschaft verpflichtet, Köln, S. 135 ff.

Röpke, W. (1958): Jenseits von Angebot und Nachfrage, Erlenbach-Zürich

Schlecht, O. (1997): Neoliberale zu Unrecht am Pranger, in: Rheinischer Merkur, Nr. 29/1997

---

12 Utz 1994, S. 191, diskutiert den Zusammenhang von Inflation und konkreter Ausgestaltung des Sozialversicherungssystems. So schreibt er: „Da der Geldwertstabilität nicht zu trauen ist, wird die Sicherung des Alters bei der Arbeitskraft der kommenden Generation gesucht."

Tietmeyer H. / *Lindenlaub* D. (1995): Nicolaus Oresmius und die geldpolitischen Probleme von heute, in Avril, F. u. a.: Nicolaus Oresmius und sein „Tractatus de origine et natura, iure & mutationibus monetarum", Düsseldorf, S. 125 ff.

Utz, A. F. (1994): Sozialethik (IV. Wirtschaftsethik), Bonn

Verzeichnis der Mitarbeiter

Gutmann, Gernot, Prof. Dr., Universität zu Köln, Staatswissenschaftliches (Volkswirtschaftliches) Seminar.

Kleinhenz, Gerhard D., Prof. Dr., Universität Passau, Lehrstuhl für Volkswirtschaftslehre mit Schwerpunkt Wirtschaftspolitik; Direktor des Instituts für Arbeitsmarkt- und Berufsforschung bei der Bundesanstalt für Arbeit, Nürnberg.

Lampert, Heinz, Prof. Dr., em. Ordinarius am Lehrstuhl für Volkswirtschaftslehre IV an der Universität Augsburg.

Neubauer, Günter, Prof. Dr., Universität der Bundeswehr München und Direktor des Instituts für Gesundheitsökonomik. Mitglied des Sachverständigenrates für die Konzertierte Aktion im Gesundheitswesen.

Ockenfels, Wolfgang, Prof. Dr., Universität Trier, Lehrstuhl für Christliche Sozialwissenschaft.

Rauscher, Anton, Prof. Dr., em. Ordinarius am Lehrstuhl für Christliche Gesellschaftslehre an der Universität Augsburg; Direktor der Katholischen Sozialwissenschaftlichen Zentralstelle, Mönchengladbach.

Roos, Lothar, Prof. Dr., Universität Bonn, Seminar für Christliche Gesellschaftslehre und Pastoralsoziologie.

Schüller, Alfred, Prof. Dr., Universität Marburg, Forschungsstelle zum Vergleich wirtschaftlicher Lenkungssysteme.

Tietmeyer, Hans, Prof. Dr., Präsident der Deutschen Bundesbank, Frankfurt.

Tuchtfeldt, Egon, Prof. Dr., Universität Bern.

Watrin, Christian, Prof. Dr., Universität zu Köln, em. Ordinarius am Lehrstuhl für Wirtschaftliche Staatswissenschaften, Wirtschaftspolitik.